METAVERSE

◇── 解密元宇宙 ──◇

元宇宙

实体经济新模式

赵永新　黄锐　刘权 ◎ 著

清华大学出版社
北京

内 容 简 介

近年来，数字经济在快速发展的同时，与物理世界的联结也越来越紧密，二者共存共生且相互影响的社会新形态——元宇宙时代正在形成。本书为"解密元宇宙"丛书的第二本，重点介绍元宇宙时代实体经济如何入局，抢抓机遇，创新发展模式。本书共 10 章，主要内容包括农业元宇宙、工业元宇宙、汽车制造元宇宙、零售元宇宙、办公元宇宙、教育元宇宙、房地产元宇宙、交通元宇宙、旅游元宇宙及城市建设元宇宙。本书以理论与案例相结合的方式深入讲解元宇宙的技术集群与应用，以及技术与实体经济各个行业的深度融合与变革，希望能激发读者的学习积极性与主动创造性。

本书可作为高校数字经济专业、数字传媒专业、大数据专业、软件技术专业、信息管理专业、计算机网络专业、人工智能等专业本科生或研究生教材，也可作为元宇宙各行各业爱好者的参考书。

图书在版编目（CIP）数据

元宇宙 . 实体经济新模式 / 赵永新，黄锐，刘权著 . —北京：清华大学出版社，2022.9
（2023.12重印）

（解密元宇宙）

ISBN 978-7-302-61664-1

Ⅰ . ①元… Ⅱ . ①赵… ②黄… ③刘… Ⅲ . ①信息经济②中国经济－经济发展－研究
Ⅳ . ① F49 ② F124

中国版本图书馆 CIP 数据核字 (2022) 第 145089 号

责任编辑：王中英
封面设计：杨玉兰
版式设计：方加青
责任校对：胡伟民
责任印制：沈　露

出版发行：清华大学出版社
　　　　　网　　　址：https://www.tup.com.cn，https://www.wqxuetang.com
　　　　　地　　　址：北京清华大学学研大厦 A 座　　　　　邮　　编：100084
　　　　　社 总 机：010-83470000　　　　　　　　　　　邮　　购：010-62786544
　　　　　投稿与读者服务：010-62776969，c-service@tup.tsinghua.edu.cn
　　　　　质 量 反 馈：010-62772015，zhiliang@tup.tsinghua.edu.cn
印 装 者：小森印刷霸州有限公司
经　　销：全国新华书店
开　　本：170mm×240mm　　　　印　　张：16　　　　字　　数：295 千字
版　　次：2022 年 10 月第 1 版　　　印　　次：2023 年 12 月第 2 次印刷
定　　价：69.00 元

产品编号：097916-01

丛书序

近年来，互联网、大数据、云计算、人工智能、区块链等技术加速创新，数字经济发展速度之快、辐射范围之广、影响程度之深前所未有，正在成为重组全球要素资源、重塑全球经济结构的关键力量。2020 年，全球数字经济规模达到 38.1 万亿美元，占 GDP 比重为 45%。中国的数字经济规模紧跟美国之后，居世界第二，达到 50.2 万亿人民币。《中共中央关于制定国民经济和社会发展第十四个五年规划和二〇三五年远景目标的建议》明确提出要加快数字化发展。发展数字经济，推进数字产业化和产业数字化，推动数字经济和实体经济深度融合，打造具有国际竞争力的数字产业集群。加强数字社会、数字政府建设，提升公共服务、社会治理等的数字化、智能化水平。数字经济社会的发展在呈现出快速发展态势的同时，与物理世界的联结也越来越紧密，物理世界与数字世界共存共生且相互影响的新社会形态正在形成。

2021 年元宇宙（Metaverse）应运而生，意为超越现实宇宙的另外一个平行宇宙。元宇宙是基于数字技术集群应用实现的物理世界与镜像数字世界虚实共生的新型社会形态。元宇宙的本质是在数字世界对物理世界进行孪生映射，实现物理世界和数字世界的交互融合，通过物联网、VR/AR、大数据分析、人工智能、区块链等新一代信息技术集群应用，在数字世界对物理世界进行仿真分析和预测，以最优的结果驱动物理世界的运行。

当前，国内外科技巨头加速布局元宇宙，而且国内的上海、北京、深圳、广州、杭州等地方政府跑步入场，多地两会重点规划，抢抓元宇宙新机遇，积极探索元宇宙虚拟数字经济体，开辟数字经济新领域；农业、工业、服务业等各行各业都在快速拥抱元宇宙，提升实体经济运行效率，创新商业模式，构建新商业生态。元宇宙必将与各个领域深度整合，并形成强大力量，以数字

世界促进物理世界的融合发展……元宇宙正在从概念迅速向产业落地，经济社会运行的底层逻辑正在发生重大变化。

目前元宇宙相关文章不少，但著作不多，系统性、科学性介绍元宇宙及应用的更少，能够让广大读者真正读懂元宇宙，特别是能够与政府、经济、社会、金融、实体经济等工作实践紧密结合的少之又少，还有少数涉币书籍可能误导读者。基于此，深圳市互联网学会、亚洲区块链产业研究院、中国技术经济学会金融科技专业委员会、全国高校人工智能与大数据创新联盟、中国民营科技实业家协会元宇宙工作委员会、中国通信工业协会两化融合委员会、中国移动通信联合会元宇宙产业委员会联合发起并成立"解密元宇宙"丛书编委会，汇集来自清华大学、中国政法大学、中央司法警官学院、河北金融学院、工信部赛迪区块链研究院、华为公司、美的公司、中国移动通信联合会区块链专业委员会、福建省区块链协会、商汤科技智能产业研究院、上海持云企业管理有限公司、成都雨链科技有限公司、杭州宇链科技有限公司等在元宇宙领域开拓创新的学界与业界的十多位精英，基于对元宇宙集群技术的系统化解读，聚焦元宇宙应用于实体经济创新、数字社会治理与人类文明传承、政府及区域元宇宙产业布局等多维层面的深度阐释，希望在元宇宙应用理论及产业发展体系建设方面做出有益探索，为元宇宙促进社会全面健康发展提供智力支持。

此套丛书不仅可供广大读者分享，亦可作为元宇宙相关行业人才培训教材。

由于元宇宙目前整体发展还处在初级阶段，加之编者水平有限，书中难免有诸多不足之处，欢迎广大读者批评指正。

"解密元宇宙"丛书编委会

2024 年 1 月

前　言

本书为"解密元宇宙"丛书的第二本。第一本重点介绍元宇宙的基本内涵、特征与核心技术等内容。第二本重点介绍在元宇宙时代实体经济的发展模式创新。

类比移动互联网对 PC 互联网的升级，元宇宙可能比移动互联网拥有更多维度的现实与虚拟世界的互动与融合，不仅满足人们的精神需求，而且可以大幅提高劳动生产率。元宇宙会极大改变人类社会形态，这是一个长期的过程。游戏、娱乐、社交等非实体经济会更早受到元宇宙概念的影响而发生改变，特别是游戏市场规模很大，市场变化程度也较为剧烈。元宇宙对农业、工业、办公、教育、交通、房地产以及智慧城市等实体经济各个行业带来的影响也将十分巨大，并带来长久的发展机遇。无论是数字原生的元宇宙 1.0、数字孪生的元宇宙 2.0，还是未来人类社会终将到来的虚实共生的元宇宙 3.0，都意味着人类经济社会的巨大变革，在每一次的变革中，都会不断地有行业或企业抓住机会获得新生，也一定会有很多企业不能跟上时代的步伐，最终走向衰落。

元宇宙新时代来了，实体经济如何入局？抓住新时代机遇，创新商业模式，更好地服务客户，让企业和用户在沉浸式体验中提高效率、降低成本是各行各业都应该关注的问题。

本书以理论与实际案例相结合的方式深入讲解元宇宙的技术集群应用，以及技术与实体经济各个行业的深度融合与变革，内容既包括现阶段农业互联网、工业互联网、线上教育与在线办公等互联网的深度应用，以及互联网应用存在的不足；也包括通过元宇宙综合技术应用对现实世界的深刻影响，进而形成虚实共生的新经济形态；还包括国内外典型案例，希望能激发读者的学习积极性与主动创造性。

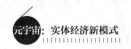

本书共 10 章，主要包括农业元宇宙、工业元宇宙、汽车制造元宇宙、零售元宇宙、办公元宇宙、教育元宇宙、房地产元宇宙、交通元宇宙、旅游元宇宙和城市建设元宇宙。

本书有以下几个特点。

■ **超前性：**本书结合各行业最新发展和全球元宇宙的发展变化趋势。

■ **系统性：**本书内容结合实体经济的代表性行业，利用元宇宙综合技术集群应用，全面系统地阐述了元宇宙时代实体经济未来发展的新模式。

■ **应用性：**本书在"解密元宇宙"丛书第一本《元宇宙：虚实共生新世界》的基础上重点针对农业、工业、办公、教育、交通、房地产及智慧城市的落地应用，案例丰富，参考性强。

本书可作为高校数字经济、数字传媒、企业管理、大数据、软件技术、信息管理、计算机网络等专业的教材，也可作为元宇宙各行各业爱好者的参考书。

本书由赵永新、黄锐、刘权撰写。其中，赵永新撰写了第 1 章、第 4～6 章；刘权撰写了第 2 章和第 7 章；黄锐撰写了第 3 章、第 8～10 章。赵永新对书中内容进行了审阅。

在撰写过程中，我们参阅了大量的相关资料，在此对其作者一并表示感谢！

由于作者水平有限，加之时间紧迫，更重要的是元宇宙还是新生事物，发展尚不成熟，书中难免出现疏漏之处，恳请广大读者批评指正。

本书作者　赵永新

2024 年 1 月

目 录

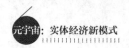

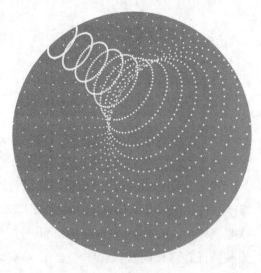

第 1 章

元宇宙+农业，未来在哪里

农业（Agriculture），是利用动植物的生长发育规律，通过人工培育来获得产品的产业。农业是第一产业，是国民经济中的一个重要产业。农业包括种植业、林业、畜牧业、渔业、副业五种产业形式。当代世界农业发展的基本趋势和特征是高度的规模化、专业化、区域化、工厂化、信息化等。随着农业物联网、农业大数据、无人机、智能机具、农产品区块链等技术的逐步推广，农业数字化的进程不断加快，再加上元宇宙相关技术的综合应用，农业发展迎来了新阶段。

农业元宇宙（Agriculture-Metaverse），也可以称为元宇宙农业，是通过元宇宙技术集群应用，农业生产者、农业研发人员、物流企业、经销商、零售商、消费者、技术支持方、政府监管方等相关各方以虚拟数字人身份，在虚实共生的元宇宙空间中进行农业科研、农产品生产、农产品销售、农业休闲等的活动过程。农业元宇宙本质上是对农业生产经营物理空间的虚拟化、数字化过程，基于 XR 技术，为农户和科研人员等相关者提供沉浸式体验，是对农业物理世界的沉浸式延伸。

1.1 农业信息化发展现状

1.1.1 我国农业经济发展现状

1. 我国农业经济平稳增长

2022 年，我国农业（第一产业）产值增加 88345 亿元，比上年增长 4.1%。其中，粮食产量创历史新高，粮食播种面积达 17.75 亿亩，比上年增加 1052 万亩；产量达

13731 亿斤，增产 74 亿斤，连续 8 年保持在 13000 亿斤以上。

总之，农业综合生产能力不断提升，粮食等重要农产品生产稳中有进。

2. 国家支持政策力度空前

自党的十九大确定实施乡村振兴战略以来，"三农"工作重点就在向此转移。2020 年之前，脱贫攻坚占主导地位；2021—2035 年、2035—2050 年，乡村振兴工作将迈上两个新台阶。2019 年 5 月，中共中央办公厅、国务院办公厅印发的《数字乡村发展战略纲要》中提出，数字乡村是伴随网络化、信息化和数字化在农业农村经济社会发展中的应用，以及农民现代信息技能的提高而内生的农业农村现代化发展和转型进程，既是乡村振兴的战略方向，也是建设数字中国的重要内容。2022 年 2 月 1 日，国务院印发《"十四五"推进农业农村现代化规划》，配套制定 14 个行业规划和 16 个建设规划，描绘了全面推进乡村振兴、加快农业农村现代化的美好图景。

1.1.2 我国农村信息化水平迅速提高

随着互联网的不断普及和发展，我国农村信息化水平迅速提高，农业生产数字化起步。新冠肺炎疫情使农村电商的作用更加凸显。据农业农村部统计，当前我国电商服务站的行政村覆盖率达八成左右，县域农产品网络零售额超过 3000 亿元，增长迅速。相关研究显示，2022 年淘宝村数量已经突破 7700 个。乡村振兴的全面推进会加速数字技术的普及和下沉，加快实现乡村产业的数字化。在智慧农业领域，农业生产数字化方兴未艾，农业物联网、农业大数据不断完善，特别是单品大数据，如油料、天然橡胶、棉花、大豆等产品全产业链建设已经起步，大数据系统应用领域不断扩展。

1. 农业物联网应用

农业物联网，即通过各种仪器仪表实时显示或作为自动控制的参变量，参与到农业自动控制中的物联网。农业物联网可以为温室精准调控提供科学依据，达到增产、改善品质、调节生长周期、提高经济效益的目的。

随着智慧农业与精细农业的迅速发展，特别是"物联网＋农业"的提出，对农田监测技术的要求大大提高。针对农田系统具有地域相对分散、环境相对简单、通信条件较差等特点，构建物联网系统，将大量的传感器节点构成监控网络，通过各种传感器采集信息，以帮助农民及时发现问题，精准确定发

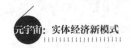

生问题的位置，这样农业将逐渐从以人力为中心、依赖于孤立机械的生产模式转向以信息和软件为中心的生产模式，从而大量使用各种自动化、智能化、远程控制的生产设备。

利用物联网技术，可以实现农产品生产、加工、流通和消费等信息的获取，提升农业生产、管理、交易、物流等环节的智能化程度，从而以最少的或最节省的投入达到同等收入或更高的收入，并改善环境，高效地利用各类农业资源，取得经济效益和环境效益。

农业物联网的使用对现代农业转型具有重要意义。一是通过物联网技术可以大大提高土地的使用效率，比如智能温室、垂直农业都极大地提高了单位耕地面积的产能，从而有效地节约了资源。二是通过物联网智能设备进行信息检测、远程控制，可以实现农业的智能化管理，一个人可以管理几十亩甚至上百亩土地，大大减少了人力成本。三是物联网改变农产品的流通。物联网的作用不仅仅体现在农产品的生产环节和管理环节，还体现在农产品的流通方面。物联网不是封闭的网络，而是与外部相连接的网络，农户通过物联网不仅可以实时监测农作物的生长情况，而且可以了解掌握外部市场的农产品需求，与消费者直接进行对接，从而实现按需生产，能够很好地解决传统农业中由于信息不对称导致的生产过剩问题。四是在农产品的销售过程中，农产品是否绿色安全，是消费者最关注的，消费者迫切地需要更安全、更健康的绿色食品，而物联网是将农作物生产信息和销售信息相连接的"桥梁"，可使消费者在一定程度上掌握农作物的种植信息，从而增强农作物销售的透明度和农作物信息的公开化。

2.农业大数据分析

随着农业物联网的大量部署，农业异构数据规模越来越大，运作数据的处理难度和处理成本也日趋上升，这促进了不同业务场景的数据融合以及数据库技术的不断发展。农业大数据应运而生。结合农业本身特点以及农业产业链的细分，农业大数据可以分为四类，即农业环境与资源大数据、农业生产大数据、农业市场大数据和农业管理大数据，基本囊括从产到销全过程。农业环境与资源大数据由结构化数据和非结构化数据构成，包括土地信息数据（如土地位置、地块面积、海拔高度等），环境信息数据（如气象数据、土壤水分数据、温湿度数据等）和作物信息数据（如作物长势数据、病虫害数据等）。

具体而言，我们利用各种传感器设备采集各种农业信息，融合农业生长环境、农业生命信息、农田变量（如病虫害）、农业种植等数据，并对数据进行一定的格式转换，进而提取多种数据之间的关联规则和特征，再利用现代信息传输渠道将数据传输到数据决策中心，最后利用数据分析手段优化农业种植过程（如确定化肥、农药的最佳投入量），助力精准农业；融合农产品市场经济数据（如农产品质量、进出口情况、市场行情、生产成本等）和农业网络数据（网站、论坛、博客中涉农产品数据），利用机器学习模型，预测需求、产量以及价格等动态因素，为农产品供给侧优化提供理论依据，从而实现精准生产，达到农业生产商的"供需平衡"，间接助力精准扶贫；研发农业数据审计预警模型管理模块、交易数据查询分析模块、审计证据视频图片采集模块及审计疑点分析模块，在已有知识库基础上，导入数据分析模型，开展预测及知识库客观评价，从而发现审计疑点或审计线索，确保农业精准种植、供给侧优化、行为审计的精确性、可行性。利用农业大数据，实行产加销一体化，将农业生产资料供应，农产品生产、加工、储运、销售等环节连接成一个有机整体，并对其中人、财、物、信息、技术等要素的流动进行组织、协调和控制，以期获得农产品价值增值。打造农业产业链条，不但有利于增强农业企业的竞争能力，增加农民收入和调整产业结构，而且有助于农产品的标准化生产和产品质量安全追溯制度的实行。

1.1.3 我国农业发展前景广阔

从国内来看，2023 年 2 月，《中共中央 国务院关于做好 2023 年全面推进乡村振兴重点工作的意见》发布，这是 21 世纪以来第 20 个指导"三农"工作的中央一号文件，也是我国脱贫攻坚取得全面胜利后的第一份中央一号文件。文件指出，当前，全球新冠肺炎疫情仍在蔓延，世界经济复苏脆弱，气候变化挑战突出，我国经济社会发展各项任务极为繁重艰巨；必须稳住农业基本盘、做好"三农"工作，接续全面推进乡村振兴，确保农业稳产增产、农民稳步增收、农村稳定安宁。

从国际来看，国际合作进一步深化为农产品国际贸易的开展提供契机。"一带一路"倡议给中国农业国际合作事业带来了巨大推动力。2023 年上半年，我国与"一带一路"沿线国家进出口贸易额达 10106.67 亿美元，同比上涨 3.13%，在我国进出口总额中的占比为 34.37%。其中，农产品贸易约占贸

易总额的 1/4。已于 2022 年 1 月 1 日生效的《区域全面经济伙伴关系协定》（Regional Comprehensive Economic Parthership，RCEP）无疑会为中国在拓展农业经贸国际合作方面提供新机遇。

1.2 元宇宙+农业科研

1.2.1 农业科研概述

1.农业科研决定农业发展水平

农业科研指的是探索农业中的自然规律和经济规律的活动；主要是根据一个国家或区域的特点，应用自然科学和经济科学的基本原理，不断提供各种经济而有效的农业技术和农业经营管理方法，为提高农业科学水平、发展农业生产和农村经济服务。

一个国家的农业科学研究水平决定了该国的农业发展水平。数字经济时代的竞争是科技和人才的竞争，农业新技术、新模式的应用能够从根本上改变一个国家的农业形态。同时，农业科研创新水平也是一个国家农业产业核心竞争力的体现。农业已经由传统的资源依附型向智能支撑型转变，土壤、气候、水文等传统农业资源对于农业发展的影响正在不断降低，受农业科研水平和农业劳动者的素质的影响不断加大。

2.人类农业科学研究历史久远

在农业社会，随着农业生产技术的不断提高，农具制造、肥料施用和栽培、饲养方法等不断进步，古代农民将这些经验逐步进行系统地整理，但限于当时的条件，研究工作始终停留在收集经验材料的阶段，很难带来突破性的发展。

19 世纪以后，自然科学及其实验方法迅速发展并被引入农业，大大促进了农业科研活动。1834 年法国布森戈农业试验站正式成立。此后，欧美一些国家就先后出现了各种专门的农业科研机构。美国的农业试验站设立相对较晚，于 1875 年在康涅狄格州设立。后来各国开始设立专门的机构和科研人员，以及固定的试验场地和适当的研究条件，于是农业科研的成果越来越多，发挥的作用越来越大。迄今为止，现代农业科研在人类农业发展的历史已有近 200 年的时间。20 世纪 70 年代以后，由于各门基础科学的进一步发展，特别是电子计算机等的应用，研究的方法和手段不断进步，农业科学研究进入了新的发展阶段。

3. 我国现代农业科学研究晚于欧美

我国是一个农业大国，人口众多，农业一直就是国民经济发展的基础和战略性产业。近年来，我国农业发展取得了举世瞩目的成就，农业科技在其中发挥了重要作用。但从农业科研方面来看，我国比欧美发达国家要晚一些。19世纪末，我国南方一些地区出现了农、林和蚕桑学堂，之后又建立了一些高等农业学校，这在现代农业科学研究方面发挥了重要的带头作用。20世纪初，以农作物、蚕桑和家畜品种改良、病虫防治为开端的现代农业科学研究逐渐发展起来。1902年，在保定建立的直隶农事试验站，分蚕桑、森林、园艺、工艺四科。1931年，在南京成立了中央农业试验所，主管全国农业研究改良和推广。1949年5月，华北农业科学研究所成立。随后，其他地区也陆续成立农业科学研究所。20世纪60年代以来，国家、各省（自治区、直辖市）也相继成立了农业科学院，结合本地区特点开展研究工作，形成了全国性的分层次农业科研系统，为农业科技创新活动提供基础理论和创新人才，为涉农企业的技术创新提供理论依据和技术指导。具体来看，大专院校与农业科研机构成为我国农业科学研究的生力军，根据数据统计，大专院校和农业科研机构的农业科研成果占80%以上，其余不到20%是由农业企业自主研发的。

1.2.2 我国农业科研存在的不足

1. 农业科研创新主体能力不足

尽管目前我国农业科研创新主体构成比较丰富，无论是大专院校、科研机构还是农业企业在农业科研创新方面都取得了长足进展，但与发达国家相比，依然存在创新能力不足的问题。具体体现在各相关创新主体还不能充分满足企业需求，虽然大专院校、科研机构在技术和产品方面做出了诸多创新，但在农业企业最为关切的实用新型技术方面的成果相对比较匮乏，创新能力有待进一步提高。

2. 农业产业化程度相对较低

农业产业化主要是指农业产业化经营，实现种养加、产供销、贸工农一体化经营。推进农业产业化，需要通过农业龙头企业的带动和示范引领，扩大

农户生产经营规模，提高农民组织化程度，形成一批专业大户、家庭农场和农民合作社。农业产业化是农业和农村经济发展的重要力量和表现形式。目前，我国农业产业化水平提升较快，但总体依然不高，表现在农产品加工流通产业链较短。我国农产品加工率一般为 45%，二次和三次深加工率仅为 20%，而发达国家农产品加工率一般都在 90% 以上，与之相比，我国存在着较大差距。

3. 农业科研成果转化率相对不高

近年来，虽然我国农村产业技术创新能力不断增强，但农业科研成果转化率依然较低，只有 30%～40%，仅为欧美发达国家的一半。在食品科研领域，我国每年有 7000 多项成果，其中获奖成果 2000 多项，但上述成果大约只有 1/3 可以推广应用，在推广应用的成果中，又仅有约 1/3 的成果可以普及；也就是说，从科研成果到最终推广和普及，真正可以实现的仅有约 1/9。

出现上述问题的原因是多方面的，既有农业科研成果方面的原因，也有农民落地执行方面的原因，产生这些问题，根本就在于没有一套连接科研人员、农业生产者、销售渠道和消费者的完整体系。

1.2.3　元宇宙赋能农业科研

元宇宙在农业科研方面的探索还很少，但未来前景非常广阔。

1. 元宇宙提升农业科研效果

物联网、云计算和数字孪生等技术对于农业科研意义重大。预计到 2030 年，全球物联网设备的总数将达到 2000 亿，其中农业传感器的数量有望达到百亿级别，未来每一只鸡、每一只鸭、每一棵树甚至每一棵小草都会形成感知。传感器持续不断地从物理世界采集温度、压力、速度、光强、湿度、浓度等数据。未来大量感知计算将在边缘完成，处理大约 80% 的数据。感知智能让海量数据的采集、分析成为可能，让农业科研机构和农业企业获得感知自我的能力，并通过云端的数字孪生与物理世界形成农业科研的协同，驱动农业数字化创新。

如果从国家层面建设农业元宇宙，则更可以利用元宇宙综合技术推进农业科研创新联盟实体化运行，提升企业创新主体地位。将农业农村部学科群重点实验室、地方农业科技资源统一在国家农业元宇宙中实现全产业链科研创新协同攻关。在农业装备制造业方面，可以综合利用元宇宙相关技术研制推广农

业智能装备，提升农业装备智能化水平。同时，利用元宇宙技术还可以促进农业装备、农机作业服务和农机管理融合应用。

2. 元宇宙缩短农业科研周期

春种一粒粟，秋收万颗子。农业生产周期较长，且随着天气与气候、土壤条件等环境因素的变化而变化。如果耗费人力、物力去进行农业生产技术研究，那么，不仅成本高昂，而且实施条件苛刻，难以产出创新成果。而元宇宙的应用，或可能解决这一难题。虚拟现实（Virtual Reality，VR）和人工智能（Artificial Intelligence，AI）的算法等技术的出现，可以帮助我们缩短周期和成本。例如，种植橙子需要土地、人工、种苗等基础投入，果树前三年不形成产量，要等到第四年才能形成规模，而且果树管理难度很大，经常出现由一个失误就导致全盘皆输的情况。VR能在虚拟环境中体现橙子整个生长过程，AI算法可以在几十分钟内收集到大量橙子生长数据，为农业科研提供数据支持，彻底改变传统农业主要靠经验、不能量化等问题，为智慧化和精细化农业提供依据。

3. 元宇宙降低农业科研成本

很多农业科研都属于基础性研究，需要投入大量科研经费。但一般只有国有科研机构、大专院校农业相关专业或大型农业企业有实力从事农业科研，而且还面临着如果环境变化科研成果能否二次适应的问题——当科研成果运用到具有不同天气与气候、土壤条件的耕地时，在原始成果的参数基础上，需要进行一些微调。而最关心实际应用的农民，却无力去进行这种微调。元宇宙相关技术的出现，将会对以上问题做出解答。通过VR技术，科研机构可以根据各地农业发展的客观情况和农民的实际需求对参数做出各种微调，直到符合当地情况和农民需求为止。而在元宇宙中，通过模拟环境的调整，并不一定会增加多少成本。

4. 元宇宙打破产、学、研之间的信息孤岛

物联网技术的不断发展能够复刻镜像版真实世界，并为数字孪生后的世界提供实时、持续、精准的数据。对于农业而言，设备之间的图像传输和自主分析，集成天气、灌溉、微生物和其他种植／养殖环境中的涉农数据变量都能在打破空间限制之后被实现，消除产、学、研之间的信息孤岛，推动农业精准、智能、绿色。AI实现农业精准预测及环境资源最优分配。华为《计算2030》报告指出，在未来，重要的应用都会由深度学习驱动，如智慧交通、智慧城市、

智慧医疗、智慧农业、个性化教育、药物筛选等。

1.3 元宇宙+农业生产

1.3.1 农业生产过程

1.农业生产是自然生产过程

农业生产是指人类有意识地利用动植物，以获得生活所必需的食物和其他物质资料的经济活动。涉及的物品包括农作物种子、农药、肥料、饲料和饲；禽、牧草种子、食用菌菌种、兽药、农机及零配件、水等。

2.农业生产自身显著的特点

（1）动植物生产一般具有一个相对固定的、相当长的生产周期，而且由于生产和劳动时间的不完全一致，农业生产活动具有较强的季节性。

（2）农业生产各部门之间具有密切的联系，可以相互提供必要的生产资料和厩肥，充分利用土地、劳动力、生产工具，有互补互济的作用。

（3）在一定的空间范围内，各种动植物群落与微生物、客观环境之间，形成多因素相互联系、相互制约的生态系统。农业生态系统是以人类为中心，在一定气候、土壤等环境条件下，以作物、家畜为基础，与邻近的林木、草地、病虫、杂草、微生物等共同构成的特有的能量转移、物质循环系统。人类经常强烈地干预着农业生态系统，要求得到高产，但要注意保持生态平衡。

3.农业生产的发展阶段

农业生产的对象是生物有机体，即各种农作物和动物，而生物有机体有其自身的生长、发育和繁衍规律。土地是农作物生长发育的基地，为农作物的生长提供养料水分等条件。但是，土地只能供给农作物部分生育条件，农作物还离不开气温和阳光等宇宙因素。因此，农业生产是利用自然并依靠生物有机体的生长发育来获得产品的过程。农产品生产过程既是人类劳动过程，又是动物、植物、微生物的自然再生产过程。经济再生产以自然再生产作为基础和出发点，受自然过程、自然环境和自然因素的强烈影响。农业生产的发展水平是由恢复和增强土壤肥力的方式，以及生产工具的类型来衡量的。按照这个标准，可以把农业生产分为三个阶段，即原始农业、传统农业和现代农业。

1.3.2　农业生产现代化

1. 农业生产现代化的内涵

农业生产现代化是指由传统农业转变为现代农业，把农业建立在现代科学的基础上，用现代科学技术和现代工业来装备农业，用现代经济科学来管理农业，创造一个高产、优质、低耗的农业生产体系和一个合理利用资源又保护环境的、有较高转化效率的农业生态系统。这是一个牵涉面很广、综合性很强的技术改造和经济发展的历史过程。

2. 数字农业发展方兴未艾

数字农业是农业现代化的高级阶段。数字农业是指将信息作为农业生产要素，用现代信息技术、数字技术对农业对象、环境和全过程进行可视化表达、数字化设计、信息化管理。数字技术的应用将加速传统农业各领域各环节的数字化改造，为农村经济高质量发展增添新动能。数字技术在提高土地产出率、劳动生产率、资源利用率方面的作用正日益凸显，其在农业中的应用推广也呈现出明显特征。

随着近年来多重因素的发展与驱动，我国农业数字化转型正当时。2023年中央网信办、农业农村部、国家发展改革委、工业和信息化部、国家乡村振兴局联合印发《2023年数字乡村发展工作要点》。乡村治理数字化水平稳步提高，数字乡村试点成效更加凸显。2023年3月发布的《农业农村部关于落实党中央国务院2023年全面推进乡村振兴重点工作部署的实施意见》中指出"加快国家农业遥感应用与研究中心建设，搭建应用农业农村大数据平台。制定农业统计工作管理办法，健全数据安全制度体系。完善农产品市场监测预警体系。常态化开展农业及相关产业增加值统计核算。创新数字技术。实施数字农业建设项目，建设一批数字农业创新中心、数字农业创新应用基地，协同推进智慧农业关键核心技术攻关。制定加快推进数字乡村及智慧农业发展的指导意见。拓展应用场景。认定一批农业农村信息化示范基地，打造一批智慧农（牧、渔）场。深入推进数字乡村建设试点。"

3. 数字技术在农业生产中的应用

（1）农业生产过程之前。

在种植业中，各主要农业种子企业信息化意识不断增强，不仅在核心业

务中启用智能信息系统，在日常办公中也通过善用 ERP 系统等实现网络化；同时，种业技术与公共服务也向着全面信息化不断迈进。

而畜牧业中，传统育种体系不断与互联网、物联网、大数据等手段结合，通过构建核心育种场等，育种逐渐有了数据的支撑，向着更精准、更大规模的方向迈进，数字化育种逐渐成为现实。

在种猪育种体系中，种猪性能测定、分子育种、计算机应用、人工智能养殖等技术不断进步，在遗传评估和育种方案制订过程中利用育种系统管理海量数据。

（2）农业生产过程中。

农业生产过程作为农业的重要阶段，也是数字化影响和应用最广泛的阶段，涉及播种、施肥、灌溉、畜牧养殖、环境监测等环节。运用的数字技术不仅包括较为成熟的 5S 技术，还包括物联网、大数据、云计算等新技术。数字技术在产中环节可被广泛应用，驱动中国粮食产量的增长。

（3）农业生产过程后。

农业生产过程完成之后，进入初加工环节，主要包括采摘、捕捞、屠宰、分类分级、储藏、保鲜、包装等环节。农产品初加工是连接农产品生产与流通的纽带，是现代农业产业链的重要环节。目前，我国农业存在大量的生产过程之后的损失，影响了农业增效、农民收入增长，也给农产品有效供给和质量安全带来了压力。

尽管我国农业数字化进程不断加快，但仍然存在着诸多问题。例如，具有我国传统农业特色的家庭联产承包责任制的推行及人口现状等因素，导致中国 80% 以上的土地掌握在 2.6 亿个小农户手里，耕地分散、块状明显，导致农业机械化、规模化进程受阻。国内小规模土地经营者在所有土地经营者中的占比高达 93%，远高于世界平均水平，土地经营属于典型的小规模主导型。因此，近年来农业生产成本居高不下，严重影响了农业效益和竞争力的提高。同时，也存在顶层设计缺失、资源统筹不足、基础设施薄弱、区域差异明显等问题，亟须进一步发掘元宇宙综合技术在乡村振兴中的巨大潜力。

1.3.3　元宇宙创新农业生产

随着科技的进步和用户体验感迭代，农业的转型从大家关注的"互联网 + 农业"递进到"元宇宙 + 农业"，元宇宙有潜力帮助整个农业提升效率，加速农业现代化、农业数字化进程。或许在不久的将来，就有大量解决不同企业"元宇宙化"需求的公司出现，提供商业模式的可实践性。未来，作为物理世界的延伸，元宇宙所带来的巨大机遇和革命性作用值得期待。最前沿的技术与最古老的产业相遇，元宇宙和农业一定能激荡出前所未有的变革。

1. 农业数字人

"元宇宙＋农业"首先可以通过设计农产品的数字形象 AI 代言人，不仅可以 7×24 小时直播，帮助地方政府、企业的农产品宣传销售，更可以成为集售前咨询、售后服务、美食专家、生活品质专家等于一身的全智能 AI 代言人。"元宇宙＋农业"还能够多维度地将农场、农产品、农民、农业季节性变化等信息放在一个动态网页，形成一个二维码，让用户得到全方位的感知；而 AI 代言人也能作为品牌人以数字员工的形式为企业在该维度获得其他收入，从真人视频直播带货到 AI 主播、AI 代言人，服务形式变化带来的智能化体验和感受也将大大提升，成为当前智慧农业领域 AI 的最佳应用形式。

2. 虚拟加工

在虚拟环境中设定好加工机器人运动规划方案，可以模拟现实世界进行农产品加工，再将虚拟数据信息映射到现实中的机器人，完成自动化的农产品采摘、运输、加工生产，可大大降低农产品加工的成本，并使产品口味、品质实现标准化成为可能，完成大规模量产。以食品虚拟加工为例，食品工程元宇宙软件涉及的方面包括采摘机器人、VR 设备、食品工厂 3D 设计、粮油工程、乳品工程、酿酒工程、果蔬加工、水产加工、植物蛋白、食品加工单元、食品机械与设备、数据分析等。

案例：农业采摘机器人案例

2021 年 10 月 20 日，阿里巴巴达摩院 XR 实验室发布了一个**农业采摘机器人**。通过对果园、果树三维建模，构建出了整个果园的高精度三维模型，然后在虚拟世界中设定好采摘机器人的运动规划方案，再映射到现实中的机器人大脑中，完成机器人的自动采摘工作，**降低果园管理成本**。苹果采摘机器人如图 1-1 所示。

图 1-1　苹果采摘机器人

苹果采摘机器人理论上可以实现 1 秒采摘 1 个苹果，**已于 2021 年 9 月开始在陕西苹果基地试运行。**能够利用虚实联动技术，依托于各类智能终端来让方案在真实世界得以执行落地，真正解决真实世界的问题。可见，元宇宙在未来的农业生产上非常有应用前景。

3. 虚拟植物

20 世纪 90 年代，美国学者预测了未来的一种生存方式，即人类将生存于一个虚拟的、数字化的空间，人们应用数字技术进行工作和生活的各项活动，这便是所谓的数字化生存。随着元宇宙技术的成熟，这种生存方式已经完全可以实现。通过复杂的计算机模型，可以逼真地模拟出玉米、水稻群体，随着鼠标移动，农民或者科研工作者甚至未来的消费者都可以通过 VR 设备在农作物群体里漫游，看到阳光照进大田后洒落在农作物叶片上、地面上的熠熠光斑，一切都栩栩如生，这就是虚拟植物。在虚拟环境中体现植物整个生长过程（见图 1-2），也可以在短短的几十分钟内收集到大量的植物生长数据，这一改传统农业难以量化的特点，为智能化和精细化农业提供帮助。虚拟植物还有助于改善园艺方法。

图 1-2　模拟植物生长过程

4. 模拟病虫害

美国北卡罗来纳州立大学的研究人员在 2021 年开发了一种计算机模拟工具,可以预测病虫害侵袭农作物或森林的路径,并预测何时使用杀虫剂或其他策略来控制病虫害效果最佳。该工具的工作原理是找到可能存在因果关系的数据,并加以分析,比如将适合某种疾病或害虫传播的气候条件信息,与记录病例的位置、病原体或害虫的繁殖率以及它们如何在环境中移动的数据相结合。因为自然资源的多样性和时间推移积累出大量数据,所以该模拟工具可以从现场收集的数据中获得丰富的信息,进而将其优化。这种对新数据的反复反馈有助于系统更好地预测未来的疾病传播。他们与美国农业部动植物卫生检验局合作,使用该工具可以在任何地点预测任何类型的疾病或病原体。

元宇宙技术可以在虚拟环境中模拟害虫的活动,确定最佳的喷药方式和时间,农户不需要高深的实验技能,只需要借助 VR 设备仔细观察,就能得到第一手数据资料。

5. 虚拟农场

虚拟农场可通过以前的真实信息,在一个模拟环境中实现对动物从器官、组织、系统到整体的精确模拟。通过操作者的调控,"虚拟动物"将能模仿真实动物做出各种反应,这对模拟动物生存环境、动物营养需要、遗传资源固定和品种选育等具有重大意义。虚拟农场还可通过元宇宙技术模拟农作物生长,这样做的前景是深远的,将来农业科学家将在屏幕上设计农作物,然后再培育或用基因工程技术繁殖出真实的农作物,这种农作物能与具有最理想性状的虚拟农作物相媲美。如果元宇宙模拟显示,较大的叶片可使产出的果实较甜、害虫的藏身处较少,科学家就会找出能使叶片增大的基因,并将它们转移到农作物中。

"虚拟农场"打破了传统农业先生产再销售的模式,并将其转变为用户需求在前、定制生产在后的订单农业,实现供需精准对接。

莫斯科当地的一些农场主曾进行一项实验,以验证给奶牛戴上 VR 头戴设备是否可以减轻其焦虑并增加牛奶产量。为此,有关部门聘请了许多信息技术领域的专家,包括 VR 设计师,专门给奶牛设计创建了夏季田野的 VR 场景,并针对牛头和牛的视觉进行了特别设计,尽量为奶牛营造出更加舒适的"佩戴体验"。首次测试显示,观看"夏季田野"风光的奶牛焦虑减轻了,整体情绪升高了。相关部门表示后续还将进行更细致的研究。瓦赫宁根大学一项对奶牛的研究显示，奶牛的情绪状态与牛奶的质量和产量都存在关联，这也是 VR 应用于奶牛饲养的初衷。

6. 智能化生产

未来元宇宙技术与农业结合，可以实现农业的精准预测和环境资源的最优分配。AI 技术可以助力分子育种与智慧农业，元宇宙将极大地带动精密机械等工业产业领域的发展，远程生产监测都能通过 VR 技术实现。而制造业的进步也必然推动农业的提升。农业生产是一个漫长的过程，但技术的突破能改变这一过程。同时，自动化农业生产设备也能大幅度提高农业生产的效率。而无人机结合计算机视觉技术将具备在广阔和偏远地区分析田间作业环境的能力，将实时数据传递到其他传感器，综合分析农田环境和作物情况，进行精准播种、施药，从而提升水肥利用效率并有效降低农业劳动力成本，推动农业生产过程中的智能化运行。图 1-3 是无人机喷洒农药。

图 1-3　无人机喷洒农药

1.4　元宇宙+农村电商

1.4.1　我国农村电商发展现状

1. 农村电商成绩斐然

农村电子商务的发展可以追溯到 2005 年，当年的中央一号文件就提出鼓励发展电子商务等新型流通方式。此后，每年的中央一号文件都会对农村电商做出新要求，比如，实施"快递进村"工程、建设农村电子商务发展基础设施、推进"互联网+农业"、完善县乡村三级农村物流体系等。2022年6月，商务部和国家邮政局等八部门联合发布《关于加快贯通县乡村电子商务体系和快递物流配送体系有关工作的通知》，提出推进农村电商快递协同发展的具体举措。农村电商正为农村发展注入新的成长活力。

截至2023年6月，我国农村网民规模为3.01亿，农村地区互联网普及率为59.2%。2020年，我国电子商务进农村综合示范实现832个贫困县全覆盖，全国共建成县级电商公共服务中心和物流配送中心2120个，村级电商服务站点13.7万个。下沉市场网民对短视频的使用率达88.6%。数据显示，2022年，我国乡村消费品零售额达59285亿元，我国已经成为世界第一大农村电子商务国。

2.农村电商助力乡村振兴

乡村振兴战略为农村地区，特别是贫困地区带来政策、资金、项目、技术和人才等领域的全方位支持，农村电商在其中发挥了十分重要的作用。从网上购物、网上缴费再到网上直播推销农产品，现在农民人人都可以通过网上直播来推销自己的产品，直播农产品的种植过程、生产过程、加工过程，这不仅大大降低了推销费用，还增加了经济效益，推动了经济的发展，加快了脱贫的脚步。特别在新冠肺炎疫情期间，网上直播带货不仅解决了农产品销售不出去的问题，更为隔离在家的人们送去了新鲜的瓜果蔬菜，一举两得。从实践来看，农村电商推动了乡村原有产业的市场拓展，加快了它的改造升级，甚至催生了农村新的产业。农村电商拓展了乡村既有产业的网络销售。可以实现从一个农户的特色产品变为一个区域的特色产业，有力地带动了产业发展和农民增收。

3.农村电商推动农业数字化

农村电商成为发展农村数字经济的突破口。电子商务从流通端切入，逐步向农业全产业链延伸，渗透到农业生产、经营、管理、加工、流通、服务等环节，推进农产品在生产、组织、管理、加工、流通、储运、销售、营销、品牌、服务等环节互联网化，提升全要素生产率，节本增效，优化资源配置，促进农业全产业链数字化转型。电商助推农业数字化，是一个以市场需求倒逼供给、引领农业转型的过程。这个转型主要依靠的是电商相对于传统商务而言所具有的特殊优势，即在线对接全网市场，以及对全网电商大数据的分析与应用。当然，以农村电商推动农业数字化还包含更多内容，如农产品上行，农业物资、工业品和消费品下行，从线上到线下等，最终从在线交易向农业全产业链的延展。

1.4.2 我国农村电商存在的不足

近年来，随着加入者增多，农村电商正在进入一个快速发展的轨道。但就农村整体来看，电商接入、物流、人才、资金等困难仍然严重制约其发展，农村电商尤其农产品上行的本地化服务体系仍然十分缺乏，农村电商发展所需的市场环境亟待改善。具体看来，有以下三个问题。

1. 农村电商基础设施薄弱

农村电商基础设施建设较为薄弱，是制约农村电子商务发展的最大短板。中国互联网络信息中心（CNNIC）第 52 次《中国互联网络发展状况统计报告》显示，截至 2023 年 6 月，我国网民规模达 10.79 亿人，较 2022 年 12 月增长 1109 万人，互联网普及率达 76.4%。我国农村网民规模达 3.01 亿，农村地区互联网普及率为 60.5%。农村互联网普及率远远低于城市，省、县、乡基本实现了互联互通，但信息传输在进村入户环节出现"梗阻"，信息网络成本高，农业信息化"最后一公里"问题未能解决。多数农民对信息技术和电子商务相关知识了解较少，农村宽带普及率不高，基础设施还不完善，农村道路建设欠账较多，制约农村电商物流的发展。因此，解决电商在交通运输、商贸流通、供销、邮政等部门和单位，与电商、快递企业和相关物流服务网络和设施的共享衔接，不断完善县乡村农村物流体系，是当务之急。

2. 农产品物流成本相对较高

我国农村电商规模分布随着经济社会发展水平的发展同样呈现出东部地区远强于西部地区的格局。从物流成本来看，农村居住相对分散和农业小规模分散生产的特点，导致农产品物流成本相对较高，特别是偏远山区，自然村的物流配送网点仍然不健全；配套设施不健全，冷链物流发展滞后，单件快递从县城到乡村的配送成本远高于大城市之间的配送成本。

3. 农产品生产标准化程度较低

我国有 2.6 亿个小农户，小农户从业人员占农业从业人员的 90%，户均经营规模为 7.8 亩，经营耕地 10 亩以下的农户有 2.1 亿户，特别是在华北地区人口集中的平原地带，平均每人只有 0.4～0.5 亩。规模经营户不到 400 万个。农业生产高度分散大大增加了农产品生产标准化和质量控制的难度，难以保证农产品品质与质量安全。分散小农户的农产品由于缺乏相关质量认证基本达不到主流电商平台的入门条件。

1.4.3 元宇宙赋能农村电商

1. 农产品生产全程可视溯源

（1）区块链实现农产品全程溯源。

在元宇宙的综合技术中，区块链可以与农业大数据等技术充分融合，打通农业生产、加工、运输和零售的各个环节，实现产销一体化。利用区块链的智能合约技术可以从农业生产、农业物流、农业市场和农产品管理等方面提升全产业链的整体效率；区块链的分布式记账技术和共识算法可以对相关数据进行记录和存储以帮助追溯农产品流通中的全程信息，从源头上保障农产品的安全和可靠。

（2）物联网与 VR 实现农产品生产全程可视。

元宇宙农业的物联网、VR 和农村电商的连接可以有效解决消费者和生产者之间沟通的障碍。VR 被引入传统电商后，消费者通过个人手持终端就可以看到产品产地的所有情况，然后根据个人需求选择购买相应产品，产品从采摘到快递到家全程可控。元宇宙的相关技术大大降低了对农产品质量信息的获取成本，提升了消费者对农产品的信任度。

（3）无人机降低配送成本。

元宇宙农业离不开无人机的支持。无人机送货主要是解决农村物流成本高的问题。一辆车从县城开到乡村，如果只送一个包裹，那么摊销在一个订单上的人工、车辆、时间成本就会非常高，这是阻碍农村电商发展的最大障碍。如果使用无人机，成本就可以大幅降低。德意志银行是德国最大的银行和世界上最主要的金融机构之一，据其公布的一项说明，交付自动化对亚马逊来说是"降低最多成本"的机会，利用无人机和机器人完成最后一英里的运输或者终端存储中心与客户之间运输，可以节省 80% 的成本。

案例：正在前行，从种子到餐桌的保障

2016 年，英国麦当劳曾发起一项以"食物与农业"为主题的 VR 内容创作活动，并邀请农场工人参与活动。他们通过沉浸式 VR 视频体验，让消费者"全程参与"食材的种植生产过程，他们每天菜单上的食物是如何制作以及准备的。参与生产过程如图 1-4 所示。

图 1-4　用户通过 VR 驾驶拖拉机进行土豆收割

通过 360 度的 VR 视频将观众传送到旗舰农场、工厂和餐馆的后台，跟随麦当劳员工的视线，在厨房里接受点菜，准备食物，体验麦当劳供应链的不同环节。未来，VR 技术或可应用在食材质量溯源上，让消费者了解食材的来源、生产过程、制作师傅、农场师傅等信息。相较于一物一码等形式的溯源形式，VR 视频体验更形象、更直观，可以给消费者带来身临其境的视觉冲击体验。

2. 虚拟主播、数字货币、增强现实等赋能农村电商

元宇宙在农村电商方面的应用，或可解决传统农村电商成本高、拓客难、消费者信任度低等行业痛点。例如，虚拟主播＋直播带货，可以带来业务营收、客户体验的双重提升；虚拟身份＋客户服务，可以提供 7×24 小时不打烊的温暖服务；数字货币＋订单支付，可以解决不同币种的便捷交换问题；场景拟真＋质量溯源，可以让消费者直观获取数据信息、解决信任危机；将沉浸式体验＋高品质的增强现实（Augmented Reality，AR）菜单带到餐厅和在线的食品订购服务中，可以让消费者看到食物成分、配料、大小等。

3. 消费者沉浸式参与

元宇宙中的 VR 技术可以让消费者在千里之外观察农作物的生长过程，打药、施肥、除草等流程皆可参观，其目的就在于拉近消费者与产品的距离。如今人们对食品安全的关注度持续上涨，该技术的应用既可以展示产品，又可以使消费者放心。

VR 和农村电商的连接是基于食品安全和供需矛盾等痛点，即消费者和生产者之间缺乏有效的沟通。将 VR 引入传统电商可以改变这种情况，消费者和渠道经销商可以更好地了解农产品源头的整体情况，大大降低消费者和渠道经

销商对农产品质量信息的获取成本，提升消费者的体验。当下，消费者越来越注重参与和体验，将 VR 技术引入农产品生产地源头，可以说是一个必然的过程。

1.5 元宇宙+休闲农业

1.5.1 休闲农业概述

1. 休闲农业是新农业形态

休闲农业（Agritourism）是由农业（Agriculture）和旅游（Tourism）两个词组合而成的。休闲农业是利用农业景观资源和农业生产条件，通过科学规划和开发设计，为游客提供观光、休闲、度假、体验、娱乐、健身等多项需求的新型农业生产经营形态。在综合性的休闲农业区，游客不仅可观光、采果、体验农作、了解农民生活、享受乡土情趣，而且可住宿和度假。休闲农业始于19 世纪 30 年代，当时城市化进程加快，人口急剧增加，为了缓解都市生活的压力，人们渴望到农村享受暂时的悠闲与宁静，体验乡村生活。于是休闲农业逐渐在意大利、奥地利等地兴起，随后迅速在欧美地区发展起来。

2. 我国休闲农业多点开花

休闲农业是我国农业近年来一个新的发展领域，也是休闲旅游业的一种新的旅游产品。休闲农业是符合经济发展规律、有市场需求、蕴藏着巨大发展潜力、有助于解决"三农"问题的朝阳产业，是利国利民、一举多效的新兴产业。我国休闲农业兴起于改革开放以后，开始是以观光为主的参观性农业旅游。进入 21 世纪，观光、休闲农业有了较快的发展。近几年来，我国休闲农业呈现出多点开花、以点带面、区域特色明显、多重模式发展的景象。纵观我国休闲农业的发展，东部沿海省、市、区是发展较早、较快的地区；云南、四川、河南、黑龙江、新疆维吾尔自治区等地区，由于旅游业或特色农业发达，也间接带动观光休闲农业的发展。休闲农业受到我国政府高度重视。《国务院关于促进乡村产业振兴的指导意见 国发 [2019]12 号》指出"优化乡村休闲旅游业，实施休闲农业和乡村旅游精品工程"。各级地方政府也遵循该文件出台了一系列政策，在资金、税收等方面大力扶持休闲农业发展。《中华人民共和国国民经济和社会发展第十四个五年规划和 2035 年远景目标纲要》也提出："发展县

域经济，推进农村一二三产业融合发展，延长农业产业链条，发展各具特色的现代乡村富民产业。推动种养加结合和产业链再造，提高农产品加工业和农业生产性服务业发展水平，壮大休闲农业、乡村旅游、民宿经济等特色产业。加强农产品仓储保鲜和冷链物流设施建设，健全农村产权交易、商贸流通、检验检测认证等平台和智能标准厂房等设施，引导农村二三产业集聚发展。"

1.5.2　我国休闲农业的主要类型

1.都市休闲农业

为满足城市多方面需求发展起来的都市休闲农业，位于市区周围的近郊和客源丰富的名胜景区周边，都市休闲农业模式结合周围的田园景观和民俗文化，兴建一些休闲、娱乐设施，为游客提供休憩、度假、娱乐、餐饮、健身服务。主要经营类型包括相对集中联片的休闲度假村、休闲农庄、农业嘉年华、市民农园、农事体验乐园以及民宿和乡村酒店，这在北京、上海、成都以及海南、云南等区域较常见，可以为游客提供了解农业历史、学习农业技术、增长农业知识等服务。

2.观光休闲农业

在保护生态环境的基础上，很多地方发展出了农业生态游、农业景观游、民俗风情游、以特色农牧渔业为主的休闲农庄和农家乐。同时，结合特色村落、小城镇建设，以新农村格局和古村镇宅院建筑为旅游标志物（涵盖古民居和古宅院型、民族村寨型、新村风貌型和古镇建筑型），开发观光旅游。如海南省利用独特资源，以共享农庄为载体发展观光休闲农业。

3.民俗休闲农业

很多少数民族地区具有丰富的特色民俗资源，通过保护特色村庄和田园风光，以特色风土人情、民俗文化为旅游标志物，凸显农耕文化、乡土文化和民俗文化，开发农耕展示、民间技艺、时令民俗、节庆活动、民间歌舞等休闲旅游活动，丰富休闲农业和乡村旅游的文化内涵。每年7月、8月蒙古族那达慕大会；反映白族、藏族、哈尼族等少数民族农村生产生活特性的云南民族农耕文化博物馆等。

4.特色休闲农业

农民利用自家庭院、自己生产的农产品及周围的田园风光、自然景观，

以低廉的价格吸引游客前来吃、住、玩、游、娱、购等，也就是常说的农家乐，主要类型有农业观光农家乐、民俗文化农家乐、民居型农家乐、休闲娱乐农家乐、食宿接待农家乐、农事参与农家乐等。

1.5.3　我国休闲农业存在的不足

与世界休闲农业发展规律基本相近，在 2015 年我国人均 GDP 迈过 8000 美元后，休闲农业进入高速发展阶段。但我国休闲农业也存在着诸多问题。

1. 缺少规范化的运营体系

休闲农业发展至今也不过十几年的历史，休闲农业的经营者对如何科学地经营管理还不熟知。目前仍然是小户分散经营为主，形成规模经营的相对较少。总体来看，我国休闲农业存在着缺少整体规划、缺少系统式设计、休闲农业区基础设施建设相对落后等问题。从政策来看，除少数发达地区外，多数地区都缺少休闲农业规范性的指导意见和可操作性的标准。在农业用地、税收优惠及吸引社会资本等方面还需要各地政府针对实际情况出台相关支持政策。

2. 总体经济效益不明显

由于产业投资较大、周期相对较长，多数休闲农业经营主体总体投入和运营管理能力较弱，休闲农业质量不高。再加上多数休闲农业品牌意识不强、营销推广力度不够、专业化的休闲农业创新创意人才缺乏等，故而，尽管有一些客流存在，但总体来看，休闲农业经营效益不明显。

3. 文化和科技水平较欠缺

休闲农业的经营管理者以所在地农民为主，对于如何在休闲农业中利用物联网、大数据、VR、区块链等科技来提升管理水平、降低运营成本、提升客户体验等方面还存在较大不足，他们主要还是利用传统的农业种植和养殖来发展休闲农业，所以难以适应广大城市消费者对现代休闲农业发展的要求。

1.5.4　元宇宙赋能休闲农业

1. VR/AR 实现消费者沉浸式参与

农业体验是"元宇宙＋农业"的突破口，把真实农业场景（如耕作场景、农田管理场景等）用 VR/AR 等多种新技术呈现出来，可以打造出一种新的农

业体验。VR/AR 为农业参与提供了更多可能性。同时，借助元宇宙等相关技术与定制农业、订单农业、休闲农业等模式相结合形成新的商业，从而实现对农业的彻底颠覆。

将 VR 技术运用到休闲农场的体验项目中，可以尽情激发游客的想象力、创造力，并增强他们的立体空间感，使之成为一个游戏娱乐的空间。别具一格、多样化的 VR 主题农庄足以让人兴奋。比如，哈尔滨爱威尔科技有限公司曾在中国绿化博览会现场采用 VR 技术为观众展示了种玉米的过程，从开垦到播种再到收获，观众可以在一个虚拟的农场中体验种地的乐趣。

未来，或许消费者可以在家里通过 VR 交互设备，进入元宇宙农场，这个农场可能在 10 000 公里外的纽约郊区，那个农场可能在 9000 公里外的法国，消费者通过 5G 或者 6G 网络开着收割机为养殖的 1000 头牛收割玉米作为饲料……元宇宙农业为人们创造一个游戏娱乐的空间。而当你戴上 VR 设备"来到"某种水果农场时，你可以看到苹果园或者农旅休闲设施，或者与农场的农民、游客擦肩而过。在虚拟的世界中，体验者还可以看到农场的各种业态展现，从开垦到播种再到收获。利用元宇宙技术，人们可以在一个虚拟的农场中操控无人设备体验种地乐趣。

案例：韩国农业部农业元宇宙游戏

2021 年年底韩国农业部推出了全球首个农业元宇宙游戏 Wook-Craft（见图 1-5）。这个基于全球流行的游戏《我的世界》的元宇宙游戏，将提供对农业博物馆、智能农场和政府设施的虚拟参观，并同时实现各种虚拟化身的农业体验。其中，智能农场是一个自动化的室内农场，可以通过物联网技术自动分析温度、湿度和日照量。因为可以通过移动设备管理农场，所以农民们不用担心天气状况问题。韩国农业部的发言人 Kim Ki-hoon 说："我们将加速使用元宇宙平台，向千禧一代和 Z 世代推广农业的价值。"

采用元宇宙相关的数据采集、分析与建模方法，构建虚拟农田系统，能够让育种人员在系统里快速评估、设计新型的农作物品种，让栽培管理人员精确地设计节约资源、环境友好而高产的栽培方案，让孩子们在虚拟农场上体验田园牧歌的生活。

图 1-5　韩国农业部农业元宇宙游戏

2. 农业数字人提高农业生产效率

目前中国农业的问题绝大部分是生产效率、生产安全的问题。"元宇宙 +农业"产生的虚拟数字人或虚拟农民仅仅是消费端体验环节，借助元宇宙推动农业生产效率提高、生产安全品质提升才是行业当务之急。VR 技术出现之前，任何农业上的创新和进步都需要耗费大量的人力物力。

我国元宇宙农业已经初露端倪，但整体上还属于现代农业发展的新理念、新模式和新业态，处于元宇宙概念导入期和产业链逐步形成阶段，在关键技术环节和制度机制建设层面面临支撑不足的问题，且缺乏统一、明确的顶层规划，资源共享困难和重复建设现象突出，在一定程度上滞后于元宇宙在其他领域的整体发展水平。因此，促进元宇宙农业发展，需要做好以下工作：以物联网、大数据、AI、区块链等元宇宙相关技术为支撑，重点围绕农业物联网、农业大数据、农产品溯源防伪、农业信息系统安全等方面开展研究、开发与产业化推广，打造农业生产、监测、流通与销售的管理与创新应用，提升"三农"的智能化水平和效能，促进农业的和谐、可持续发展，更好地为区域经济发展，为农业科技创新、产业化提供交流渠道和创新平台。牢牢抓住元宇宙科技革命和产业变革为农业转型升级带来的强劲驱动力和"元宇宙 +"现代农业战略机遇期，加快农业技术创新和深入推动互联网与农业生产、经营、管理和服务的融合。

案例：广东首个农业虚拟人

2021 年 11 月 8 日，在广东省农业农村厅的指导下，《南方农村报》开始立项开发首个农业元宇宙，联合国内顶尖虚拟技术团队，组建了农业元宇宙开发组。2022 年 1 月推出了首个农业虚拟人物"小柑妹"，并探索构建一个农业元宇宙，让真实世界的信息在虚拟世界得到补充，打造真人与虚拟人的互动场景。"小柑妹"与真人无异，长相清秀，一双大眼睛中瞳孔分明，编着俏皮的大辫子，头上别着柑橘样式的发卡，声音甜美（见图 1-6）。

图 1-6　广东农业虚拟人物"小柑妹"

"小柑妹"说，来元宇宙认养一棵德庆贡柑树，远程浇水、施肥、监测等都可以由她来提供服务。这一说明，也明确了首个农业虚拟人物的身份——德庆贡柑虚拟管家。"小柑妹"将以虚拟管家的身份，为消费者提供贡柑认养后的远程智慧管理服务，赋能农场主的贡柑园数字化管理。

广东迈出了农业元宇宙开发的第一步。通过构建农业元宇宙，丰富人类与虚拟世界的互动方式，有机会实现元宇宙的多场景体验。广东省农业农村厅相关负责人表示，元宇宙有潜力帮助整个农业提升效率，加速农业现代化。

3. 元宇宙改变休闲农业模式

随着消费者需求的增加，乡村旅游近几年可谓蓬勃发展，已然成为农村经济增长的主要驱动力。但还是有很多人无法前往乡村进行真实体验。不过没关系，"元宇宙"的到来，恰好可以满足消费者"归园田居"的需求。例如，建设虚拟农田（大家可以联想游戏《我的世界》），VR 技术的融入让用户的感官体验更舒适、真实。利用元宇宙的虚拟世界，结合现在流行的认养模式、农旅休闲等项目，可以让消费者体验到虚拟农场、虚拟种植基地中的沉浸式乐趣。例如，消费者认养一棵果树，可以通过 VR 视频实时观看果树的种植情况，实现远程浇水、施肥的沉浸式体验；将 VR 结合到农旅休闲项目中，游玩者可以通过立体化、可视化的虚拟世界体验亲自耕种、喂养等田园乐趣；元宇宙可以构建虚拟环境，加强社交属性，让消费者提前沉浸式体验民宿、餐饮服务；等等。农业正在改变过去那种"面朝黄土背朝天"的传统形象，有越来越多的消费者愿意参与到农业生产中。

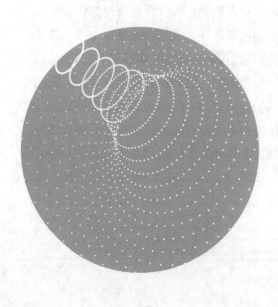

第 2 章

工业元宇宙：空间无垠的未来

受新冠肺炎疫情影响，我国经济增速放缓，制造业也面临从开拓增量市场到升级存量市场的转变。利用数字化、信息化技术进行改造，突破存量市场带来的"内卷化"困境，正成为众多制造业企业数字化转型的方向。当下，"元宇宙"概念火热，但如果只将其当作新型概念进行炒作，将促进现实社会业务快速向虚拟化业务转移，单一的虚拟产业将导致经济"脱实向虚"的风险。若元宇宙一味地脱离现实世界，致力于制造虚拟世界中的感官刺激，背离以制造业为主的实体经济，将会导致企业投资实体经济的意愿下降，大量资金进入虚拟产业的投机领域，资产泡沫越来越大，增加实体经济融资成本，经济结构严重失衡，甚至会威胁到国家政权和社会稳定。

工业元宇宙作为元宇宙相关技术在工业领域的应用，更重视实体工业场景的可视化、准确性和调优性，它通过在虚拟空间的协同工作、模拟运行指导实体工业高效运转，赋能工业各环节、场景，达到降低工业企业成本、提高生产效率的目的，促进企业内部和企业之间高效协同，助力工业高质量发展，为"中国制造"向"中国智造"转型升级增添加速度。

如图 2-1 所示，工业元宇宙是以 VR、数字孪生、工业互联网等为代表的新型信息技术与实体工业经济深度融合的工业生态。其整体架构包括基础软硬件体系、核心技术体系、流程应用与场景应用四个方面，如图 2-2 所示。基础软硬件体系和核心技术体系提供了元宇宙构建的物质基础和技术基础，流程应用体现了工业元宇宙的基本运行形式，场景应用是工业元宇宙应用于不同工业领域的最终呈现。工业元宇宙可以利用现实物理模型、传感器更新、运行历史等数据，结合 VR 技术模拟数字员工、多物理量、多维度的现实工业过程，在虚拟空间中完成映射，进而优化工业制造环节中的物理设备、人与流程。它将是一种新业态、新产业，重塑包括供应链和产业链在内的整个工业形态。

数字
孪生
工业
互联
网
云平
台
实体工业
工业元宇宙
信息技术
VR
AI
……

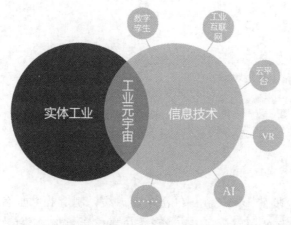

图 2-1　信息技术与实体工业深度融合的工业元宇宙

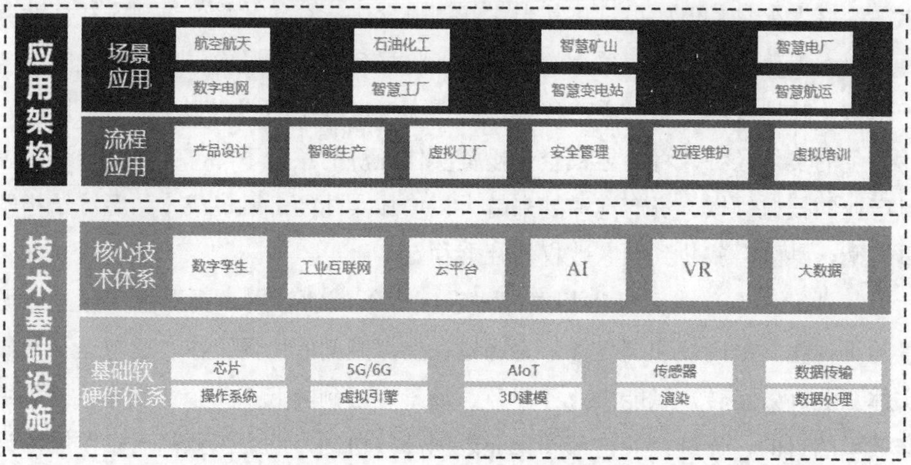

应用架构
场景应用
航空航天
石油化工
智慧矿山
智慧电厂
数字电网
智慧工厂
智慧变电站
智慧航运
流程应用
产品设计
智能生产
虚拟工厂
安全管理
远程维护
虚拟培训
技术基础设施
核心技术体系
数字孪生
工业互联网
云平台
AI
VR
大数据
基础软硬件体系
芯片
操作系统
5G/6G
虚拟引擎
AIoT
3D建模
传感器
渲染
数据传输
数据处理

图 2-2　工业元宇宙整体架构

本章将从工业元宇宙的核心技术体系，工业元宇宙如何打造全新的工业范式，以及工业元宇宙如何赋能航天工业、石油化工等方面，描述工业元宇宙如何将虚拟世界与现实世界紧密联系，形成虚实融合、沉浸交互的新型工业体系。

2.1　工业元宇宙的核心技术体系

工业元宇宙的技术基础设施包括基础软硬件体系和核心技术体系。基础软硬件体系包括算力、网络等基础技术，也包括强大的芯片、传感器、光学镜头、VR/AR 等硬件设备，3D 建模、渲染等软件也是必不可少的基础软件设施。工

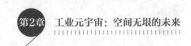

业互联网、数字孪生、云平台等组成了工业元宇宙的核心技术体系，正是有了这些技术的成熟发展，才使得工业元宇宙并不仅仅停留在概念阶段，而是在可以预见的未来，真正能够打通虚拟空间和现实空间，实现工业的改进和优化，促进工业高质量发展。本节主要讲核心技术体系中的三种技术。

2.1.1 工业互联网

工业互联网通过将网络传感器和相关软件与复杂的物理设备结合在一起，使得以信息技术为代表的数字空间与以运营技术为代表的物理空间的融合成为可能。工业互联网目前已经成为制造业与信息技术深度融合的重要载体，未来也将成为走向工业元宇宙的重要通道。

在工业互联网的基础上加以虚拟与现实的交互，利用虚拟空间和现实空间的协同联动，而实现虚拟操作指导现实工业，将推进基础技术和关键设备不断迭代和更新，挖掘更多的应用场景。

目前，在工业互联网中已经可以对产品、设备、生产线的各项参数进行测量，以获得的数据构建真实世界的数据孪生副本。以汽车为例，通过传感器可以实时获得汽车行驶的速度、耗油量、轮胎的气压、发动机的温度、车内的温度等数百个参数。从现实世界中的生产线、设备、产品、传感器等获取的数据，汇集到云端，形成工业大数据。在工业元宇宙中可以基于对工业大数据的分析，达到提升效率、降低成本的目的。而且，通过工业互联网上的各种数据应用，对这些工业大数据进行分析、运算，实现生产、制造、服务、运营、监控、预测、风险控制等业务流程的优化。

从工业互联网到工业元宇宙的跃迁，既是中国工业体系综合竞争力实现"弯道超车"的历史性机遇，也是解决人口下降而劳动力不足的一剂数字化良方。

2.1.2 数字孪生

数字孪生技术是构建元宇宙最关键的技术之一，因为**数字孪生技术的成熟度，直接决定元宇宙在虚实映射与虚实交互中所能支撑的完整性**。在微软提出的元宇宙技术堆栈（Technology Stack）中，数字孪生提供的建模效益便是关键一环。它能以数位资料模拟物理世界，桥接虚实的特性与效益，使其成为打造元宇宙雏形的关键技术。数字孪生的概念最初由迈克尔·格里夫斯教授

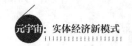

于 2003 年在美国密歇根大学的产品全生命周期管理课程上提出，并将其定义为三维模型，包括实体产品、虚拟产品以及二者间的连接，但由于当时技术和认知上的局限，这个概念并没有得到重视。直到 2011 年，美国空军研究实验室和美国国家航空航天局（National Aeronautics and Space Administration, NASA）合作提出了构建未来飞行器的数字孪生体，并定义数字孪生为一种面向飞行器或系统的高度集成的多物理场、多尺度、多概率的仿真模型，能够利用物理模型、传感器数据和历史数据等反映与该模型对应的实体的功能、实时状态及演变趋势等，数字孪生才真正引起关注。后来，一些学者在 NASA 提出概念的基础上进行了补充和完善，使得数字孪生不仅面向飞行器等复杂产品，还面向了更加广泛通用的产品。

近年来，数字孪生技术在各国的大力支持下，获得了快速发展。例如在中国，未来几年国家重点支持的研究与发展领域包括大数据、AI、工业互联网等，这些领域所涉及的技术都是数字孪生发展的基础。数字孪生技术在各类设备和产品的设计、研发、生产、维护、存储、运输、销售等全生命周期中都将有越来越广泛的应用前景。

那到底何为数字孪生呢？简单来说，数字孪生就是在一个设备或系统的基础上，创造一个数字版的"克隆体"。这个"克隆体"，也被称为"数字孪生体"，它被创建在信息化平台上，是虚拟的。而与简单的 CAD 设计图纸不同的是，数字孪生体最大的特点在于：它是对实体对象（以下简称"本体"）的动态仿真。它"动"的依据，来自本体的物理设计模型、本体上面传感器反馈的数据及本体运行的历史数据。本体的实时状态，以及外界环境条件，都会复现到"孪生体"身上。如果需要做系统设计改动，或者想知道系统在特殊外部条件下的反应，工程师们可以在孪生体上进行"实验"。这样一来，既避免了对本体的影响，也可以提高效率、节约成本。描述物理空间的物理实体和虚拟空间的数字孪生关系的镜像关系模型如图 2-3 所示，构建过程一般包含以下四个步骤：基于物理实体的机理和数据科学知识，在虚拟空间构建它的数字孪生体；将通过控制单元、传感器等采集的物理实体运行状态数据和运行维护历史数据等动态同步到数字孪生体，对其进行迭代优化；在虚拟空间里构建体现真实环境的虚拟环境，对优化后的数字孪生在虚拟环境里仿真，模拟物理实体在真实环境里的行为状况；对模拟仿真的结果进行分析，生成有价值的信息，反馈给物理实体，改进优化物理实体的设计、制造和运行维护等。

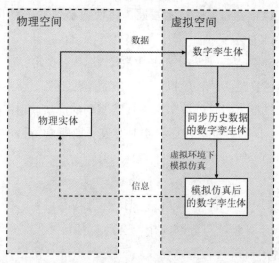

图 2-3　描述物理实体和虚拟空间的数字孪生关系的镜像关系模型

　　工业制造数字孪生作为工业元宇宙最为关键的技术之一，可以在产品研发、工业生产制造、产品售后维护等多个阶段发挥关键性作用。在产品研发的过程中，数字孪生可以虚拟构建产品数字化模型，对其进行仿真测试和验证。生产制造时，可以模拟设备的运转，以及参数调整带来的变化。数字孪生能够有效提升产品的可靠性和可用性，同时降低产品研发和制造风险。维护阶段，数字孪生也能发挥重要作用。美国空军提出数字孪生，就是为了帮助他们更好地维护战斗机。采用数字孪生技术，通过对运行数据进行连续采集和智能分析，可以预测维护工作的最佳时间点，也可以提供维护周期的参考依据。数字孪生体也可以提供故障点和故障概率的参考。数字孪生给工业制造带来了显而易见的效率提升和成本下降，使得其几乎受到所有工业巨头的追捧。以美国通用电气公司为例，他们已经为每个引擎、每个涡轮、每台核磁共振设备创造了一个数字孪生体。工程师们可以在虚拟空间调试、实验，能够让机器的运行效果达到最佳。

　　作为一种充分利用模型、数据并集成多学科的技术，数字孪生面向产品全生命周期过程，发挥连接物理世界和信息世界的桥梁和纽带作用，提供更加实时、高效、智能的服务。在广度部署上，数字孪生为提升预测准确度，需模拟更完整、更广泛的虚拟物件与空间，并以此为基础打造工业元宇宙的运作环境，背景技术有赖 5G、Wi-Fi 6、云端边缘、智能传感器等更强韧的通信环境、处理平台与多元的感测设备。在作业深度上，无人机具、协作机器人、机器视

觉等在精准度、执行能力上的技术发展，将使数字孪生在虚拟空间的 AI 决策有效于物理世界自主运行。

数字孪生被认为是工业元宇宙的必经之路，工业元宇宙更关注虚实数据之间的互动，涵盖物理实体、虚拟实体、数字孪生业务、孪生体间的数据、各组件的连接五个维度，因此以数字孪生技术驱动的虚实映射和实时同步特性与以实时 3D 技术驱动的数据可视化、实时交互、跨平台特性，共同构成了打造工业元宇宙雏形的关键技术。

2.1.3　云平台

近年来，云计算领域与国家安全、产业持续健康发展的联系愈发紧密，云计算核心技术的自研具有战略意义。云平台也是大数据、硬件设施、计算软件、AI 等技术的系统集成，是支撑起工业元宇宙庞大算力的基础设施。工业元宇宙中有大量的程序需要计算，构成元宇宙的虚拟内容、区块链网络、AI 技术都离不开算力的支持。例如，工业元宇宙里的建模、显示就需要大量的算力来进行渲染，及时的信息反馈也需要强大的运算能力。算力越高，可以构建出的工业元宇宙体验感越强。例如，游戏产业每一次重大的飞跃，都源于计算能力和视频处理技术的更新与进步；工业元宇宙也是如此。云计算会因为元宇宙的建设而得到快速的发展。元宇宙的数据量爆发导致算力需求激增，依靠普通计算机设备来运行元宇宙庞大的代码是不现实的，而云计算则是一个很好的解决方案。

工业元宇宙中对算力的需求很高，这对每一家云计算服务商都提出了更高的要求，企业需要快速迭代云平台产品线，满足更丰富的用户业务场景需求，如图形图像渲染、业务日志收集分类管理、丰富的数据库服务、大数据治理等。同时，云服务商也需要了解元宇宙产生的特定场景需求，并与从芯片到区块链、AI、应用各类合作伙伴融合适配，形成整体解决方案。目前国内外的云计算巨头已经抢先一步为元宇宙提供服务。亚马逊的官网显示，AWS 全球云基础设施提供来自全球数据中心的 200 多种功能全面的服务，如今已在全球 25 个地理区域内运营着 81 个可用区，以此提供元宇宙的基础物理设施。AWS 提供安全、可扩展、全面且经济高效的服务组合，使客户能够在云中构建数据湖，以及使用机器学习等各种分析方法分析所有数据，包括来自物联网设备的数据，助力推进现实世界与元宇宙映射的数字化进程。

阿里云也已布局元宇宙新赛道，主要从四个方面来提供云计算基础设施：全息构建、全息仿真、虚实融合以及虚实联动。用户可以基于阿里云的技术来为搭建各种元宇宙素材和数字内容场景提供重要的技术支撑。用户也可以使用阿里云的 AI 相关服务来分析元宇宙中所产生的数据等。阿里云还有区块链服务，可以确保底层数据的不可篡改性。

元宇宙酷炫的概念是科技的最新热点，而工业元宇宙是促进实体工业与数字经济结合，打造新业态、新产业的全新平台。拥有坚如磐石的底层技术，构建坚实的工业互联网、数字孪生、云计算等底层基建，才能真正掌握开启工业元宇宙之门的钥匙。

2.2 元宇宙打造全新工业范式

当前已有多家实体巨头企业进行了元宇宙、IT 与云计算、AIoT 混合技术的早期尝试。2013 年通用电气公司提出工业云平台 Predix；2016 年西门子提出数字双胞胎平台 MindSphere，其特点是窄带物联网、精准小数据、人工梳理知识图谱，以人工经验为主、数据为辅。

目前工业元宇宙 AR、VR 创作工具平台已逐步成形。以 Unity、Unreal 为代表的游戏引擎跨界进入汽车与建筑设计、工程施工评审、智能制造仿真、城市与交通治理等实体产业，其特点是视觉感知、沉浸式可视化、动态同步（实时孪生），人工经验与大数据分析并重。而未来工业元宇宙最大的特点是可以改变工业生产现有产品设计，智能生产（工艺开发、产线生产、产线巡检），安全管理，远程运维，虚拟培训等的流程范式，如图 2-4 所示。物理与数字空间的全连接将为工业生产带来更多的数据动能，有效驱动生产制造技术和现有模式的变革与突破。

图 2-4 工业元宇宙赋能的工业场景的展望

2.2.1 产品设计

工业元宇宙中可以将产品规划、设计到建模等工作在协同的数字平台实现，将原流程化的设计师、工程师等融合，实现即时共享的开发，通过虚拟化模拟从设计到成品的效果验证，加速产品开发速度，降低产品开发成本，大大加速产品的最终上市时间并降低产品成本。

（1）从多部门的设计迭代到多部门的协同设计。传统方法中，系统的一般设计流程为：总体部门提设计要求—设计部门制订设计方案—生产部门加工样机模型—测试部门进行样机性能试验—如性能不合理再修改设计，重新生产、试验。这种串行迭代的方式很难实现不同部门之间信息的有效交互，导致设计周期长、效率低。在工业元宇宙中，利用数字孪生技术可改变当前系统工程中的多部门工作方式，以数字孪生为中心的系统工程，在数字主线技术的支撑下，将能够实现各类信息来源的统一管理，不同部门可以随时访问或补充数字主线中的数据，实现信息的有效交互。通过不同部门横向之间及不同系统级别纵向之间的协同管理，部分工作可以并行开展，同时最小化串行迭代中的等待时间，加速设计进程。

（2）从先生产后验证到快速的先行集成验证。传统的系统设计完成后需要进行强度、刚度、振动等试验来验证设计的可靠性，但是存在诸多不足：物理试验需要专门的试验场地、设备、工装等，耗资巨大；需要等样件全部生产出来后才能进行试验，周期较长；如果试验结果不理想，需要重新设计、生产、再试验，如此反复迭代对时间、成本、人工造成极大浪费。工业元宇宙利用虚拟仿真可视化技术，能够将系统验证基线提前，在设计完成后就可以在虚拟空间对系统进行"早期集成"和虚拟测试验证。借助 VR 或 AR 技术，可以方便地测试不同试验策略所带来的工作量、周期和成本的差异，从而更有效地指导后续的物理试验。虚拟试验技术允许在设计早期边试验边学习，越早发现设计中的问题，修正问题的成本就越低，且不会因原型机不到位或者提前破坏而影响整个测试验证的周期。

2.2.2 智能生产

（1）从生产设备关键位置监测到全面跟踪。目前，为保证工业系统运行的可靠性，往往需要在生产设备容易发生损伤或破坏的位置布置传感器，监测系统状态。其中，对潜在损伤位置的判断通常需要依赖工程经验。对于未来工业体系不断更新的结构形式、越来越复杂的生产环境，真实的设备可能面临大量的不可预期的问题，从而在未布置传感器的位置处发生破坏，引发系统提前失效。而在工业元宇宙中，可以在数字平台全面跟踪真实系统状态；同时，借助动态数据驱动应用系统技术，利用监测数据动态修正系统的数字孪生体，持续更新的模型可以获取某些测量无法直接输出的量以更好地辅助决策。在大数据分析技术的支撑下，有望从这些全面跟踪的数据中挖掘隐含的物理规律甚至是机理模型，从而完善现有的理论或方法。

（2）**从历史数据驱动到动态数据驱动建模**。传统的建模方式是在历史数据的基础上，预设系统将来可能会经历的载荷、环境、边界等来建立合理的模型，并以此模型指导后续的生产、装配以及运行中的操作。然而由于实际加工中存在的生产、制造误差，以及服役中面临的载荷环境的复杂性、动态性和不确定性，在设计阶段完成的模型很难真实地反映实际系统在后续阶段的状态和行为，难以对系统的动态演化做出准确预示。在工业元宇宙中，利用实时监测的数据驱动模型动态更新，使得模型不仅能够反映真实的制造、装配和维护情况，还能跟踪在复杂环境下不断演化的系统行为。数据与模型的融合能够减少不确定性带来的影响，增加对系统行为的认知，进而做出更准确的模拟与预示。

（3）**全生命周期数据融合**。工业元宇宙可以通过对产品的设计、生产、存储、运输、销售的全流程建模，在虚拟空间高质量映射产品的全生命周期流程。即通过对产品虚拟全流程各类状态的监测以及预测，并对产品全流程统一调控和管理，能准确预测某个流程将出现的问题，消除潜在风险，使各个流程以最优方式运行，从而使产品全生命周期流程以最优的状态（包括最优的生产策略、最佳的存储方案、最优的运输路线等）运转。

2.2.3　虚拟工厂与数字车间

1. 虚拟工厂

通过工业元宇宙平台，能够沉浸式体验虚拟工厂的建设和运营过程，与虚拟工厂中的设备、生产线进行实时交互，可以更加直观、便捷地优化生产流程、开展智能排产。在虚拟工厂建设前期，可利用工业元宇宙平台建设与现实工厂的建筑结构、产线布置、生产流程、设备结构一致的虚拟工厂，从而能够实现对产能配置、设备结构、人员动线等方面合理性的提前验证。对于现实工厂生产过程中的任何变动，都可以在虚拟工厂中进行模拟，预测生产状态，实现生产流程优化。

以汽车产业为例，汽车推敲设计时需要制作油泥模型，再用油泥模型做流体力学的仿真，并根据试验结果进行修改，不仅成本高，还有可能拉长整个研发周期。但在 Omniverse 软件的帮助下，可以一定程度降低这方面的风险。2021 年，宝马公司已经运用 Omniverse 软件和英伟达 AI 车辆智能化生产制造，实现了对宝马汽车工厂的职工、工程建筑及其安装生产线的智能化模拟仿真。根据物理学的模拟仿真作用，宝马利用 Omniverse 软件设计了一间虚拟工厂，让机械手臂、手推车自主开展 AI 训练。图 2-5 展示的就是宝马装配系统的虚拟工厂，这也是 Omniverse 软件首次成功实现整个虚拟工厂的模拟。有了这一系统之后，宝马公司全球不同的团队可用 Revit、CATIA 或点云等不同的软件包来实时 3D 的形式协同设计和规划工厂，如图 2-6 所示。

图 2-5　宝马装配系统的虚拟工厂内部

资料来源：英伟达 Omniverse 宣传视频截图。

图 2-6　协同设计页面展示

资料来源：英伟达 Omniverse 宣传视频截图。

在实际修建加工厂或整合新产品之前，利用虚拟环境协作，能够针对极为复杂的生产制造系统进行设计、整体规划、工程项目、模拟仿真和提升调节。在宝马汽车工厂中，在 Omniverse 虚拟环境中运行的 AI 模拟器可以对机器人进行虚拟训练和测试，在虚拟工厂中也可以使不同地区的多个宝马工程师进入同一个仿真环境进行联网和协同工作。图 2-7 展示的是位于不同地区的工程师在测试新生产线设计。

图 2-7 位于不同地区的工程师协作测试新生产线设计

资料来源：英伟达 Omniverse 宣传视频截图。

宝马装配系统的虚拟工厂进化后的 AI 不仅提高了机器人的协调性及其对人和物体识别的准确性，而且能更快、更清晰地识别工作场景中常见的"障碍物"，如叉车、牵引车和工人等；它还能在几毫秒内计算出新的行进路线，从而确保生产安全，使时间控制更加准确。宝马管理委员会组员米兰·内德尔伊科维奇称，宝马的虚拟工厂应用可以使生产率提升 30%。

宝马并不是唯一涉足元宇宙虚拟工厂的企业。2022 年 1 月，韩国汽车制造巨头现代汽车公司宣布与 3D 内容平台 Unity 合作构建元宇宙数字虚拟工厂。双方已经签署了一份 MOU（谅解备忘录），将共同设计元宇宙工厂并构建全新元宇宙发展路线图和平台。现代汽车公司表示，他们目前也在寻求与微软等其他全球公司积极合作，以进一步加速元宇宙智能工厂的发展。

2. 数字车间

车间是制造业的基础单元，实现车间的数字化和智能化是实现智能制造

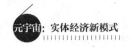

的迫切需要。随着信息技术的深入应用，车间在数据实时采集、信息系统构建、数据集成、虚拟建模及仿真等方面获得了快速的发展。在此基础上，在工业元宇宙中实现车间信息与物理空间的互联互通与进一步融合将是车间的发展趋势，也是实现车间智能化生产与管控的必经之路。

（1）**车间设备健康管理**。工业元宇宙中车间的设备健康管理方法主要包括基于物理设备与虚拟模型实时交互与比对的设备状态评估、信息物理融合数据驱动的故障诊断与预测，以及基于虚拟模型动态仿真的维修策略设计与验证等步骤。基于数字孪生技术，能够实现对车间设备性能退化的及时捕捉、故障原因的准确定位，以及维修策略的合理验证。

（2）**车间能耗多维分析、优化与评估**。在能耗分析方面，信息物理数据间的相互校准与融合可以提高能耗数据的准确性与完整性，从而支持全面的多维度、多尺度分析；在能耗优化方面，基于虚拟模型实时仿真，可通过对设备参数、工艺流程及人员行为等进行迭代优化来降低车间能耗；在能耗评估方面，可以使用基于孪生数据挖掘产生的动态更新的规则与约束对实际能耗进行多层次、多阶段的动态评估。

（3）**车间动态生产调度**。数字孪生能提高车间动态调度的可靠性与有效性。首先，基于信息物理融合数据能准确预测设备的可用性，从而降低设备故障对生产调度的影响；其次，基于信息物理实时交互，能对生产过程中出现的扰动因素（如设备突发故障、紧急插单、加工时间延长等）进行实时捕捉，从而及时触发再调度；最后，基于虚拟模型仿真，可以在调度计划执行前验证调度策略，保证调度的合理性。

（4）**车间过程实时控制**。对生产过程进行实时全面的状态感知，满足虚拟模型实时自主决策对数据的需求，通过对控制目标的评估与预测产生相应的控制策略，并对其进行仿真验证。当实际生产过程与仿真过程出现不一致时，基于融合数据对其原因进行分析挖掘，并通过调控物理设备或校正虚拟模型实现二者的同步性与双向优化。

2.2.4　安全管理

随着物质生活逐渐得到满足，现阶段我国人民追求的是美好生活，而城市安全则是这个美好生活的"基础红线"。在城市中，工业区和生活区都是紧密联系的，所以工业安全就成为城市安全的关键内容。其中，高危工业行业安全事故的影响更为严重一些，比如化工行业的安全事故，天津滨海新区、盐城响水、浙江温岭气罐车爆炸都给人民的生命财产造成了很严重的影响。每一次安全事故都会触动老百姓敏感的神经，安全生产成为考验政府治理能力的重要课题。工业和信息化部办公厅、教育部办公厅、文化和旅游部办公厅、国务院国资委办公厅、广电总局办公厅联合印发《元宇宙产业创新发展三年行动计划（2023—2025年）》（简称《行动计划》）。

《行动计划》按照长远布局和分步落地思路，从近期和长期两个层面做了系统谋划和战略部署。近期，到2025年综合实力达到世界先进水平。具体衡量标准上，包括元宇宙技术、产业、应用和治理等全面取得突破，培育3～5家有全球影响力的生态型企业，打造3～5个产业发展聚集区，工业元宇宙发展初见成效，打造一批典型应用，形成一批标杆产线、工厂、园区，元宇宙典型软硬件产品实现规模应用，并在生活消费、公共服务等领域出现一批新业务、新模式和新业态。长期，从技术能力水平、产业体系、元宇宙新空间方面提出了发展目标，即核心技术实现重大突破，形成全球领先的元宇宙产业生态体系，打造成熟工业元宇宙。

工业元宇宙是工业互联网的终极形态，而在可以预见的未来，安全生产管理将是工业元宇宙落地的重要应用之一。通过构建基于工业元宇宙的工业生产、运输、存储、销毁全生命周期的风险感知、监测、预警、处置及评估能力，实现工业安全生产风险全过程、全链条的态势感知，可以增强企业安全风险主动防控能力，提高政府监察的精准性、有效性，有力提升科学预防、过程管控、综合治理和精准治理水平。

（1）在生产准备阶段，可以通过工业元宇宙对员工实现沉浸式虚拟仿真培训，建立3D虚拟的工厂环境与工业装置，沉浸式实现生产过程的流程模拟、操作培训。目前，企业培训多采用灌输式知识培训＋实验室实操培训，新入职员工无法通过传统的培训实实在在地感受到一旦操作不规范或者操作失误可能造成的严重危害。而AR沉浸式培训能够很好地模拟实际工作现场环境，模拟操作不当导致的结果，让受训员工感受更真切、记忆更深刻，整体的培训效果要远远优于传统培训。另外，传统培训多采用线下培训或者线上视频培训，员工的技能实操记录无法存储，政府对行业的技能水平和安全意识无法掌握，无法有针对性地进行培训和引导。而在工业元宇宙中通过AR沉浸式培训平台，可以对培训记录进行数据分析；安全工作涉及的材料很多、范围很广，采用这

种有针对性的模式可以大大提高预期工作成效，提升整个行业的技能和安全教育水平。

（2）在工作进行和管理阶段，对工业生产的全流程监测是实现安全生产的第一步。通过推动高风险、高能耗、高价值设备及安全生产相关系统加入工业元宇宙，可以为安全生命监测全面性提供保障。同时，工业互联网的标识解析体系也是安全生产监测的重要组成部分，如果说工业互联网的无线网络和有线网络实现了生产要素的物理连接，那么标识解析就是生产要素互联互通的神经枢纽；它通过生产要素与标识码的映射，实现对生产要素的定位和信息查询，从而实现对生产全流程的监测。我国目前已经建立了完善的工业互联网标识解析体系，为未来工业元宇宙落地于工业生产安全监测奠定了良好的基础。在工业元宇宙中，除了通过物联网设备实现的智能监测之外，安全人员也可携带一些具备边缘计算、数据传输、信息采集、远程遥控等功能的元宇宙设备，如果出现疑难问题，就可以在第一时间向后台服务器、云计算中心提交请求。这样安全人员就可以更好地掌控态势、顺利解决问题。尤其对于一些风险较高的工作（如核设备的检测），可以实现远程的监控、指导，有效避免了安全隐患的发生。

（3）在生产风险监测和预警阶段，企业通过在工业元宇宙中制定风险特征库和失效数据库标准，分析各类采集的数据；通过数据和风险类别、风险程度等指标之间的对应关系，形成风险特征模型；通过数据和零部件失效指标之间的对应关系，形成零部件失效特征模型。依托边缘云建设，将上述特征模型分发到边缘端，加速对安全生产风险等的分析预判，可以实现精准预测、智能预警和超前预警。

（4）在应急处置阶段，通过制定多层平台联动框架和标准，在工业元宇宙中建立安全生产事件案例库、应急演练情景库、应急处置预案库等，并基于行业级、企业级监管平台建立系统风险仿真、应急演练和隐患排查功能模块，可降低安全生产损失、减少企业生产和财务风险。

（5）在事后评估阶段，通过在工业元宇宙中建立事故评估模型，建立安全生产处置措施全面评估标准，为查找漏洞、解决问题提供保障，助推快速追溯和认定安全事故的损失、原因和责任主体等，进一步推动新型能力迭代优化，实现对企业、区域和行业安全生产的系统评估能力。

工业元宇宙的应用，不仅提高了工作效率，降低了生产成本，提高了产

品品质，而且在以人为本的前提下加强了工业生产中的安全管理，避免了安全隐患。由此可见，工业元宇宙技术的真正落地、有序推广是行之有效的。

2.2.5　虚拟培训与远程维护

相较于提高生产效率，元宇宙中的虚拟工厂在员工培训和教学中的应用预计将会更早实现（在"安全管理"一节的"生产准备阶段"也讲到过虚拟培训）。在工业 4.0 时代，市场环境时刻变化，科学技术推陈出新，因此工厂工人必须适应生产过程中涉及的新技术、新工艺，这意味着工人的劳动技能必须与公司的技术更新同步。工业元宇宙作为未来的发展趋势，将会成为一个终身学习的场所。在这里，工人能够利用最新的技术，实现边工作边学习。混合现实（Mixed Reality，MR）和数字孪生为数字教学工厂的实现提供技术支持。MR 能够在虚拟传感器、虚拟现实编辑平台、3D 仿真工具和多源数据通信方面为数字教学工厂提供支持；数字孪生能够在网络生产系统、工厂遥测、独立增强设备和多尺度模拟等方面为数字教学工厂提供支持。AR 技术能将工人完美地融入数字化工厂中，得到友好的人机交互体验，增强虚拟工厂的培训和教学效果。

为了定制真实设备的三维虚拟副本，可以使用三维扫描仪对物理世界中的设备进行扫描。在获取三维点云数据后，通过逆向建模的方式来得到真实设备的数字三维模型，数字模型与真实物理设备为 1∶1 高度仿真。不同类型的设备，例如机器人、制造系统、基础设施等，分布在虚拟环境中。这些设备副本可以帮助用户对数控机床、机器人、机械臂等设备的操作过程产生非常真实的感觉和认知，为人类与机器之间提供真实的虚拟交互。

为了管理所有设备的真实信息，可以通过使用不同类型的传感器来采集真实世界中的各种信息，包括位置、距离、湿度、温度、转速、压力、重量、电压、电流等数据。数字模型中的信息与真实世界中的信息一一对应，并实时同步。在这种情况下，虚拟现实环境中允许从数字角度重新编程设备，以安全的方式了解人机交互，并学习如何使用和意识到硬件的限制。所有设备的校准和配置说明，均可以通过交互式弹窗在虚拟世界中现实。使用这种全沉浸方式，可以更好地体会零件装配过程；现代工厂的最新技术需求与工人技能之间保持高度一致，工人能够在虚拟环境中接受工艺培训，动手实践操作，体验真实的生产过程。

除虚拟培训之外，对于应用标准高、测试要求复杂的产品，工业元宇宙

能够提供虚拟环境以开展试验验证和产品性能测试与维护。通过虚实结合实现物理空间和虚拟空间的同步测试，可以更加直观地感受产品的内外部变化，提高测试认证效率和准确性。波音公司计划在元宇宙中打造虚拟三维数字孪生飞机，并开发一个能够运行模拟飞行环境的生产系统，工程师可以在数字孪生系统中进行设计，也可以进行更为复杂和精细化的测试。

伴随网络技术和算力与存储技术的演进，我们甚至可以想象，将诞生轻量化的 AR/VR 眼镜，生产线工人与工厂厂长可能随时佩戴并及时掌握生产数据，并可及时获取来自智能分析的决策提醒，实现远程确认问题并及时修复。

由以上内容我们可以看出，工业元宇宙的价值不仅体现在工业生产事后的服务环节，还包括事前的预测。随着数字孪生、扩展现实（Extended Reality，XR）等技术的不断发展和成熟，未来可以在工业元宇宙中模拟还未发生的事情，实现快速、低成本的预测。譬如，将人员、机器、材料、场景、生产工艺等在数字世界中进行复现和模拟；模拟生产工艺的变更对产量或某一个厂区布局的影响。从更广泛的层面来说，工业元宇宙在产品研发设计、生产制造、营销和售后维护的全生命周期都将产生巨大的价值。

2.3　元宇宙+航天工业

2021 年 12 月，北京电子工程总体研究所发布"虚拟孪生－元宇宙协同建模仿真方法研究"的军工需求公告，采购阶段为预研。根据公告，上述项目的研究目标为：针对元宇宙、虚拟孪生等新型虚拟环境交互理念对作战训练带来的新理念新启示，开展支撑虚拟孪生复杂性、动态性的元宇宙体系描述方法等技术研究，形成作战任务想定虚拟空间协同编辑平台，探索将装备数字化接入元宇宙场景的建模仿真方法，为军事训练等应用多人协同场景编辑提供技术基础。该公告被认为是元宇宙概念从 IP、游戏、企业会议等延伸至军工领域的信号。虽然元宇宙概念在航天等军工领域是个新概念，但数字孪生、AR、VR、仿真建模等技术早已经在军工领域应用。

工业元宇宙和数字孪生的技术应用将会为航天等军工领域技术攻关提供虚实结合的仿真平台，提供人机全面融合、沉浸式设计仿真环境，成为提升技术创新与产业发展效率的新型数字基础设施。通过建立物理系统的数字模型，实时监测系统状态并驱动模型动态更新，实现对系统行为更准确的描述与预报，从而在线优化决策与反馈控制。未来在航空航天领域，工业元宇宙将在航行器的设计制造、数字伴飞系统、航天发射等多个领域得到应用。

2.3.1 数字伴飞系统

2022 年，中国预计将全面建成近地空间站，并进入运营和管理阶段。对于空间站这类长期在轨的航天器而言，传统的管理模式是建立相应的地面物理伴飞系统，并使地面系统经历与实际飞行相同的载荷、环境和操作，从而模拟航天器的在轨运行状态，通过监测地面系统的结构状态，根据需要进行在轨检测、维护或更换。但这种方式存在以下不足：一是需要建立一个与真实空间站完全相同的地面物理系统，但其建造周期长且成本极高；二是地面试验对空间环境的模拟能力有限。与此同时，为保证空间站能够长期、持续地开展载人航天、空间科学研究、空间应用与技术试验等活动，所以需要大量的天地往返任务来运输人员和货物，运输成本便成为其中的关键问题之一，这就对发展可重复使用飞船提出了需求。在飞船每次飞行结束后，还需要对舱体结构的完整性、未来飞行的适用性进行快速、准确的评估。

而通过工业元宇宙，利用数字孪生和 XR 等技术，搭建基于物理现实映射而成的数字伴飞系统，可以改善和弥补发展空间站和可重复使用飞船中现有范式的不足，实现全生命跟踪并预示空间站和飞船的行为状态，进而实现更好的管理与决策。

如图 2-8 所示，数字伴飞系统在飞行器端，基于各类传感器，可以收集反映飞行器周围环境与自身状态的数据，并通过数据链将监测数据传回地面伴飞系统；地面伴飞系统将数据引入飞行器的功能模型中，进行模型的动态更新，从而实现对飞行器状态更准确的诊断与评估；结合应用端的人机接口，通过未来任务预演，进一步结合智能决策优化设计、制造、维护等操作。在高精度几何模型的基础上，借助复杂系统建模技术，如多物理场建模、多系统仿真等，建立飞行器系统的行为模型和演化模型，同时利用大数据分析技术进行在线分析；结合数字主线中存储的历史数据、专家经验确定可能出现的故障，通过故障注入的方式，分析已知故障下系统的行为数据，构建故障模式库，并保存在数字主线中。

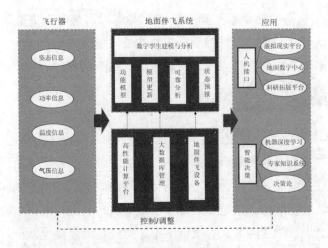

图 2-8　数字伴飞系统

工业元宇宙中的数字伴飞系统相较于传统的物理伴飞系统有以下几个优点：一是无须建造地面物理系统，极大地节省了运营成本；二是不受地面试验的限制，可以模拟任意空间环境和载荷，相较于物理伴飞系统，模拟能力更强；三是通过实时开展结构损伤分析，能够快速指示受损区域，加速检修进程；四是能够利用各类监测数据实现模型的动态更新，从而准确获取所有位置的结构状态，这样既不会出现漏检也不会带来冗余检测；五是持续更新的模型能够不断提高剩余寿命的预测精度和未来飞行评价的可靠性，从而更有效地指导决策；六是在指导决策时，不再只是依赖传统的优化算法，而是结合了高精度仿真模型，通过反复预演、验证，确定最优操作，进一步提高运行可靠性、优化维护效能。

2.3.2　航天器设计制造

在航天器的设计制造流程中，虽然已经初步形成针对方案设计、需求生成、仿真验证的航天控制仿真系统，但是面向复杂任务要求和敏捷开发设计需求，仍存在以下几个问题：一是传统开发模式下，都是以单一项目为中心进行方案设计与仿真验证集成，大多都采用串行的研制流程来实现从航天器的设计到服役的整个周期，这种模式缺乏有效的部门间沟通了解，产品反复迭代使得开发进程较慢，效率较低；二是串行研发模式使得不同部门的知识不能很好地整合，知识经验呈现碎片化，存在"信息孤岛"现象，研制过程中缺乏对数据的收集、整合、挖掘能力。

针对传统模式中存在的问题，可以在工业元宇宙中利用数字孪生技术构建的信息物理融合的设计仿真系统来解决。如图 2-9 所示，基于大数据和历史知识库建模技术，根据物理实体的材料特征、空间结构、连接方式等参数，系统自动生成质量特性、边界条件等孪生模型要素。通过大数据和高性能集群式计算方式，并基于地面试验、测试以及遥感数据库，利用深度学习的方式进行自动化建模。为构件提供更加高精度、高细度的智能模型，以此来验证构件集成的可行性，进而实现基于模型驱动下研制全过程的闭环数字化集成。不仅如此，航天器在轨运行状态可以通过实体与虚体的数据交换来实现实时更新，通过仿真大数据智能比对来监测识别航天器在轨异常状态。建立终端，进行数据共享，设计师可随时访问，不仅极大地丰富了研制工程中的交互性，而且提高了问题处理效率。应对在轨未知状况方面，运用在轨处理算法在航天器的虚拟数字孪生体上进行仿真验证，以确保方案的可行性。在轨数据实时分析可以为系统方案和部件评估提供技术保障并指导方案改进、部件升级。

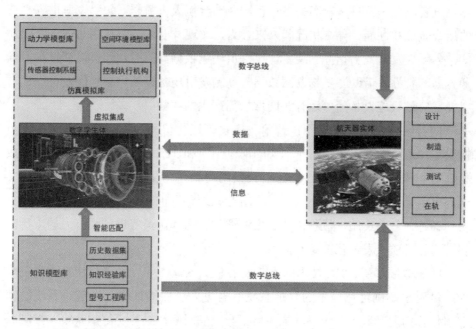

图 2-9 基于数字孪生技术的航天系统架构

2.3.3 航天发射

航天发射场作为实施航天发射的基础设施，是航天器踏入太空征程的重

要起点，其有着系统复杂、状态多变、技术密集、集成度高、规模庞大、涉及面广、环节众多、风险性强等显著特点。工业元宇宙是信息技术的集成应用，利用工业元宇宙搭建数字化、智慧化航天发射场，可以加快推动航天发射力量体系升级与拓展转型，实现航天发射场又好又快发展。

工业元宇宙可利用云计算、大数据、物联网、AI等信息化技术，构建数字航天发射场，实现现实发射场与数字发射场的高度融合，集成人员、流程、数据、技术和业务系统，实现发射场的全过程、全要素的数字化、网络化、智能化，引领航天发射场转型升级。

构建数字航天发射场后，可利用发射场数字化模型，开展发射场总体布局、性能分析、工程施工测算、新型号任务过程推演和评估、发射场流程设计与优化等总体前期发射场论证相关工作，形成科学高效的发射场总体论证能力，有力支撑发射场建设发展规划。结合航天发射实时数据，利用扩展现实设备，可逼真、直观地表达航天发射场的当前状态，可形象展现运载火箭加注发射、测控设备跟踪、卫星入轨等关键过程，并结合航天大数据，预测发射场各系统的运行状况和性能、异常状况和未来行为，实现发射场故障预测与健康管理功能，为航天发射任务指挥、装备建设提供决策依据。同时，还可以模拟发射场各方面的特性，借助海量物联网数据，预测发射场各设施设备性能及可靠性，以及发射场设施设备随着运行时间增加而产生的损耗。

同时结合VR、AR等XR技术，构建可视化仿真训练环境，为岗位人员提供更加逼真直观、更加易于理解的岗位学习和训练环境，对岗位人员快速成长具有积极推动作用。通过构建航天发射场数字孪生体，并与现实发射场实现高度信息融合，能够为发射场日常运行、装备维护、故障预测、健康管理、仿真训练、任务实施、流程优化、推演评估、指挥决策等提供强有力的支持，将有力提升航天发射场的综合能力。

随着数字孪生、XR技术的不断发展和成熟，工业元宇宙将使得人们在航天领域对于不确定环境下的复杂系统有着更为全面的认知，进而对系统的动态演化行为拥有着更为精确的描述，指导人们对系统进行更好的决策、控制、优化。作为物理世界与数字世界的连接纽带，工业元宇宙可以通过传感器收集到反映航天器自身运行状态及其所处环境数据，利用数字平台实现航天器自身状态感知、环境感知与态势感知，并形成更为广泛的应用。

2.4 元宇宙+石油化工

工业元宇宙对于石油化工等流程工业来说,具有一项其他技术不可比拟的优势:时空的可变性。不同于现实中具有加工制造过程不可分割等特点的流程工业,在虚拟空间中时间可以加速、空间可以变换,结合机理模型将能够对工艺的优化和改进起到极大作用。近年来,我国石油化工技术大幅提升、产业规模不断扩大,但目前国内市场仍有 64.5% 的石油依赖进口,其主要原因不仅是中国是石油消费大国,同时石油化工技术也需进一步发展。技术创新不够是阻碍中国石油化工行业快速发展的主要原因,其直接导致石油化工产品生产时面临资源浪费、环境污染大、产品质量差、生产效率低等问题。与此同时,数字化成为新经济条件下工业发展的新引擎,而工业元宇宙可以让物理与信息世界相互融合,将会实现智能制造与流程工业数字化转型的要求。

石化行业产品多元化、生产过程连续,涉及原油调和、配方优化、生产工艺优化等业务环节。在工业元宇宙中,石化企业可以通过建立数字化模型,打造数据采集与监控系统,并进行模拟仿真,实现全流程监控、生产流程数据可视化和生产工艺优化的要求。尤其是受新能源应用和市场影响,石化企业正走向"炼油化工化",面向燃料油的大批量的生产模式转向多品种、小批量化工生产模式。在工业元宇宙中,可以通过建立面向原料、产品需求,公用工程约束频繁变化的炼油生产过程数字化模型,适应"炼油化工化"新模式,在油气勘探开发、石油钻井、石油管道建设等方面实现提质增效、安全平稳运行的可持续发展目标。

2.4.1 油气勘探开发

在工业元宇宙中,可以通过传感器、边缘设备等基础网络设施,深入挖掘现有的油田勘探数据资源,感知采集人、机、料、法、环、测全要素、全流程数据,将油气勘探开发的物理空间映射到虚拟数字空间,实现信息物理融合,最终形成物理实体的虚拟映射,并基于虚拟空间的各种优化模型、预测模型指导实际工作。这种方式将改进现有汽油勘探模式与技术,降低石油勘探开发成本。目前,我国已经有企业对此进行了初步尝试,如中油瑞飞打造了"石油大脑",该系统融合 VR,在数字虚拟模型上实现了油气现场勘探开发与状态管理、员工培训与现场可视化作业、场外专家在线指导等功能。目前,"石

油大脑"被应用在西南、大庆、渤海等地的石油开采和钻探过程中。

2.4.2 石油钻井

工业元宇宙也可用于半潜式钻井平台的数字化研究，通过创建物理信息系统来监测数据驱动信息空间中构建的设备运行状态，实现钻井平台关键设备变化情况的模拟和预测，达到实现钻井平台与虚拟空间模型相互映射、相互指导的作用。目前，美国通用电气公司依托工业互联网，与知名钻井承包商诺贝尔公司、美国船级社、马士基钻井公司合作，开始了数字钻井船的试点工作。预计不久后，钻井平台的数字模型就能正式建成。未来，工业元宇宙中的钻井过程有望涵盖钻井过程全生命周期，基本过程大致可概括为：结合各种工程技术对地面及井下数据进行检测，选择最优施工方案，预测施工过程中可能出现的异常并给出处理方案等。

2.4.3 石油管道建设

石油管道运营商可以通过在线监测，获得大量管道运行数据，但如何利用这些数据、实现数据可视化一直是石油管理领域的难点。在工业元宇宙中，利用 VR 技术，可以获得 3D 石油管道数据图像。用户通过对石油管道虚拟图像进行处理，利用全息透视眼镜，可清晰观测管道内情况。同时，将管道附近反映地质变化状况的重点区域进行热图成像，利用该图像便能更好地发现小凹痕、裂缝、腐蚀区域等地质变化状态以及管道应变等潜在危险。目前加拿大Enbridge 公司已经开始了初步应用。实践表明，采用该技术节省了管道数据分析和处理时间，提高了管道完整性评估的快速准确性，从而证实了管道监控的有效性。

工业元宇宙将通过虚实融合整合全流程、全生命周期数据，促进信息共享，推动石油化工产业转型。在工业元宇宙中，可以虚拟三维模型为载体，将设备属性、设备运行状态、设备维护情况、工艺参数、工艺运行情况等进行实时映射，整合各类、各阶段数据，并以此数据为基础，通过各类模型监测现实环境中的设备、工况状态、行为等，促进信息共享，实现各阶段的高效协同。通过 XR技术、新型的人机交互技术，工业元宇宙将建立虚拟世界，实现与现实世界的双向互联，在以下四个方面为石油化工产业带来新的场景变革。

一是原料组成优化。石油生产时，生产条件可能不是固定的，其涉及各种模型且产生过程中的操作成本均不一样，因此需要对生产原料等进行优化。工业元宇宙和数字孪生技术可以通过在虚拟空间中完成映射，实现炼油生产过程满足不同市场产品需求变化的原油调和配方优化。

二是工艺参数设计与仿真。工业元宇宙和数字孪生技术可以采用流程模拟软件构建机理模型，并利用各种优化算法对导入的现场数据进行处理以校正模型，最终达到提升系统全流程模型准确性的目的。

三是生产过程建模与优化控制。通过构建优化目标函数，开发适应工业海量数据的高效优化器，根据目标函数和指定操作变量、约束条件，调用模型对最优值进行求解，并输出优化后的操作条件，实时指导生产，最终实现优化控制的目标。

四是设备故障诊断与远程运维。为保证设备能够安全可靠地运行，工业元宇宙可以利用各种算法和模型，如设备故障诊断模型、维修策略模型以及参数预测算法等，对设备运行状况和生产过程实施在线监控与健康评估，并自动给出诊断报告、提供解决方案。

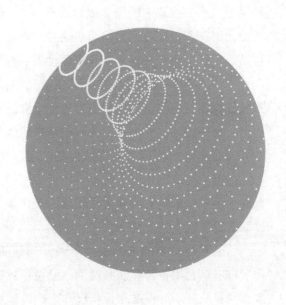

第 3 章

车企扎堆入局"元宇宙"

2020 年 11 月，国务院办公厅发布《新能源汽车产业发展规划（2021—2035 年）》，计划到 2025 年，新能源汽车新车销售量达到汽车新车销售总量的 20% 左右，实现高度自动驾驶汽车在限定区域和特定场景商业化应用，充换电服务便利性显著提高。力争到 2035 年纯电动汽车成为新销售车辆的主流，公共领域用车全面实现电动化，燃料电池汽车实现商业化应用，高度自动驾驶汽车实现规模化应用，充换电服务网络便捷高效，氢燃料供给体系建设稳步推进，有效促进节能减排水平和社会运行效率的提升。

可以说发展新能源、智能网联汽车是中国从汽车大国迈向汽车强国的必经之路，也是应对全球气候变化、实现碳达峰碳中和、建设绿色清洁世界、推动构建人类命运共同体发展的国家级战略举措。通过汽车产业与 AI、5G、区块链、元宇宙等新兴数字技术融合发展，则是实现该目标的重要技术路径。

元宇宙是未来 20 年的下一代互联网，是人类未来的数字化生存。元宇宙能够为汽车产业带来超越想象的潜力，驱动汽车制造创新和商业模式创新。元宇宙的三维沉浸式体验、人和社会关系数字化、物理和数字世界交汇、海量用户创作、数字资产价值显现等特征，将被逐渐应用到汽车的设计和智能制造中。

虽然 2021 年是元宇宙元年，相关技术还处于前沿性探索阶段，但一些从事数字孪生的企业目前正在加紧布局元宇宙环境下的工业互联网和智能制造。

迈克尔·格里夫斯教授定义的物理对象、虚拟对象和连接对象的三维模型，是指导数字孪生的发展与应用的主要模型。物理对象是一切可以被数字化观测和模型化描述的现实实体；虚拟对象则是将物理对象用几何、物理、行为和规则等模型描述和映射的虚拟实体；连接对象是完成物理对象到虚拟对象映射、虚拟对象操作物理对象的操作型对象。

元宇宙在基础模型定义上与数字孪生很像，特别是元宇宙也强调通过物理对象、虚拟对象以及两者之间的映射关系，实现虚实共生、共融的生态环境。这也使得在很多场景下无法区分两者的关系。其实，元宇宙从诞生之日起就继承了娱乐基因，所以如果说数字孪生是以产品生产为中心，那元宇宙就是以用户消费体验为中心。元宇宙可将数字孪生模型从研发、生产阶段扩展到使用、消费阶段；从局部数字化车间扩展到全面数字化生活空间。

汽车研发是一个涵盖材料科学、机械设计、控制科学等多学科的复杂系统过程。目前，国内外主要汽车企业已经建立起完整的研发、制造的数字化管理体系。大量数字化设计技术和虚拟仿真技术的发展和集成，使得数字原型、虚拟样机、数字样机、全功能虚拟样机等在汽车产业得到广泛应用，大量虚拟样机被应用到运动仿真、装配仿真和性能仿真当中。而为元宇宙赋予生产属性则是加速汽车产业数字化升级、加快实体产业与虚拟经济融合、实现汽车元宇宙虚实共生目标的关键。

2021年是元宇宙元年，汽车制造商争先布局元宇宙，理想、蔚来、小鹏、吉利汽车先后对元宇宙商标进行了申请注册，上汽集团则一口气申请了100个元宇宙相关的商标，使用范围包括汽车研发、生产、制造和销售等。2021年9月，宝马公司推出了虚拟世界JOYTOPIA，其中包括："Re:THINK""Re:IMAGINE"和"Re:BIRTH"三个主题，宝马公司通过虚拟世界向用户展现企业未来的发展战略，包括：循环经济、电动交通、城市交通和可持续性。现代汽车也在Roblox平台上发布了一款展示现代汽车创新车型和未来移动出行解决方案的游戏Hyundai Mobility Adventure。通过该游戏，用户可以参加节日庆典、进行车辆展示以及沟通互动。

虽然元宇宙与车企的主营业务还未发生直接化学反应，各大车商扎堆入局也仅限于品牌推广、展厅构建、销售等辅助业务，但基于下一代互联网的畅想，未来必将有更多的车企加入元宇宙行列。如何为元宇宙赋予生产力，为汽车赋予多维消费空间，为用户赋予虚实共生世界，则是本章重点讨论的内容。

3.1　元宇宙+汽车研发

汽车研发简单来说可以分为：概念设计、工程设计、生产准备三个阶段。概念设计包括：市场情报信息分析与规划、造型设计、汽车总体设计与人机工程设计、汽车概念模型设计、目标车型分析等步骤。工程设计包括：车身设计、仪表板与内外饰设计、底盘平台设计、电气系统设计、动力系统设计、空气动力学分析、运动学分析、性能分析、整车及零部件设计优化、计算机辅助工程分析、数字化电子样车设计。生产准备包括：整车与零部件性能与工程评价、生产工艺分析、样车试制和试验、模具－夹具－检具制作。

元宇宙系列技术利用在3D视觉上的"所见即所得"优势，将为汽车设计、研发提供全新数字化体验。

3.1.1 提高汽车工程设计的数字化和构件化

目前，数字孪生在物理对象和虚拟对象的映射过程中，需要大量对物理对象进行数字化建模，受限于与物理对象在几何、物理、行为和规则等特征上的千差万别，数字孪生的建模、使用和维护成本高昂，大都全面用于航天、航空、船舶等价值高昂的产品，且定制化的特征明显，很难全面很难普及。例如，NASA基于数字孪生开展了飞行器健康管控应用；美国洛克希德·马丁公司将数字孪生引入到F-35战斗机生产过程中，用于改进工艺流程，提高生产效率与质量；中国航天科工集团在武汉国家航天产业基地卫星产业园正在开展基于数字孪生、柔性智能、云制造的新型研制生产模式。

而在汽车产业这样的消费品中，若要大范围使用数字孪生技术，最重要的是考虑如何降低数字孪生体的构造成本。

目前，数字孪生在实际应用中主要分为关键零部件孪生体、设备孪生体和系统孪生体等关键构件。各种数字孪生构件之间又形成层次型、关联型和点对点型等关系。层次型关系是单个零部件孪生体与多个零部件孪生体构成的组合关系；关联型关系是孪生体依托物理功能的关联性构成的依赖关系；点对点型关系是对等孪生体之间建立的非依赖型关系。

虽然在数字孪生体的构造过程中，呈现构件化特性，但受限于单一企业和单一应用场景，数字孪生构件数量有限，映射、生成、维护数字孪生构件的机构单一（主要集中在总装工厂），数字孪生构件很难在大范围场景中应用，限制了进一步的工程设计数字化。

元宇宙具备社会化、全员海量创作的属性，可以在汽车产业的个人（工作室）、设计企业、零部件企业、设备（装备）企业和总装企业之间建立社会化的数字孪生构件设计、生成、交易、维护、测试等全生命周期管理的数字

化生态。利用元宇宙多维数字空间，可在更小粒度的汽车零部件上建立数字孪生体，通过数字孪生构件组装特性，实现从小到大的积木式数字对象堆砌；利用元宇宙社会化对等交易网络，实现数字孪生构件的点对点可信交易，从而将数字孪生构件的构造与使用分离，极大提高数字孪生体的应用范围，降低构造成本。

元宇宙是将数字孪生普惠化、工具化、标准化的数字网络基础设施。

3.1.2　基于操作型全息投影技术的汽车设计工具

在漫威系列电影中，大量采用操作型全息投影技术作为新型武器的设计工具。例如，钢铁侠的马克系列装甲。可以说操作型全息投影是设计师们的终极设计利器，相较于传统纸笔、计算机辅助设计软件、胶泥模型等设计工具。操作型全息投影技术具备成本低、仿真度高、视觉 3D、透视度高、操作性强等优势，是下一代设计工具。

汽车作为一个拥有 120 多年历史，标准化、商品化的成熟产品，除外观设计外，其功能性部件早已实现组件化生产和装配，具有零配件复用程度高的特点。在操作型全息投影设计工具的加持下，能更高效地对不同功能性部件进行组装设计和测试，其与数字孪生技术配合，便可通过性能参数的 3D 调优，实现"所见即所得"的设计效果。

目前，操作型全息投影技术还是前沿型技术，有很多技术难题亟待解决，远未进入产业应用阶段。英国格拉斯哥大学的一个工程师团队提出基于全息投影的物理交互的触觉系统，可完全不需要穿戴或手持外围设备来实现具备物理反馈的全息操作，比传统的 VR/AR 系统更加轻便。该系统主要由伪全息显示、手势识别模块和触觉反馈设备三个组件构成。其核心是利用名为 Aerohaptics 的气动反馈系统，当用户操纵虚拟物体时，该设备使用指向用户手上的加压空气喷射，来复制触摸感觉；同时它还提供位置和强度控制，以适应各种交互场景（见图 3-1）。

随着未来全息投影物理反馈技术更加精确化，操作型全息投影带来的全新设计体验将使设计师爱不释手，使设计工作变得更加有趣和高效。人类的设计工作从实物设计到图纸设计再到计算机辅助设计，最终将突破物理瓶颈实现全息 3D 的虚拟化设计阶段。

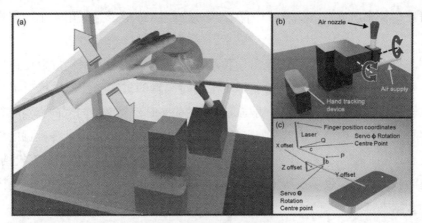

图 3-1 气动反馈系统示意图

资料来源：Aerohaptic Feedback for Interactive Volumetric Displays.

3.1.3 数模模型设计与虚拟验证

在工业设计中，利用数字孪生技术提高设计的准确性，并通过虚拟仿真试验验证产品在真实环节中的性能，成为数字孪生技术赋能产品设计最为重要的应用场景。目前，在汽车产品的数字模型设计方面，首先，常使用计算机辅助设计工具设计出满足技术规格和功能需求的产品原型，并记录汽车的各种物理参数。其次，通过在数字化验证平台上进行一系列可重复、可变物理参数、可加速的虚拟仿真实验，来验证汽车在多种外部环境下的性能和表现。最终，通过反复验证和参数调整获得最优化的汽车产品原型设计。这种在设计阶段就验证产品的适应性，并通过仿真找寻缺陷，对产品的性能和表现进行不断优化的设计概念已经被广泛地在汽车设计行业中应用。

特别是在车辆抗毁伤性能评估中，虚拟化评估手段将极大降低评估成本、扩大评估范围。汽车作为连续工作在多样化气候和路况条件下的产品，其壳体材料、内部构造、零部件以及功能等在工作过程中均有可能出现异常状态。而不同的毁伤源（如碰撞、粉尘、外部攻击等）也都会对车辆造成不同程度的伤害，因此需要对车辆进行抗毁伤性能评估。现阶段对其毁伤评估一般采用物理模拟毁伤的方式，但是这种方式费用高、精度低、置信度差。例如，美国的 NCAP（New Car Assessment Programme）、欧洲的"Euro-NCAP"、日本的"J-NCAP"，中国汽车技术研究中心（简称"中汽研"）的 C-NCAP 和中

保研汽车技术研究院（简称"中保研"）的 C-IASI 等都是采用实车物理抗毁测试。

北京航空航天大学团队提出一种基于数字孪生技术的车辆抗毁伤评估方法，从材料、结构、部件及功能等多维度对车辆的抗毁伤性能进行虚拟数字化综合评价。其通过对实体车辆与虚拟车辆的实时信息交互与双向真实映射，实现物理车辆、虚拟车辆以及服务的全生命周期、全要素、全业务数据的集成和融合，从而提供可靠的抗毁伤评估的服务。将虚拟验证与实体实验有机结合，不但为科研人员提供了前所未有的丰富数据资源，也为客户服务提供了更为全面的数据支持。

而基于元宇宙的虚拟验证则是通过建立车辆虚拟数字 3D 模型（包括几何模型、物理模型、行为模型以及规则模型等多维度融合的高保真模型），逼真地刻画和映射物理车辆的状态。并通过在元宇宙中保存的路况数字模型、气候数字模型、空气动力模型及事故碰撞模型等多维虚拟数字环境条件，开展海量、动态的车辆性能以及安全性虚拟测试。通过对元宇宙数字环境条件的动态变化和突发事故模拟，检验车辆在材料、总体结构、部件、功能方面是否达到设计预期。基于元宇宙的虚拟验证能够对车辆的材料性能、结构变化、部件完整性以及功能运行进行精确的仿真，从而对车辆的设计性能进行精准预测与可靠评估，使车辆的毁伤情况和抗毁伤性能得到更加全面和深入的了解。并且可通过 VR 技术，将整个验证过程 3D 可视化地展示出来，构成模型和形式化的多维精确验证。

3.1.4 助力汽车独立设计服务商品化

目前，汽车整车设计机构主要以汽车制造商的设计部门和研究院为主，但是近年来，也活跃着一些独立设计公司。例如，国际上比较知名的 ItalDesign Giugiaro、Pininfarina、Bertone Design 等，国内也有上海龙创、同济同捷、阿尔特、长城华冠等。但汽车独立设计公司受限于工程设计上的劣势，主要是以概念设计为主，且主要为汽车制造商提供外观设计，如 ItalDesign Giugiaro 为奥迪提供设计；Ghia 为福特提供设计等。由于汽车独立设计公司与车企的设计部门存在竞争关系，其一直以来于夹缝中生存，市场前景并不乐观。

元宇宙为汽车独立设计公司带来了更加广阔的发展空间。首先，在元宇宙环境下的大量工程设计基础设施被数字化和虚拟化，通过数字孪生将车身、仪表板与内外饰设计、底盘平台设计、电气系统、动力系统等构件化，通过构件的组合利用，可弥补汽车独立设计公司在工程设计方面的经验缺少。其次，元宇宙中 VR、AR、MR 等视觉系统将汽车独立设计公司原有的 2D 静态设计稿提升至 3D 动态汽车模型，外观、内饰、底盘平台设计、电气系统、动力系统设计等都将和汽车生产制造的数字孪生无缝衔接，可极大提高汽车设计的穿透性。最后，汽车独立设计公司的成果，在元宇宙世界里，不光只为单一汽车制造商服务，而是可形成游戏、电影、评测等直接模型和素材，通过元宇宙的数字化点对点的交易网络实现汽车设计的商品化和服务化。

3.1.5　样车评估从设计者自评价到用户评价

2016 年，达索系统公司针对复杂产品创新设计，建立了基于数字孪生技术的 3DExperience 平台，利用用户交互反馈的信息不断改进产品的数字化设计模型，并反馈到物理实体产品中。2018 年 5 月，达索航空公司将 3DExperience 平台用于新型战斗机研发，以及"阵风"系列战斗机和"隼"式商务客机的生产能力提升方面；同年 6 月，土耳其航空工业公司宣称将在 TF-X 第五代战斗机研制中采用该平台。

通过用户对样车的动态反馈，实现类似软件项目管理中的最小可行性产品（Minimum Viable Product，MVP）理念，是互联网车企追求低成本、高效、快速迭代的造车目标。但此目标难以在现有的汽车研发平台中实现，因为和软件研发行业相比，车辆是一个现实的物理实体，其无法通过互联互通的网络直接实现动态反馈。常见的车企客服回访、问卷调查无法细致地记录用户真实反馈细节。

元宇宙建立的虚实共生体，是在车辆物理实例对象和虚拟实例对象之间建立了一对一的直接映射，通过样车自身的传感器将用户使用客观情况动态反馈到车企平台的虚拟对象中，车企对于样车的虚拟对象可以进行一对一的详细观测，在用户实际使用过程中，车辆材料、总体结构、部件、功能方面的细微扰动都将被穿透式地记录和分析。对于用户的主观评价，车企将在车辆物理实例对象和虚拟规格对象之间建立多对一的直接映射，用户对样车的外观、性能、安全性等主观期望和评价，将动态综合地反馈到样车的虚拟规格对象中，从而实现样车评估从设计者自评价到用户评价的设计模式转变。

3.2 元宇宙+汽车制造

2017 年，洛克希德·马丁公司在 F-35 沃斯堡工厂使用了数字孪生技术的"智能空间平台"，将实际生产数据映射到数字孪生模型中，并与制造执行和规划系统相连，提前规划和调配制造资源，从而全面优化生产过程。据估计，应用数字孪生等新技术后，每架 F-35 战斗机的生产周期将从目前的 22 个月缩短到 17 个月，制造成本降低 10%。

国内，将数字孪生用于生产制造，主要有航天、航空故障预测和维护，船舶全生命周期管理、复杂机电装备故障预测与健康管理，汽车抗毁伤测试等。中国制造 2025、互联网＋制造、制造业服务化、云制造等概念推陈出新，"数字孪生车间"也孕育而生。"数字孪生车间"主要通过对传统车间管理的生产要素、生产计划和生产过程管理的数字化复制，形成以数据为驱动的虚拟仿真车间，实现物理车间与虚拟车间的双向映射、实时交互，将生产要素、生产任务、生产流程全业务融合，为智能制造提供全面的数据支撑和质量保障。"数字孪生车间"的特点是以数据驱动、虚实融合和业务融合为主，是将传统车间中的几何、物理、行为和规则等多元属性降维到二维属性，以提高模块之间的数据利用效率。

"元宇宙数字车间"是在"数字孪生车间"基础上对虚拟空间的操作和呈现恢复其三维属性，使虚拟空间的仿真更真实，更具备操作性和实时反馈能力。基于"元宇宙数字车间"，可以更真实地展现生产要素在生产过程的发展变化，特别是依托全息成像、VR、AR 等 3D 显示设备提供的设备健康、能耗管理、原材料、半成品、成品质量监控等；可以更准确地对生产计划进行沙盘预演、预测与矫正；可以实现更细粒度的生产任务跟踪和调度。随着元宇宙概念的普及，元宇宙正在从娱乐、游戏等消费领域逐渐影响到生产领域，特别是汽车这种高端消费品。

3.2.1 立体多维生产过程管理

制造型企业经过多年的信息化洗礼，现已形成了以 CRM、BPM、PLM、ERP、SCM、MES 等为核心的一系列企业生产管理系统，其中制造执行系统（MES）作为生产执行层，起到了上承企业管理系统、智能分析系统，下启设备系统的中间桥梁作用。MES 主要由生产计划管理、生产调度管理、作业执行管理、物料管理、设备管理、品控管理、工具管理、人员管理和数据看板主要功能构成。但以 MES 系统中心的生产过程管理，依然是时间维和数据维组成的二维信息模型，是将物料清单（BOM）、设备状态、产品状态等物理多维实体对象降维为二维数据结构，以车间操作端的显示器为 2D 呈现形态，以业务流程为数据串接工具的信息化模型。

传统生产执行管理的信息化模型中，是将生产计划和调度降维为时间和任务的信息模型。而"任务"本质上是一组符号状态，是帮助生产相关人员聚焦的抽象对象。基于元宇宙的数字化生产管理，则是将任务具象化，不同的生产任务具象化形式不尽相同，在汽车生产过程中，任务的具象化主要包括对底盘、车架、发动机、整车等半成品或成品的物理生产对象的具象化。生产计划和生产调度是通过"元宇宙数字车间"的全息 3D 控制台，直接将时间维度赋予多维的物理生产对象，生产计划中涉及的成本、物料、人员、电能、设备等生产要素与工期的动态调整将直接针对物理对象实现，从而为传统 MES 系统提供全息排产和动态生产调度能力。

传统制造生产过程监控通过信息系统看板和现场巡视两种方式构成。信息系统看板虽然可以通过数据呈现覆盖大量生产实时信息，但降维后的数据与数据之间的抽象关系，已经不具备物理对象属性，无法自然暴露潜在生产风险；现场巡视虽能直接看到物理对象的生产关系，但管理成本高，且缺乏对物理对象的穿透感知。利用元宇宙的数字化生产管理，可实现将实际物理生产要素映射为多维数字孪生对象模型，然后再将实际生产实例信息实时同步到数字孪生模型中，形成数字生产孪生。生产过程监控则可直接利用全息投影、VR、AR等 3D 透视监控工具，对数字生产孪生的生产整体运行状态和局部加工过程进行穿透式监控。特别是针对汽车底盘调校、发动机安装、车架焊接等关键工序，可通过元宇宙的多维视角，全方位地观察汽车生产过程的质量风险和生产进度风险。

原有数字孪生主要是针对数字化车间、设备以及产品数字孪生规格模型。而汽车作为一种高端消费品，在销售后具备差异化的使用状态特征，其生命周期也常常在 15 年以上。建立独立于数字孪生车间而存在的汽车实例产品孪生，可将数字化管理模型继续向消费级产品扩展。利用元宇宙多方参与、海量创作和分布式数据存储特点，不仅在车辆规格级别建立全息数字孪生模型，而且为每辆出厂的车辆建立 1 : 1 的全息实例级数字孪生。全息实例级数字孪生将跟随车辆出厂、使用、保养、维修、报废等活动，在汽车制造厂商、4S 店、

消费者、车管所之间实现流转和交易，并为车辆提供全生命周期的数据采集、更新和升级。在售后服务过程中，消费者、维修人员和车辆管理人员都可利用AR工具，对车辆的规格数据和使用实例数据进行透视检查和维护。

3.2.2　利用3D显示技术提供汽车制造数字化车间设备健康管理

目前，汽车数字化、自动化生产线已经在车企中普及。例如，上汽大众MEB工厂始建于2018年，该工厂已实现84%的自动化生产，有946台机器人，加工深度达67%。拥有立体在制品库存系统，极大地缩减了空间成本、减少了人力，依靠RFID技术可以实现每一辆车每一个生产工艺的实时监控。大量计算机、自动化设备、机器人涌入汽车生产流水线，代替人工装配、喷涂等，从而构成数字化、自动化车间。数字化车间设备的故障预测和健康则需要7×24小时不间断地实时监控和预警。

数字孪生为机器人建立动作行为模型，通过摄像设备捕捉装配机器人动作，并利用图像动态数据与行为模型对照，检查其动作稳定性；为关键核心设备建立物理模型，通过在齿轮箱、电机、轴承等关键设备上安装传感器，利用温度、转速、压力、震动等数据与物理模型的对照，监控设备的健康程度；为喷涂设备建立化学模型，通过化学传感器实时采集油漆仓化学数据，并与化学模型对照，检查化学稳定性。数字孪生将制造车间的关键环节数字化到虚拟数据中，通过对数据行为和规则的比对分析，快速捕捉潜在故障。

数字孪生建立的数字化车间是通过将真实车间的设备降维为二维数字化空间，利用计算设备复制重建设备的几何、物理、化学、行为等属性。而数字孪生下的数字化车间依然还是二维和局部显示的。通过元宇宙赋予数字孪生三维图像的采集、处理和显示能力，则可将数字化车间中的二维数据升维到三维数据，更加逼真和全面地构建全息3D数字化车间。

首先，利用3D激光扫描仪器采集现实车间的布局、构造、设备等的几何数据并建立元宇宙车间的静态3D模型；其次，将数字孪生机器人动作行为模型、核心设备物流模型、喷涂设备的化学模型导入并重建其三维行为、规则属性，建立元宇宙车间的动态3D模型。

利用全息投影将数字车间的动态3D模型投放到监控沙盘上，车间管理者可360度观察车间现场运营实况，也可回放过去动态图。基于全息投影技术的元宇宙数字车间将实体车间的总体和局部全方位地呈现在管理者面前，管理者可通过 3D 透视影像，观察由几何、物理、化学、行为等数字模型构造的汽车部件制造和总装流水线上的微观细节。元宇宙数字车间将大幅降低设备巡检和健康管理的人员和成本。同时，当巡检员戴上 AR 设备在设备现场检查和维护时，可实现对该设备生产、安装、运行、维护等全生命周期信息的现场实时呈现，AR 设备也能对潜在生产风险进行预警。

基于元宇宙汽车制造数字车间，对于全自动化、全数字化的车辆总装流水线具备良好的兼容性，利用现有的数字孪生车间的机理模型即可扩展至元宇宙数字车间。元宇宙数字车间具备更逼真的人机交互和更全面的数字化呈现，更具备生产微观监控的穿透性，必然是未来智能制造的不可或缺的基础设施。

3.2.3 基于元宇宙的整车出厂数字化检验

检验是指利用工具、仪器或其他分析方法检查原材料、半成品、成品是否符合特定的技术标准、规格的过程。整车出厂检验是对总装完成的每辆车辆进行符合性、功能性等多项客观测评，是对零部件组装后的一个新系统的评价，也是车辆出厂前的最后一道工序。对检验合格的车辆直接出具合格证明，最后进行交付入库。对有故障的车辆需要进行故障排查，重新复检合格后才能出具合格证明。

整车出厂检验是汽车制造厂商对车辆质量保障的最后一道把关，直接关系着消费者生命财产安全和道路交通安全，所以一直以来都处于非常重要的地位。

虽然大量采用全自动化的汽车总装流水线的生产下线可以用分钟级来衡量。以特斯拉上海超级工厂为例，在 2022 年，Model Y 生产线大约每 34 秒下线一台车，而 Model 3 生产线大约每 55 秒下线一台车。但是，在最后出厂检验时，车辆光做淋雨试验一项就要花费 5 分钟，可以说，整车出厂检验的效率决定了汽车真正的生产效率。

中国的整车出厂执行强制的出厂检验规定，检验内容主要包括：外观、内装和车门检查，电器检查，四轮定位、大灯调整，侧滑试验、轮毂检测、车速表校准、底盘检查、尾气分析、淋雨试验、路试检查等。虽然各级别和各厂家在检验项目上略有差异，但主要的静态检验和动态检验基本都必须涵盖。

目前，各厂家为提高整车出厂检验效率，也通过建立综合检验台、流水线自动检验等方式提高检验速度。例如，将四轮定位检测台、轴重测量台、制动性能检查台、侧滑检测台、尾气检测台、灯光检测台、淋雨房等设备布置

为流水检验线，通过淋雨测试后开出检验线并展开路试。通过自动化流水检验线提高了检验速度，但并未解决汽车物理实体检验（如淋雨测试和路试等）所必需的时间。

采用基于元宇宙的数字化整车检验，将构建一个数字化、虚拟化的车辆检验室，检验室由车辆全息数字孪生规格数据、车辆全息数字孪生实例数据和模拟检验场景数据构成。车辆全息数字孪生规格数据是标准物理车辆的 3D 数字化孪生，是车辆产品规格和国家标准的数字化对照模型；车辆全息数字孪生实例数据，则是数字车间生产线下线后根据车辆物理实际数据生成的车辆孪生模型实例。在数字化整车检验过程中，通过对车辆全息数字孪生实例数据与车辆全息数字孪生规格数据的自动化对照完成车辆出厂的静态检验；通过对路况、天气、驾驶等场景的数字化模拟，实现车辆出厂的动态检验。

基于元宇宙的数字化整车检验，不仅可以节省检验成本，提高检验效率，更重要的是，可以通过海量的动态场景模拟，全方位地检验车辆的安全性和性能。未来，车辆全息数字孪生实例数据还可同车辆车载电脑的实际使用数据进行实时对照，为消费者提供全生命周期的车辆状态和安全风险预警。

3.3　元宇宙+智能系统

2020 年 11 月，国务院办公厅正式印发《新能源汽车产业发展规划（2021—2035 年）》，并明确指出汽车与能源、交通、信息通信等领域有关技术加速融合，电动化、互联网化、智能化已经成为汽车产业的发展潮流和趋势。在《智能网联汽车技术路线图 2.0》中也明确指出，到 2025 年，PA、CA 级别的智能网联汽车销量需占总销量的 50% 以上，C-V2X 终端新车装配率达到 50%，高度自动驾驶汽车实现限定区域和特定场景商业化应用。

根据美国汽车工程师学会的划分标准，智能汽车的发展可分为手动驾驶、驾驶辅助、部分自动化、有条件自动化、高度自动化和完全自动化 6 个等级（见图 3-2）。例如，车身电子稳定系统（Electronic Stability Program，ESP）、制动防抱死系统（Antilock Brake System，ABS）等，属于驾驶辅助级；定速巡航系统（Cruise Control System，CCS）通过油门和刹车系统的组合控制构成部分自动化；自适应巡航控制（Adaptive Cruise Control，ACC）、自动泊车系统（Automatic Parking System，APK）等，则由于仍然需要人工参与属于有

条件自动化。特斯拉的完全自动驾驶（Full Self-Drive，FSD）从实际使用效果看也只能算 L3；目前上市的汽车中还没有达到 L4 级别的自动驾驶，L4 级别的自动驾驶目前还在实验室，如百度和滴滴的项目；而 L5 级别的自动驾驶是完全没有驾驶员、全工况的完全智能驾驶。

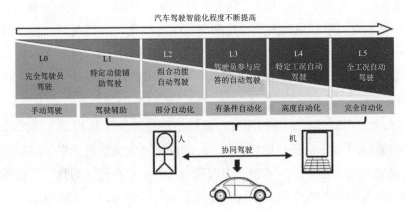

图 3-2　汽车智能化发展阶段示意图

基于元宇宙的智能驾驶主要以 L3、L4 和 L5 级别为切入点，在 L3、L4 级别中主要以人机协同驾驶为中心，而在 L5 级别中则以汽车自主意识为中心。

3.3.1　智能环境感知

智能环境感知是实现全面自动化的前提，在目前的 L4、L5 级别的车辆设计中，通过安装在车身上的大量视觉、雷达、定位系统等外部传感器，感知现实世界中的物理对象，形成实时车辆决策环境数据。例如，特斯拉 Autopilot 系统，是由 8 个摄像头、12 个超声波雷达和 1 个毫米波雷达构成的，外部环境传感器为特斯拉驾驶员提供 360 度视觉宽度、250 米的距离视野（见图 3-3）。

图 3-3　特斯拉 Autopilot 系统效果图

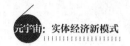

特斯拉 Autopilot 系统构成了智能驾驶的环境感知层，由于其对传感器的可靠性和低延时要求非常高，只依靠车辆自身的传感器来感知外部环境数据并做出实时智能决策，并不可靠。虽然特斯拉 Autopilot 系统自称是完全自动驾驶（FSD），但实际使用还需人工介入，其核心问题是对传感器的依赖程度非常高。例如，在位于中国西南部的雅安—西昌高速，即北京—昆明高速公路（国家高速 G5）四川段，地处大凉山复杂高山峡谷环境，虽然风景壮观，但受常年暴雨、大雾、泥石流、塌方、冰雪等复杂气候影响，事故风险高。在复杂气候条件下的叠加效应影响下，单靠车辆自身的环境感知系统是远远不能达到完全自动驾驶水平的。

进入元宇宙时代，大量的路况、天气信息将被数字化构建为三维的路况空间，在虚拟环境中，各种地理、天气、路况等外生变量将产生三维多元叠加效应，通过对这些叠加效应建模，实现在全天候、全路况下的数字道路环境分析和响应，元宇宙的数字路况空间将通过地域属性被同步到边缘云中。车辆可通过 5G、6G 通信网络将传感器感知的外部环境以低于毫秒级响应速度与边缘云交互，通过车辆自身环境与边缘云端的数字化环境进行路况修正、互为补充。边缘云和车辆自身传感器构成了完全自动驾驶的双重数据保障，一旦车身传感器出现故障，边缘云将接管环境数据供给，为智能决策提供连续性数据支撑。

元宇宙的数字路况空间是由全民共同维护的，公共交通机构、商业数据机构和每辆智能汽车将构成由下到上的路况物理对象扫描入网的数字路况运营框架。目前，出于成本考虑，智能汽车安装的超声波雷达远多于毫米波雷达，在未来元宇宙数字路况中，智能汽车将大量安装具备 3D 扫描功能的摄像头、毫米波雷达和气候传感器，通过对路况三维实体数据的远距离感知，构建更加安全的数字路况数据。

3.3.2　虚拟数字空间构建

L5 级别的定义是在不需要驾驶人员介入操控的情况下，通过车载计算机的感知和决策实现全天候、全地域的自动驾驶。L5 级别要求车辆可应对环境气候及地理位置的动态变化，这个定义近乎趋近于需要无限克服目前地球上各种路况和气候条件，以及其综合叠加因素所产生的影响。车辆作为单一计算单元，仅依靠自身传感器和计算能力是无法构建这样一个多路况实时智能响应机制的。智能车辆和驾驶员一样，都需要通过大量实况数据积累、学习才能具备处理复杂路况的能力。

根据百度的《Apollo智能交通白皮书》中的"车路智行"的技术发展路径，智能交通需要分别经历1.0数字化阶段、2.0网联化阶段和3.0自动化阶段（见图3-4）。在百度ACE交通引擎架构中，智能引擎部分是由Apollo自动驾驶系统和车路协同系统构成的。而车路协同系统是通过整合道路侧多元感知数据，依托云端边缘计算、深度学习，融合场景、动态高精地图、边云协同等满足未来交通自动驾驶车辆规模化应用的智能驾驶辅助系统。

元宇宙阶段的智能驾驶是全面实现L5级别的完全自动化驾驶，其将在云端三维虚拟数字路况空间与车载智能决策系统的双重保障下完成全路况、全天候的自动驾驶。在虚拟数字路况空间中，将由公共交通管理机构、商业智能交通运营机构以及每辆智能汽车共同参与对路况物理对象的扫描、构建、入网和运营。公共交通管理机构通过卫星遥感、卫星成像、3D测绘建立基础3D地图和气候等静态模型；商业智能交通运营机构通过实地勘察、动态3D扫描、毫米波雷达扫描建立第三视角路况动态模型；智能汽车通过自身携带的3D摄像头、毫米波雷达、微波雷达建立第一视角路况动态模型。

公共交通管理机构、商业智能交通运营机构以及每辆智能汽车将探测数据通过车载5G/6G通信芯片实时上传至智能交通边缘云节点，边缘云节点实现虚拟数字路况空间的构建、维护和更新，并通过区块链网络实现边云数据协同，保障路况的交通、天气、事故、灾害等动态信息能实时、准确地同步到每个节点，协助智能汽车的智能决策。

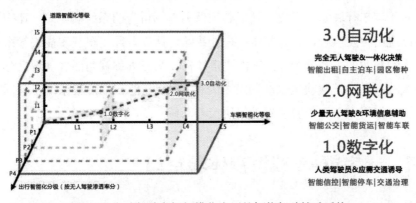

图3-4 自动驾驶车辆规模化应用的智能驾驶辅助系统

资料来源：《Apollo智能交通白皮书》。

3.3.3　智能决策

2019 年 4 月，特斯拉在 Autopilot HW3.0 平台上发布了自研的 FSD 主控芯片，采用双芯片冗余设计，单芯片算力达到 72 TOPS，板卡总算力 144 TOPS，并实现了自动驾驶芯片 + 神经网络算法的垂直整合。基于神经网络算法的实时 AI 智能决策软硬件融合性设计，成为未来智能汽车的主流设计思路。但目前智能汽车的决策系统仍然存在两种不同的设计思路：一种是以国内智能车企为代表的"车身传感器 + 精确地图"、边云协同的综合智能决策系统；另一种是以特斯拉为代表的单依靠车身高清摄像头、毫米波雷达等高精度传感器实现的仿人视觉决策系统。目前还不能断定哪种设计思路更具优势，但可以肯定的是，在智能交通于数字路况空间具备优势的条件下，第一种策略更具备安全性和可用性。

元宇宙环境下的智能汽车决策系统，是基于数字路况空间实现边云协同的综合智能决策系统。这是一种以车载智能决策系统为主、云端智能决策系统为辅，多人称视角的 3D 多维决策模型。元宇宙的数字路况空间建立的是一种第三人称视角（即"上帝视角"）的虚拟数字路况环境观测，可以更客观、全面、动态地显示交通、天气、事故、灾害的变化，可以更加穿透式地观察潜在路况风险。车载智能决策系统则基于第一人称视角，是对车辆行驶当前状态的现实观察，其利用车载视觉和雷达传感器，形成主观决策条件，以神经网络算法为决策算法模拟人类的视觉观察和判断。

路况风险分析本质上是一种非线性结构分析，车辆行驶风险往往难以预测。对于汽车行驶安全来说，除了必须保障车辆自身的系统安全外，还需实时监控路况的突发风险，并为此做出最佳决策。所以，除了车载智能决策系统的第一人称视角的主观分析外，智能决策还需要第三人称视角的客观辅助分析。第一人称视角的车载决策系统和第三人称 3D 视角的云端决策系统，共同构成元宇宙环境下汽车智能安全驾驶的决策双系统。

3.4　元宇宙+车载沉浸体验空间

全世界第一台安装车载收音机的汽车具体已经无法考证，不过按照雪佛兰和凯迪拉克自己的说法，在 20 世纪 20 年代，它们就已经在各自的车型上开

始尝试安装车载收音机。第一台车载唱片机诞生于 1956 年一位克莱斯勒车主 Peter Goldmark 之手，他将一台 7 英寸的黑胶 mini 唱片机塞进了汽车的手套箱，从而点燃了车载播放器的革命。1960 年，第一台卡带立体声车载播放器被称为"疯子"的工程师及商人 Earl Muntz 打造完成，取名为"Muntz Stereo-Pak"，从此车主们终于可以听上四声道立体声音乐了。1987 年，福特第一个将 CD 机完美嵌入林肯 Town Car 车型中，人们开始在车辆中感受数字音乐的魅力。进入 2000 年，随着 MP3、MP4 等多媒体播放器的兴起，人们正式进入车载娱乐系统时代。如今，超大显示屏幕、互联网接入、数字音乐、视频、电影、KTV 等多元娱乐体验已经是新车上市的基本配置。

在 2021 年的蔚来日（NIO Day 2021），蔚来汽车展示了其与 Nreal 联合开发的专属 AR 眼镜，眼镜全重 76 克，但可以投射出视距 6 米、等效 201 英寸的超大屏幕。同时还展示了与 NOLO 联合开发的 NIO VR Glasses，可实现双目 4K 显示和毫秒级延时。利用 AR/VR 等元宇宙新技术，蔚来打造了全景数字座舱"PanoCinema"。2022 年，马斯克表示希望能将 Steam 游戏平台直接搬到特斯拉车型上。

虽然汽车作为交通工具，其安全运载功能一直占据设计的主导地位，但从未阻碍消费者不断追求汽车内部空间舒适、惬意的驾乘体验。汽车拥有密闭的私人空间，这无疑是人们追求娱乐化的先决条件。在车载收音机、卡带机、CD 机、数字多媒体系统等时代，人们都尽量往这个私密空间塞入代表当时最新科技的娱乐体验设备。汽车智能化发展从 L0 的手动驾驶阶段到 L5 的完全自动化阶段，就是一个逐渐释放驾驶员，使乘员完全沉浸在自定义的空间体验区内，从而弱化汽车的运载功能，强化其办公、娱乐、运动等消费级功能的过程。

3.4.1　辅助驾驶体验空间提升智能汽车安全性

汽车的智能化发展在 L0 ～ L4 阶段都是以辅助驾驶员，实现安全、高效的自动化驾驶为核心的。从汽车驾驶室的设计发展来看，为驾驶员提供视角直观、操作简单、信息全面的驾驶辅助系统，从而解决驾驶员在驾驶与休息切换过程中的安全性问题。从多功能方向盘到抬头显示系统（HeadUp Display，HUD），都是尽量帮助驾驶员在不低头或转头的条件下操作车辆或查看路况信息，使驾驶员始终保持最佳行驶观察状态。

HUD 是将汽车行驶过程中仪表显示的重要信息投射到前风挡玻璃上，可

使驾驶员不必低头就能看到仪表中的信息。其设计理念主要来自战斗机驾驶员的头盔显示系统。20世纪70年代南非空军的"幻影"F1AZ飞行员率先在实战中使用头盔瞄准具，实战中导弹引导头可根据飞行员的头部运动快速对准目标，实现大离轴角发射，不再需要飞行员努力机动把机鼻对准目标，实现空战意义上的"所见即所得"。

汽车的智能化发展进入L1阶段后，大量的辅助驾驶设备逐渐释放了驾驶员的脚与双手，使驾驶员不用再100%地全程操控汽车。但同时，也产生出兼顾司机休息与保持驾驶注意力难的新问题。2021年5月，在美国加利福尼亚州发生了一起车祸，一辆特斯拉Model 3在一条高速公路上撞上了一辆卡车，导致卡车侧翻，特斯拉司机当场死亡。美国国家运输安全委员会调查发现，特斯拉的自动驾驶系统无法正确检测到卡车，驾驶员的注意力不足和特斯拉监控系统不成熟都是导致事故发生的原因。

从车辆安全行驶角度来看，至少在完全自动化驾驶的L5阶段以前，保持驾驶员的驾驶注意力依然十分重要。基于元宇宙的驾驶体验，依然将车辆安全性放在第一位。利用抬头显示设备或智能眼镜显示系统，可以在司机视觉和听觉器官与道路之间，建立深度虚实融合的元宇宙安全辅助行驶体验空间。辅助驾驶体验空间在车辆辅助驾驶系统运行时，在司机的注意力聚焦区，呈现AR或MR的路况游戏，利用元宇宙的海量路况体验游戏的参与者，将司机的注意力牢牢聚焦在元宇宙安全辅助行驶体验空间内，对路况安全风险可以在毫秒级做出警告并刺激司机视觉和听觉神经，让司机在第一时间接管车辆控制权。元宇宙安全辅助行驶体验空间实现了安全驾驶意义上的"所见即所得"。

3.4.2　元宇宙实现车载软办公的沉浸式体验

在汽车上办公的想法主要来自"商务车"的问世，即多功能汽车（Multi-Purpose Vehicles，MPV）。1983年由克莱斯勒公司推出的"Voyager"与"Caravan"车型是世界上最早的MPV，MPV的最大的特点是乘员多、乘坐空间大、舒适度高，可在家庭出行、商务接待等场景发挥作用。

根据统计，2020年北京平均单程通勤时间为47分钟，而上海则是42分钟，上班族一天平均有1个半小时在路途中度过。如何利用路途时间完成工作，就是车载办公系统需要考虑的功能。在2016年德国柏林消费电子展上，微软与梅赛德斯－奔驰联手推出"In Car Office"的项目，将客户的汽车变成一个移动工作站,帮助客户在车辆上轻松地完成与工作有关的任务,提高办公效率。在 "In Car Office" 中,除了集成微软的 Office 办公软件以外,还包括会议工具、微信、Facebook(Mete)等工具。但无论是像微软这样的第三方车载办公系统,还是车企原生的办公系统,近年来都呈现雷声大雨点小的情况。主要原因是受限于目前汽车智能化水平暂时仍然停留在 L2~L3 阶段,驾驶人员无法完全解放;而另一个原因则是原有的办公设备依然摆脱不了传统移动硬办公体验,即手机、笔记本计算机、Pad 等,在汽车内部相对狭小且稳定性不足的空间,这些设备无法产生直接效能来激发车载办公的需求。

元宇宙将工作距离、办公空间、办公方式虚拟化为数字 3D 模式,配合全息成像、VR、AR、MR 等新型成像技术,实现软办公的沉浸式体验。相较于传统手机、笔记本计算机、Pad 等移动硬办公体验,可在狭小的车内空间形成光学或数字化的可调视场,让乘员在 1 平方米的车载空间实现在 100 平方米的会议室体验;依靠数字化防抖技术,还能大大降低车身抖动带来的体验波动,使乘员始终保持全程工作的沉浸体验。

3.4.3　车载沉浸式娱乐空间

从第一台车载 mini 黑胶唱机被塞进克莱斯勒后的 70 年里,人们没有终止过继续往汽车内加入各种娱乐设备,唱片机、卡带机、CD 机、数字影音、KTV、游戏机等,只要是属于那个时代最新的 mini 娱乐设备,都会有人想到往车里安装。汽车作为一种工业产品,从诞生那天起,就被赋予了人类的价值观、生活形态、情感需求,同时也反映出不同时代、不同人群的审美取向,形成了汽车文化。不过要说车载娱乐设备中最成功的,还当数能播放音乐的各类播放器。在汽车文化中音乐就是汽车的灵魂,没有音乐的汽车就是一台冰冷、毫无情感的工业产品。

但从工程技术角度来分析,以音乐为核心的车载娱乐系统,历经 70 年来经久不衰、日久弥新的原因,主要是音乐可以为汽车驾乘人员提供 360 度的沉浸式听觉体验,这是目前以显示器为主的视觉设备所无法比拟的。车载娱乐中的沉浸式体验要求为驾乘人员提供身临其境、感官逼真的娱乐氛围,这应该包括听觉、视觉乃至社交接触互动的体验。元宇宙是基于现实世界映射与交互的虚实共生世界,是具备多元感官系统的沉浸式数字生活空间。从科幻世界、游戏世界逐渐演化而来的元宇宙,天然具备娱乐化属性。虚实共生的数字娱乐

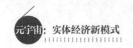

将弱化狭小、充满噪声、震动和密闭等车内物理缺点，而通过数字空间放大乘员的观察范围和景深度，通过数字降噪优化听觉体验，通过全息360度视觉系统提升视觉体验，通过3D反馈触觉系统提升触觉体验。在基于元宇宙的车载娱乐空间内，游戏、社交、电影等娱乐活动都将享受零延迟、3D和包裹式的沉浸体验。

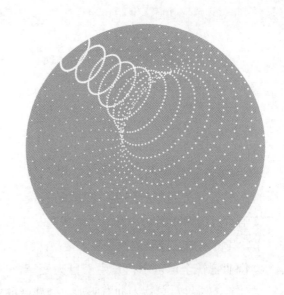

第 4 章

当元宇宙遇到零售

零售，意为零星售出，也就是直接将商品或服务销售给个人消费者或最终消费者的商业活动，是商品或服务从采购、生产、运输到消费的最后一个环节。其特点是直接面向消费者，交易次数频繁但单笔交易量小。最近100年来，零售业正在全球范围内发生着巨大变革，在传统实体零售体系、电子商务交易体系、新兴科学技术创新驱动、消费者的需求不断升级等各种因素影响下，中国正在成为全球零售业变革的"主战场"之一。特别是互联网进入中国以来，零售业从学习模仿、追赶再到以"新零售"模式，改变了整个零售业的发展历程。而元宇宙技术集群的应用对零售行业又必将带来更大的变革。

零售元宇宙（Retail-Metaverse），也可以称为元宇宙零售，是通过元宇宙技术集群应用，生产企业、物流企业、经销商、零售商、消费者、技术支持方、政府监管方等相关各方以虚拟数字人身份，在虚实共生的元宇宙空间中进行的以产品和服务为主的销售活动。零售元宇宙本质上是对零售物理空间的虚拟化、数字化过程，基于 XR 技术，为用户提供沉浸式体验，是对零售物理世界的沉浸式延伸。

4.1 零售业发展现状

4.1.1 零售业发展迅速

我国 1998—2021 年社会消费品零售总额如图 4-1 所示。2022 年，社会消费品零售总额达到 44 万亿元，与 2021 年基本持平。其中，新型消费发展态势较好，实物商品网上零售额增长 6.2%，占社会消费品零售总额的比重进一步提升，达到 27.2%。实体零售保持增长，限额以上零售业实体店商品零售额

增长 1%，消费场景不断拓展，消费体验不断提升。升级类消费需求加快释放，新能源汽车销量增长 93.4%。

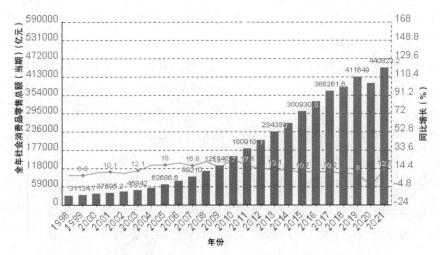

图 4-1 我国 1998—2021 年社会消费品零售总额（当期）

虽然新冠肺炎疫情蔓延叠加经济下行压力等因素对社会消费形成冲击，但消费对经济增长的基础性作用持续显现，消费支出对经济增长的贡献率达到 65.4%。长期来看，我国消费市场仍然具备良好的发展空间。中国消费市场韧性强、潜力大、活力足，长期向好的基本面依然不变。随着各项扩内需消费政策措施落地见效，2023 年消费市场继续呈现恢复发展态势，消费对于经济发展的基础性作用将更加凸显。

《中华人民共和国国民经济和社会发展第十四个五年规划和 2035 年远景目标纲要》指出：畅通国内大循环；促进国内国际双循环；全面促进消费。增强消费对经济发展的基础性作用，顺应消费升级趋势，提升传统消费，培育新型消费，适当增加公共消费。从需求面看，消费者信心以及消费者对后续市场走势的预期都在日益改善，同时新冠疫苗接种率的不断提高，进一步扩大了民众出行范围，继而带动服务业恢复，这将为消费需求的稳定与消费潜力的释放打下良好基础。从全国范围内，我国幅员辽阔，东西部、城市和乡村二元特征显著，消费市场处于多点融合、多线共进、全面升级阶段。基础消费主要将以高端化作为最重要的边际推动力实现结构性增长，而服务性消费等升级品类则整体快速增长，其中符合核心消费群体生活方式升级所需的细分赛道和提升客户体验的销售场景或将迎来高成长。

4.1.2　传统零售

传统零售企业基本不涉及产品的研发、设计、生产、物流等，而是通过向生产厂家或上级批发商"大批量买入"，在实体店中向终端消费者或社会团体销售商品"小批量卖出"，赚取中间差价的商业模式。传统零售企业的商业活动可以概括为"采购、陈列、促销、销售、服务"，在此过程中，基本没有对商品进行任何增值活动，无法赚取任何增值服务费用。传统零售商业模式是在大规模化生产的基础上发展起来的。大规模化生产可以通过集中采购、规模化生产等方式大大降低生产成本，但是大规模生产的产品具有"样式单一"等特点，不能满足消费者日益强烈的个性化需求。

传统零售业大致经历了五个时期：杂货店、专业/专卖、百货店、超市/便利店、购物中心等。如果以业态的发展为标志，我国零售业可以划分为两个阶段：20世纪90年代以前以国有大型百货业态为主体的单一业态阶段；1992年以来，以苏宁、国美为代表的商业连锁企业以类工业化扩张方式的"连锁经营"，通过标准化、流程化重组物流、信息流和资金流实现了规模化复制，完成商业发展的第一次巨变。

4.1.3　网络零售

1994年互联网进入中国以来，逐渐对经济社会各个领域产生了重大影响，零售业也迅速借助网络实现了重要变革。网络零售是交易双方以互联网为媒介进行的商品交易活动，也就是通过互联网进行信息的组织和传递，实现了有形商品和无形商品所有权的转移或服务的消费。从消费者角度来看，也可以称为网络购物，买卖双方通过电子商务（线上）应用实现交易信息的查询（信息流）、交易和交付等行为，其主要有B2C（Business-to-Customer，即商家到客户）和C2C（Customer to Customer，即消费者个人间的电子商务行为）两种形式。网络零售的上游主体包括食品、烟酒、服饰、日化、医药等各类实体商品及其他虚拟商品，中游是网络平台、媒介，下游终端则是消费者。

1.互联网时代的网络零售

电子商务，是中国零售业第二次变革浪潮。随着PC的普及、基础网络设施的改善和网购信用体系的初步建设，互联网技术的应用进入零售领域。信息电子化、货币电子化，消费者全程参与销售流程、同步在线服务过程。

1999 年，中国一家名叫"阿里巴巴"的 B2B 电商公司创立，创始人是马云。阿里巴巴将中国外贸商家聚集在阿里巴巴的网站上，将全球买家的流量导向这些阿里巴巴商家，并通过提供搜索关键字竞价排名服务向商家收费来获取利润。截至 1999 年年底，国内就诞生了 370 多家从事 B2C 的电商平台。而后，在中国的互联网浪潮中，阿里巴巴、当当、京东等电子商务公司接连成立，并且取得长足进展。中国电商在这一年进入了实质化商业阶段。因此，这一年也被称为中国电商元年。

自 2009 年 11 月 11 日，"双十一"购物走上互联网历史舞台，该活动已经成为中国互联网最大规模的商业活动。京东于 2007 年获得今日资本第一笔千万美元融资，进入全品类扩张期。至此，京东、当当、亚马逊三家 B2C 电商对垒，eBay、淘宝、拍拍三家 C2C 电商三足鼎立的格局逐渐形成。随着聚美优品、京东、阿里巴巴等企业相继赴美上市，中国电子商务企业已经成熟，并已经在就业、税收方面占据举足轻重的地位。

网络购物的重要价值在于：一是以消费者线上浏览商品替代了亲自到店，进而节省了路途时间，并且通过突破时间和空间的特点提高了效率；二是网络购物还可以在短时间内浏览全网所有相关商品及价格，并进行最优比较，从而大大提升了决策效率，通过影响决策变量改变了消费者决策过程；三是利用互联网进行搜索、评论、传播等，超越了传统广播式的媒体和口口相传的口碑。

2.移动互联网时代的网络零售

尽管基于互联网的网络零售与传统线下零售相比有了很多创新，但还未能真正让传统零售产生根本性的变化。从某种意义上来说，只是增加了一条线上的销售渠道，甚至是线上渠道对传统零售市场的竞争。所以，尽管很多传统企业也陆续开辟了线上销售渠道，但效果一般，传统的线下渠道仍然是主要销售渠道。移动互联网的快速发展让中国零售业进入了第三次变革的浪潮。特别是 2013 年以后，全球进入移动互联网时代。大部分用户开始使用智能手机在网络中了解商品和购买商品，同样地，传统零售商场也开始借助移动互联网，采用网络与实体商场共存模式为客户提供更加便捷的服务。

（1）移动电商。2014 年 3 月，阿里巴巴开始全面布局移动互联网电商。到 2016 年第一季度，移动端交易问题占比达到 73%。在此期间，淘宝移动互联网领先于京东，但淘宝仍以低价为主，而京东则通过正品商品与物流时效快的口碑抢占移动互联网用户市场。2015 年以后京东完成移动互联网电商的全

面升级。

（2）社交电商。社交电商是零售电商的一个分支，是借助社交网站、社交媒介、网络媒介的传播途径，通过社交互动、用户自生内容等手段来辅助商品的购买和销售行为，并将关注、分享、沟通、讨论、互动等社交化的元素应用于电子商务交易过程。从广义上来看，社交电商包括拼购类、分销类、导购类、社区类、工具类、内容直播类等。2018年7月，社交电商平台拼多多异军突起，带动移动互联网电商行业由原来的以一、二线城市用户为主整体下沉到三、四、五线城市和农村市场，网络零售逐渐由双寡头向三足鼎立格局发展。目前社交电商市场主要代表性企业包括：拼购类（拼多多、京东拼购、京喜、苏宁拼购），分销类（爱库存、斑马会员、贝店、花生日记等），社区类（小红书商城、宝宝树、得物App等），导购类（什么值得买、返利网等），工具类（有赞、微盟等），内容直播类（抖音、快手、淘宝直播等）。

2022年以来，社交电商行业进入洗牌期，社交电商更需要找到适合的发展模式，提升"造血能力"。在这种激烈竞争的局面下，中小社交电商自然无以为继，"丛林法则"导致优胜劣汰。未来社交电商会进入更为激烈的厮杀期，模式的转变与创新会是社交电商发展的新命题。

（3）直播电商。直播电商是以直播为渠道来达成营销目的的新型电商形态，是数字化时代背景下直播与电商双向融合的产物。与传统电商相比，直播电商提供深度实时、富媒体形式的商品展示，为用户带来了更丰富、直接、实时的购物体验，拥有强互动性、强专业性与高转化率等优势。直播电商自2016年诞生以来，历经五年发展，已经成为线上消费的核心构成模式。数据显示，截至2023年6月，我国网络购物用户达8.84亿人。直播电商用户达到5.26亿人，渗透率持续提升。2022年，商务部重点监测电商平台累计直播场次超1.2亿场，累计观看超1.1万亿人次，直播商品超9500万件，活跃主播近110万人。据测算，2022年，我国直播电商交易总额在3.5万亿元左右，同比增速为48%。2023年交易总额预计将超过4万亿元。目前，我国的消费主力人群已呈现年轻化的特点。

除此之外，还有明星、主持人等不断加入直播电商，令直播电商走向正规军模式，吸引着线下行业渠道和传统行业入局。不仅家电、乐器、运动户外、家装主材等商家已经把直播作为重要运营工具，而且珠宝、汽车、房产、旅游、

保险等大宗消费品和虚拟产品也开始试水直播业务。在此背景下，电商直播市场规模预计将保持持续增长态势。

4.1.4　新零售

无论是线上传统电商企业还是线下的实体零售企业，在移动互联网时代都面临着各自的发展问题，转型突破是出路。如何转型？传统零售商必须以消费者为中心，建立线上线下结合的全渠道零售模式，成为"无缝零售商"。在O2O模式下，传统零售商可以通过互联网来满足消费者的直接消费欲望，还可以通过互联网进行宣传，并对零售商店的促销情况进行及时公布，引导用户到指定地点消费，让O2O发挥出最佳的导购效果来。

1. 新零售的内涵

新零售是企业通过运用大数据、AI等先进技术手段，对商品的生产、流通与销售过程进行升级改造，进而重塑业态结构与生态圈，并对线上服务、线下体验以及现代物流进行深度融合的零售新模式。"新零售"的核心要义在于推动线上与线下的一体化进程，其关键在于使线上的互联网力量和线下的实体店终端形成真正意义上的合力，从而完成电商平台和实体零售店面在商业维度上的优化升级。同时，促成价格消费时代向价值消费时代的全面转型。例如浏览和搜索，虽然互联网可以做到更方便和有迹可循，但实体店有更好的陈列展示。导购过程在网购中相对更依赖于评价和小二的服务，与现场服务相比，各有利弊；对于百货而言，尤其是品牌商品的话，这方面实体店应该更胜一筹，售后过程也是各有千秋。在实体商店既能浏览商品，又能随时跳转至传统互联网进行快速的同类商品比较，比较价格以及评价等，也能够单独进行业务操作。

2. 物联网驱动下的新零售

物联网技术将为零售业开辟一条崭新途径。随着社会快速数字化，未来的趋势是更多的物联网产品、更多可查产品特征以及更深入的整合，零售业将实现商场数字化购物、完美营销、最优化的消费者关系、仿冒品和浪费的急剧减少。围绕实体商业空间的人、货、场地，搭建以物联网、云计算为基础，结合各种传感器技术，以及各种短、中、长距离无线通信方式的智能硬件开放平台，为实体商业的经营者、商户和消费者提供标准的一站式软硬件配套设施服务。

3. 新零售的应用实践

新零售在传统零售业的很多方面增加了一些信息化的因素，包括消费习惯、场所、地点，以及精准营销定位。从应用场景来看，分为有人值守场所和无人值守场所。有人值守的场所主要是商超、门店。无人值守的场所包括无人商店、线上支付和线上提货的设备，主要使用的是新型消费和自主结算的模式。线下店作为零售的载体，实体商业空间中有大量的可通过物联网技术管理的设备。过去几年的技术应用实践中，行业内已经可以通过传感器技术提升运营效率，比如利用 RFID 技术，能迅速查询、调用各商品的信息，快速识别，达到宏观管理、信息共享、提高工作效率的目的；而且能加快顾客支付速度，提高顾客的满意度和忠诚度，降低风险。传感器技术可用于实时记录动态信息，例如实时库存信息、补货预警、客户位置、行为分析等数据，沃尔玛、大润发等传统零售巨头就是价格和运营效率极致的代表。

随着信息技术革命的发展，数字经济时代加速到来，数字化技术已经向社会经济生活全面渗透，并成为经济增长的新动能。在 5G、数据中心、AI 等新技术的支持下，零售商的数字化和智能化转型也在进一步加快。

4.2　元宇宙+零售

尽管由于互联网、移动互联网、物联网、大数据、AI 的发展，网络零售取得巨大发展，但是由于网络技术的限制，客户通过线上购买商品体验不足，仍然有很多人会选择传统零售。受到地理空间的限制，传统零售必须实现线上渠道的转型。但目前看来，线上线下融合发展也存在着融合不够、客户体验不佳的情况。元宇宙的出现，打破了这一界限，让线上线下的融合更加平滑。借助元宇宙的 VR 技术，消费者在线上也可以有身临其境的感觉，在线下门店也可以通过元宇宙实现更为丰富的体验。新科技正在帮助合并线上线下这两个渠道。

4.2.1　沉浸式购物体验

1. 虚实结合的沉浸式购物

后疫情时代商业环境下，产品与客户的单一联系已经变得薄弱、难以驱动增长。消费者以更加沉浸式、交互式、情感化的方式去购买所需的产品及服

务,拟人化、交互化、内容化趋势明确,这预示着商业服务的新方向。与传统商业空间的场景不同,沉浸式体验可以激发来访者多感官的交互感知。基于元宇宙的数字孪生技术和物联网技术生成现实世界的镜像,打造实体购物场景与多维虚拟空间场景的融合,让消费者实现沉浸式购物。在虚拟与现实的购物环境中,消费者不是感觉在传统购物中心选购商品,而是在参观"未来世界"或者是浏览一部基于商品生命周期的科幻电影。沉浸式购物不仅能帮助消费者摆脱传统购物疲惫的感觉,还可以将购物和体验、娱乐甚至商品知识的学习融为一体,让消费者增加对商品美的欣赏与认知,进而拥有极致的消费体验。

2. 传统零售业的新机遇

传统零售业通过 VR 预先筛选顾客感兴趣的商品,帮助顾客反复参观和检查有关商品的更多信息。顾客可以通过元宇宙商场参与线下商业,体验将更具有社交性和交互性,不仅实现购物,不可以在这个过程中获得体验和思考。这为目前受到传统电商影响巨大的实体零售业态提供了另一种新的发展可能性,一种全新的未来零售体验。随着元宇宙各项技术的不断成熟和元宇宙新时代的到来,传统零售商将出现新的销售点,他们正试图扩大其在虚拟世界中的数字业务。

Facebook 创始人宣布,Meta 可能会推出实体零售店,以创造一种"奇妙、亲近"的感觉,从而证明实体店在元宇宙中占有一席之地。RTFKT 公司在不到 10 分钟的时间内以 310 万美元的价格售出了 600 双数码运动鞋,而 Roblox 内的一款虚拟 Gucci 包则以 4115 美元的价格转售,比实物版高出近 800 美元。直接面向虚拟角色的商业是一种新兴的零售模式,它将为元宇宙中的品牌打开机遇,并促使到 2025 年推动虚拟世界的收入达到预计的 4000 亿美元。

4.2.2 商品全息3D模型

从技术创新角度来看,3D 视觉化是大势所趋。对于品牌商而言,文字和图片版的在线购物体验已不足以吸引消费者。相反,引人入胜的视觉化表现,如旋转图像、视频、3D 孪生、AR 等正在成为传达品牌、产品细节或服务差异化的必要条件。交互式 AI 孪生图像和视频可帮助消费者找到并体验他们寻求的产品或服务,品牌商甚至可以根据购物者浏览的视觉元素定制恰当的使用场景方案。

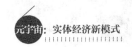

将全息 3D 智能立体交互系统应用于 3D 大屏幕显示，3D 显示载体以大型 3D 显示屏或 3D 投影的形式呈现，操作者通过无线操控手柄对全息 3D 场景内容进行实时操控，而其他观看者可戴上非跟踪 3D 眼镜，一起实时观看全息 3D 画面，系统以 3D 大屏幕的形式让三维模型动态交互"凸出屏幕"，给消费者带来与众不同的视觉体验，使人身临其境，沉浸在交互内容中。与复杂且不能互动的摄影图片相比，3D 模型可以重复使用来创建无限的产品镜头，进行编辑和优化，并且它们可以在不同的季节性生活方式场景中换入换出，或者用于交互式查看器、旋转器、房间规划器以及更多的场景。

根据最近的一项研究，以 3D 模型和渲染代替产品摄影，美国零售商可以将创建产品视觉效果的成本节省 9 成。事实上，在产品可视化中使用 3D 技术更具成本效益。每个模型的价格低于 1000 元，这是在大多数零售商的预算范围内的。因此，几乎所有大型科技公司现在都押注向商业 AR 的转变。最近的一个例子是 Facebook 将品牌更名为 Meta，而其他所有公司，从微软和苹果到 Google 和亚马逊，也宣布了重大投资计划，以建立下一代 AR 功能。相关数据显示，采用了 AR 的家具电商月度转化率提高了 30%，在具有 AR 功能的产品页面上消费者花费的时间增加了 50%。

人工智能企业影谱科技在 2022 年初发布了数字商业内容生成方案 Moviebook CSAI，通过创建 3D 交互式的数字商品，以实现关键数字化流程。该方案针对零售业数字化场景、复杂业务逻辑提出针对性解决方案，为其持续增长提供技术支持。未来的商业需求，是多元化、全场景、可交互的数字形态，Moviebook CSAI 方案满足行业特征及场景业务需求，可实现商品数字化、场景化体验及商业全链的可视化、交互化。Moviebook CSAI 是一种根本性创新，即通过 AI 平台大规模创建多维可视化和沉浸式内容，与物理商品一一对应并演化为数字内容被数字化运营，开展全新商业化的可能。Moviebook CSAI 创新技术举措大幅缩短商品图像制作周期，同时降低创作成本。最为重要的是，让消费者感受到产品创新带来的身临其境的购物体验，同时突出虚拟场景、虚拟客服等创建过程中的附加价值，确保购买转化。

案例：在虚拟世界中走得最远的实体品牌——耐克

作为实体品牌，耐克也在推进自己的元宇宙计划。

这家服装公司似乎在 Facebook 宣布品牌重塑之前，已经有所涉足虚拟世界。此前，该公司已试水这一领域，在《堡垒之夜》和 Roblox 游戏平台上销售耐克品牌虚拟产品。它还深入研究了代币及区块链相关的研究。2019 年，该公司在以太区块链上为其 CryptoKicks 鞋子注册了专利。耐克在游戏中推出的虚拟产品如图 4-2所示。

图 4-2　耐克在游戏中推出的虚拟产品

依据区块链在 2019 年注册的专利，当你买了一双" CryptoKicks"时，会得到一双数字鞋，然后分配一个加密令牌，其中数字鞋和加密令牌共同代表一个"CryptoKicks"。当运动鞋卖给其他人时，所有权可以通过交易真正的鞋子和 / 或相关的数字资产来转移。

不过，耐克在元宇宙中有了一些竞争对手。运动鞋品牌 RTFKT Studios 已经发布了虚拟和实体鞋类产品，并在一轮 800 万美元的筹款中获得了不少名人的支持。

4.2.3　AR与网络零售

AR 可以说是目前零售业最热门的话题。新冠肺炎疫情加速了向在线购物的转变，而 AR 技术成为电子商务中最有前途的工具之一。通过允许客户在家中查看和测试产品，AR 帮助人们更加自信地在线购物，并正在重新定义我们所知的购物体验。就在几年前，麦当劳、可口可乐、宜家和耐克等品牌率先将 AR 技术引入其营销和电子商务战略。现在，越来越多的知名品牌已经让 AR 成为其客户体验必不可少的元素。这包括家得宝、H&M 和丝芙兰等企业。

客户开始期待在舒适的家中享受房内观看和先试后买两种 AR 技术的便利性。这种行为变化的一个关键指标是 AR 用户数量的快速增长。根据 Statista

的最新数据，到 2023 年，全球移动 AR 用户数量将达到 24 亿。AR 眼镜的销量正在飙升。Foresight Factory 公司 2021 年对 20 000 名购物者进行的一项研究发现，30% 的英国购物者更有可能从提供虚拟试衣间等 AR 技术的公司购买。根据 Think with Google 的数据，66% 的网络搜索者表示他们在购物时需要 AR 帮助；60% 的受访者还希望能够了解产品在哪些方面适合他们的生活方式。

新冠肺炎疫情下，零售元宇宙不仅仅在积极拥抱 AR，还在不断创新合作模式。星巴克、亚马逊首先在纽约开设无收银概念店，两家公司计划在 2022 年开设更多门店。

4.2.4　虚拟直播

1. 动作捕捉打开网络零售新空间

近年来，随着动作捕捉和建模等技术的发展，在很大程度上降低了虚拟人的生产门槛。动作捕捉（Motion Capture）是利用外部设备来对人体结构的位移进行数据记录和姿态还原的技术。由于采集的数据可以广泛应用于 VR、游戏、人体工程学研究、模拟训练、生物力学研究等诸多领域，这项技术拥有比较大的市场前景和价值。在视频动作捕捉实时渲染的技术方案下，AI 算法可实时捕捉人体关键骨骼点，即虚拟主播不借助任何专业动捕设备，通过普通摄像头实时捕捉身体、表情、手指等运动数据，实现 3D 虚拟直播。由此推动了虚拟人的类型细分和应用场景上的探索，也打开了网络零售行业更多的想象空间。实际上动作捕捉是一个比较通用的概念，它并不限定捕的对象，除了人和物体，也可以是其他生物，或者个体的局部信息。例如，现在大家所常见的《阿丽塔》《复仇者联盟》中所用的捕捉技术，这种利用演员的肌体表演数据"运算"出虚拟角色的技术，也被称为表演捕捉（Performance Capture）。随着近年来 VR 技术的兴起与动作捕捉方案成本的降低，大空间定位和多人协同 VR 技术的需求也越来越多，更多的交互需求促进了 VR、虚拟直播与动作捕捉方案的结合。

2. 虚拟直播让零售业务"游戏化"

区别于此前普遍的虚拟直播交互是"纸片人"做打招呼、文字聊天等互动，交互不够深入，3D 虚拟主播可以做更多商业化交互，如开演唱会、做综艺节

目表演、直播销售等，并且在这一过程中，用户可以通过道具、弹幕、打赏等方式，参与到销售环节中，从而获得更强的互动感，用户和主播就如同在"玩游戏"中实现零售业务。

目前来看，明星虚拟直播依然是传统直播电商的重要选择，通过明星自身的流量为品牌和产品带来更多的曝光。用明星代言，基于明星效应可以迅速扩大品牌知名度，使品牌形象具体化，使消费者更好地理解和记忆，且利用消费者崇拜和效仿的心理，引导其购买商品。明星效应还可以带来更高的点击、购买量。但除了费用高昂以外，明星代言也可能会出现喧宾夺主的情况——明星所散发出来的光芒可能会掩盖产品本身。还有一点更重要——名人"名气"的问题，若是明星的道德素质出现问题，或是一些人设崩塌、偷税漏税等丑闻出现，都会使明星带货的产品受到牵连。成功地设置一个虚拟主播就可以避免上述问题。如果说虚拟与现实是一个天平，企业会越来越倾向虚拟的一边。虚拟所带来的直观印象往往是不真实，这对消费者的信任感是有影响的，而将主播本人的形象进行虚拟化，能在一定程度上解决这个问题，同时能够将主播本人的 IP 延续和传承下来，更好地承接原有的流量。虚拟不是来取代现实的，虚拟主播可以实现的是补充真人未播的时段，在保证直播质量的前提下为主播创造更多的时间，从而创造更多的价值。

3. 一站式拍摄让"人人皆可虚拟"

通过实时绿幕抠像技术将影视摄影机拍摄到的主播真人图像抠出，然后合成到制作好的虚拟场景中，同时使用光学空间定位系统定位到摄影机移动的三维空间位置；随着摄像机机位的移动，主播服务团队可以提前实时预览所要拍摄影片的运镜视觉效果，可对镜头画面构成、镜头运动、合成效果等进行实时的调度和监看，从而方便创意团队即时调整修改创意和画面构图（见图 4-3）。系统颠覆了传统视频制作前期、后期衔接成本和周期太长的流程痛点，一站式的虚拟预演拍摄手段直接给主播服务团队提供了可视化的接近成片效果。从市场需求层面来看，年轻人对于沉浸虚拟娱乐和数字消费的追捧，让"人人皆可虚拟"的需求正在增长；而从市场基础来说，本土市场高度发展的短视频和直播行业，为虚拟主播创造了生长的平台和变现的渠道。

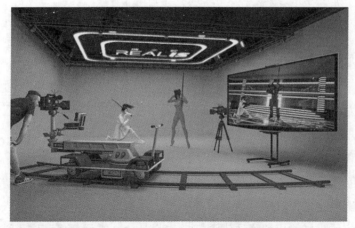

图 4-3　一站式拍摄让"人人皆可虚拟"

4. 疫情影响下虚拟直播爆发

受近两年疫情影响，全球范围内虚拟直播快速增长。而在内容运营方面，日本代表性虚拟主播团体彩虹社以高产、低成本为优势，得以批量打造虚拟主播，并同步实现虚拟主播商业化。自 2016 年末日本 VTuber 绊爱上传自己的第一个视频起，虚拟主播这个概念也已经走过了五年左右。在中国市场，虚拟直播发展迅速，以国内虚拟偶像最为聚集的哔哩哔哩（bilibili，以下简称"B 站"）为例，作为国内虚拟主播聚集度最高的平台，B 站 2022 年该品类的各项数据仍在高速增长。共有 23 万名虚拟主播在 B 站开播，同比增长 190%。随着元宇宙技术的兴起，将促进虚拟人的发展，将为虚拟直播带来更多正向的影响。

4.2.5　元宇宙零售解决方案

元宇宙零售作为新的蓝海，对商家线上线下的融合赋能是革命性的，但是当商家拥有自己的元宇宙零售空间时，如何实现商品的上下架？如何让元宇宙空间的 ERP 管理与现有体系互通？客户管理和市场营销等如何进行？这些都是未来元宇宙零售必须要思考的问题！

所以一套适用于元宇宙的零售解决方案必不可少！未来的元宇宙零售解决方案将是包含硬件、软件、团队运营的生态整体方案，甚至包括虚拟门店的装修设计。

东南亚的 RFOX VALT 是一个身临其境的、类似购物中心的购物平台，集游戏、电商、娱乐、AR、VR 和 NFT 于一体。该平台计划在未来推出 120 家商店（SHOPs），所有资产、广告牌和 SHOPs 都是复杂的 NFT。甚至还有主题区，如 Callinova 艺术区。就像在实体零售世界一样，元宇宙房地产的品牌也应该考虑房地产的布局、商店设计、客户体验与围绕通信和服务的全渠道策略，以确保最佳的销售成果。

未来，不排除融合现有的技术优势和元宇宙的零售数字化需求，推出元宇宙零售解决方案，打通元宇宙虚拟门店和线上线下场景的 ERP 商品管理、支付、营销环节，重构零售格局，助力元宇宙零售新纪元诞生！

案例：沃尔玛低调进军"元宇宙"领域

2022 年 1 月 16 日，沃尔玛低调进军"元宇宙"领域，表示其有意制造和销售虚拟商品，包括电子产品、家居装饰、玩具、体育用品和个人护理产品，同时将向用户提供虚拟货币和 NFT。事实上，自 2021 年下半年开始，沃尔玛便加紧了探索"元宇宙"的脚步。

2021 年 8 月，沃尔玛发布了一份关于制定"数字货币战略和产品路线图"，同时确定"与加密货币相关的投资和合作伙伴关系"的招聘广告，而另一份声明中也表示，沃尔玛正在"继续探索新兴技术如何塑造未来的购物体验"。

同年 10 月，沃尔玛启动试点项目：购物者可以在其美国部分门店的"币星"售卖亭购买比特币。12 月，沃尔玛又提交了 7 份单独的商标申请，这些商标申请涉及制造和销售虚拟商品。图 4-4 是沃尔玛提交的一份虚拟商品网店服务商标申请。

图 4-4 沃尔玛提交的一份虚拟商品网店服务商标申请

在新零售时代面临业绩增长困境的沃尔玛，显然不想错过元宇宙时代的任何机会。

随着沃尔玛虚拟商超加速"开店"，元宇宙超市真的要来了吗？

在思考这个问题之前，我们首先要将目光聚焦 NFT 能为沃尔玛创造什么？

NFT 即"非同质化代币"（Non-Fungible Tokens）。从技术上来看，NFT 是一种基于区块链技术的契约的数字化凭证，具有可验证、唯一、不可分割和可追溯等特性，可以用来标记特定资产的所有权。因此，NFT 本身具有一定的金融属性，与物理社会中资产凭证的重要性一样，而元宇宙为 NFT 提供了更加多元的应用场景。

元宇宙生态存在大量数字化资产，因此需要资产凭证来促进元宇宙经济循环，而 NFT 将成为实现虚拟物品数字资产化和流通交易的重要工具。

从这个角度来看，用户只有通过数字化资产凭证（包括虚拟货币和 NFT 等形式），才能在"沃尔玛元宇宙超市"完成虚拟商品买卖的完整链条。

制作销售虚拟商品、提供虚拟货币和 NFT，这对于沃尔玛来说一举多得。

元宇宙时代，各行各业都存在新的可能，而零售业也将诞生适应元宇宙的零售巨头。沃尔玛提早入局，就是想将自己在现实世界的竞争力迁移至元宇宙。

目前很多实体零售商都会依托数字化和元宇宙概念，联通虚实之间的协作，比如做智慧化消费场景、智慧化购物服务和数字化管理等。沃尔玛作为实体零售企业，掌握更多消费者的信息并留住客户资源是其最根本的诉求。

作为零售行业的巨头，沃尔玛的布局也代表着行业进化的风向标。

4.3 元宇宙+物流

4.3.1 物流业发展迅速

物流业是国民经济发展的动脉，是我国第三产业中生产性服务业的重要组成部分，由运输业、仓储业、通信业、配送业等多种产业整合而成。

1. 我国物流全球第一

经过改革开放 40 余年的持续快速发展，我国已经成为全球最具影响力的物流大国。2022 年全国社会物流总额 347.6 万亿元，同比增长 3.4%，物流需求规模再上新台阶，实现稳定增长。物流市场规模稳步扩张，物流业总收入超过 11 万亿元，市场收入保持 15% 以上的增长速度。中国出口集装箱运价综合指数迈入 3300 点大关，快递业务量首次突破 1000 亿件，冷链物流市场需求突破 2.7 亿吨。此外，国内物流企业主体和就业人员初具规模，截至目前，全国 A 级物流企业近 8000 家，物流企业和个体工商户等市场主体超过 600 万家，就业人数超过 5000 万人。2021 年全年社会物流总费用与 GDP 的比率维持在 14.7% 左右。

2. 快递服务高速增长

快递行业作为邮政业的重要组成部分，具有带动产业领域广、吸纳就业人数多、经济附加值高、技术特征显著等特点。它将信息传递、物品递送、资金流通和文化传播等多种功能融合在一起，关联生产、流通、消费、投资和金融等多个领域，是现代社会不可替代的基础产业。近年来，我国快递行业高速发展，从 2018 年首次突破 500 亿件，到第 1000 亿件的诞生，中国快递年业务量的翻倍仅用了 3 年，年均增长率高达 32.1%。2022 年，全国快递服务企业业务量累计完成 1105.8 亿件，比上年增长 2.1%。分类别看，同城、异地、国际 / 港澳台快递业务量分别占全部快递业务量的 11.6%、86.6% 和 1.8%。与去年同期相比，同城、异地、国际 / 港澳台快递业务量的比重分别下降 1.4 个百分点、上升 1.6 个百分点和下降 0.2 个百分点。分地区看，东、中、西部地区快递业务量比重分别为 76.8%、15.7% 和 7.5%。与去年同期相比，东、中、西部地区快递业务量比重分别下降 1.3 个百分点、上升 1.1 个百分点和上升 0.2 个百分点。

近年来，物流业由追求速度规模增长逐渐转变为追求效益质量增长，加快行业转型与业务升级，实现传统物流向现代物流的转变。

4.3.2　物流业存在的问题

1. 传统物流企业存在的主要不足

我国物流市场大而不强，存在成本高、效率低、诚信和人才等软实力较弱以及运作模式比较传统等问题，这些都制约着我国物流业的快速高质量发展。

（1）物流企业管理水平需提高。我国大部分物流企业均属于中小型企业，其本身便面临着融资难、融资贵的发展难题，而物流资金结算周期长、资金占用情况严重等特点，使得物流企业面临资金不足的局势加剧恶化。而且，我国的第三方物流企业多由功能单一的运输企业、仓储企业转型而来，综合化程度

较低，在管理、技术及服务范围上整体水平不高。因此第三方物流收入规模占物流成本比重相对发达国家较小，物流业配送效益较低，需要优化物流运作模式以降本增效，并创新出适应综合化、一体化物流服务的管理水平。

（2）物流成本相对较高。物流成本是企业物流活动中所消耗的物化劳动和活劳动的货币表现，包括货物在运输、储存、包装、装卸搬运、流通加工、物流信息、物流管理等过程中所耗费的人力、物力和财力的总和以及与存货有关的流动资金占用成本、存货风险成本和存货保险成本。中国的物流成本在GDP中占比为15%，是世界上最高的。而在欧美国家，整个物流成本在GDP中占比仅为7%～8%。

我国物流成本较高不仅影响了企业和产品的竞争力，更在宏观层面影响了国民经济的总体运行水平。只有解决这一问题，改变物流业目前这种低层次、高成本状态，才能加快推进经济转型升级的进程，促使中国经济走上高质量发展的轨道。

（3）物流信息化建设较滞后。与国际先进水平相比，我国物流信息化建设相对缓慢，信息资源缺乏统筹开发，致使信息共享率低、更新速度慢，而且信息安全水平也相对落后。物流信息的泄露以及不法分子对物流渠道的不正当利用，会直接对公共安全、社会安全造成潜在威胁。因此，开放式公共物流信息平台的建立，对物流相关信息快速反应管理能力的加强，以及信息共享、一体化服务的实现非常重要。很多物流企业对信息化的重要性认识不足，造成各方信息沟通不畅，以至于各方均会对相同的信息进行重复性储存与管理，从而导致库存和运力等资源的浪费，不能发挥"信息流"主导"物品流"的作用，因而形成了物流行业效率低、成本高和物流企业盈利不足的局面。

2. 快递服务业存在的主要问题

（1）快递服务质量还需要提升。作为服务行业，企业的服务水平是吸引消费者的主要因素之一。目前，我国快递企业在提供服务的过程中存在客户文件物品毁损、丢失、投递延误等问题，与消费者的期望值有较大差距，服务水平有待进一步提高。2021年上半年，国家相关监管部门及地方政府陆续出台政策规范行业内出现的恶性价格竞争现象，推动整个行业走向良性发展。

（2）末端网点不符合规范。一般来说，末端网点都是个人承包的，所以末端网点并不是全部符合监管部门的备案要求。这就意味着在末端网点寄快递的时候可能会出现很多问题，只要快递出现破损或者是丢失的情况，投诉到快

递公司，最后都会被"踢皮球"。很少有快递能直截了当地承担责任，赔偿顾客的损失。比如，保价的快递保丢不保损，保价快递丢失并不是赔偿物品原价，而是最高赔偿 3000 元。

为促进快递业健康发展，保障快递服务质量和安全，维护用户和快递从业人员合法权益，加强快递市场监督管理，2022 年 1 月 7 日，国家邮政局发布关于《快递市场管理办法（修订草案）》（征求意见稿）公开征求意见的通知。征求意见稿根据新问题新情况细化、增加了诸多内容，尤其是对当前诟病良多的快递末端投递服务进行了明确要求，其中提出经营快递业务的企业未经用户同意，不得代为确认收到快件，不得擅自将快件投递到智能快递箱、快递服务站等快递末端服务设施。

（3）快递行业竞争激烈。尽管中国快递业务量和业务收入均保持增长趋势，但快递平均单价却逐年下滑，2021 年中国快递均价降至 9.5 元 / 件，同比减少 9.58%，2023 年上半年中国快递均价仅为 9.3 元 / 件。快递行业的平均单价下滑一方面与竞争加剧有关，另一方面也受到市场需求变化的影响。

4.3.3　物流元宇宙

在未来的世界中，无论虚拟的世界如何发达，现实之中的物流体系依然是不可或缺的。而如果从 AR/VR 的接入以及数字技术出发，则"物流元宇宙"就应该实现物流的全部数字化和接入操作。

1. 物流的全景实时数字孪生

尽管这可能是一个漫长的过程，但随着元宇宙技术的发展，现实物流世界的所有对象会逐渐数字化。首先，将物流运营的基础设施物品（各仓库、场站、码头、园区、站点以及路线和车辆），设备，道路，参与者以及人和运营操作等实体，也包括合同、标准、法律、政策等对象，还会包括环境、气候、突发事件等因素，通过数字化和互联网技术为现实的物流世界打造一个全景实时、数字孪生的虚拟结构体系。其次，通过 AI 技术、AR/VR 与之形成沉浸式接入口，构造物流的现实世界与虚拟世界的接入和全方位呈现。最后，再把采集的数字信息组织加工，反馈到物流现实世界中，解决物流的效率、成本、安全、可靠、个性化、低风险等问题，不断满足经济社会发展对物流的需求。当前各类传感器、5G、VR、区块链等技术的应用就是在解决这些问题。

2. 虚拟人运营物流

对于零售业特别是电子商务物流来说，元宇宙的意义在于通过科技，将现实世界与数字世界更加紧密地联为一体，给用户带来更美好的体验。在物流元宇宙中，物流用户可以看到商品的流动信息，还能通过 AR/VR 以"物流操作人"的感觉体验物流的操作过程，而各种基于物流信息不对称的欺诈在物流元宇宙中都将不复存在。面对物流的运营和管理就将会如打游戏一样。从仓库中的分区设置、商品摆放到物流业务的内部操作流程，再到物流配送的路线规划和优化设计，都将变得高效和轻松，可以更加精准地模拟客户的具体需求并能够在物流元宇宙中进行呈现，为客户提供从生产、仓储、物流到销售的全数据化的过程，进而设计出最佳的解决方案。

在物流元宇宙中，安全管控不再是依靠个人经验，而是通过物流元宇宙中的传感器、AI 等数据计算为依据。因此可以避免发生"因为过载而导致鄂东长江公路大桥的匝道侧翻"的恶性事故。

3. 物流设备进一步智能化

在物流元宇宙的数字孪生中，AI 将分布于物流的各个环节，全面实现物流运营的智能化和无人化。利用条形码、RFID 技术、传感器、全球定位系统等先进的物联网技术通过信息处理和网络通信技术平台广泛应用于物流业运输、仓储、配送、包装、装卸等基本活动环节，实现货物运输过程的自动化运作和高效率优化管理，提高物流行业的服务水平，降低成本，减少自然资源和社会资源消耗。京东集团 2019 年就开始了覆盖零售、物流、数字科技、保险、物产等业务领域的战略布局，其中技术体系由 ToB/ToC、线上线下新零售、国内海外多场景虚拟图等构成。图 4-5 展示的就是京东数字化物流。

物流产业正在向无人化、智能化方向转变，将为消费者提供多样化、个性化的产品和服务。在国内，阿里小 G、京东、美团、百度、苏宁 AGV、顺丰和国外的 Nuro、达美乐、英特尔等企业已经研发了新一批的智能物流配送机器人。这些机器人可以识别、躲避障碍物，辨别红绿灯，还能自动驾驶、规划路线、主动换道、识别车位、自主泊车等。用户通过面部识别、输入密码、扫描二维码等形式实现快速取餐和快递。无人驾驶汽车在物流派送方面主要完成包裹和餐饮的运输服务，相对于配送机器人，它的承载量会更大一些。无人驾驶技术和物流派送去掉了人力成本，可以大大节省开支。

图 4-5　京东数字化物流

4. 沉浸式货物装卸

在 AI 算法还不完全成熟的前提下，利用 AR/VR、5G 和物联网或许可以成为过渡解决方案。通过 AR/VR 在 5G 状态下可以远程操控物流设备，从而降低了人的劳动强度；通过有人的 AR 远程操控大型无人机自主航行送货；有人的远程 AR 驾驶相比完全的无人自动驾驶可以更容易实现；物流分拨中心以及仓库分拣线，月台的装车、卸车以及港口码头等也都可以用 AR/VR 的方式，借用游戏的方法将场景虚拟化，实现远程操作。特别是在危险品物流的应用场景中，利用 AR/VR，以机械替代人工现场操作可以大幅降低人身安全风险。想要在元宇宙中获得沉浸感的体验，并进一步在其中设计、创建、实验场景，需要强大的传感器、超长续航的电池，更加逼真的画面、丰富的触觉反馈都需要性能更佳的硬件作为支撑，元宇宙的纵深产业链条、技术深度方面的积累显然还需要较长时间。

5. 虚实共生的物流体系

通过元宇宙综合技术可以把物流运作构建在一个虚实共生的物流体系中，基于区块链底层技术，让参与这个体系的每个人都拥有唯一的数字身份（每个数字身份可以选择和承担多个角色），把物流进程中的日常作业及所产生的价值贡献通过数字化的方法进行孪生和如实记录，从而对每一个物流人形成不可篡改的、完整的数据链。由此就可以避免对物流参与者以何种方式接入物流业务来进行操作的顾虑，他们可以自由使用自己认为最方便的工具进行物流业务活动。而且在这种方式下，各个物流资源节点的业务活动都将被数字化进而

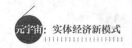
形成可交易的数字资产。这将能够直接决定现实体系中节点中商品的所有权，因为物理节点和物流元宇宙中的虚拟节点是数字孪生的一一映射关系。最终，越来越多的社会物流资源就能在统一操作和价值分配规则下进行运营的整合，从而可以形成覆盖全国甚至全球的物流网络。而基于全景数字孪生的物流元宇宙就能在更高维度采用优化算法来做出更高阶的业务优化，为社会节约更多的资源、减少那些不必要的活动和浪费。这才是真正的物流元宇宙。

6. 平等自由的物流元宇宙

物流元宇宙和传统物流公司的理念完全不同。传统物流公司认为是少数人和资本创立了公司，因此公司的所有权以及基于所有权之上的利益分配权都应该属于少数股东。而物流元宇宙是所有参与者共同建设的，因此所有权属于全体参与建设者，利益分配权也与之相关。未来几百万的末端快递员、几千万的司机不仅是物流元宇宙建设的核心力量，同时也是参与物流元宇宙的受益群体。

物流元宇宙将成为在公开规则下进行社会活动和经济分配的新生态体系，所有参与者在合约所定义的规则体系下都是平等自由的。如果该物流元宇宙中的参与者对于某个物流的规则和生态体系并不满意，则可以选择退出或者转移，可以便捷地从一个物流空间迁移到另一个物流空间再进行建设。因此，未来构建的物流元宇宙应该是更加公平、合理的。未来的竞争应该是发生在元宇宙与元宇宙之间的规则公平和合理的竞争，而不是个体和个体之间的竞争。

建立物流元宇宙的目的是实现现实世界与虚拟世界的互通，从而达到混合现实，通过沉浸式体验与数字世界无缝链接，进一步优化物流资源配置方式，形成物流世界的颠覆性革命，最终让人类有更多的时间去创造更大的价值。

解放人，才是元宇宙的真正价值；解放物流人，才是物流元宇宙的最终价值！

4.3.4 元宇宙+仓储与物流园区

元宇宙综合技术在仓储与物流园区中的应用会让传统物流园区更加智慧化。

1. 数字孪生让仓库管理实时化

元宇宙＋仓储与物流园区利用数字孪生技术，将上下游系统打通并借助智能硬件实现数据联动，从园区日常管理、车流监控、人流监控、物流监控等多维度呈现，使各流程密切联系，搭建出智慧园区与物流仓储的一体化可视化管理平台，提高物流园区的管理和工作效率，降低人工成本和管理成本。数字孪生技术在物流行业中的应用，比如仓库的数字孪生，通过设施的虚拟3D模型可以与库存和运营数据配对，使设施实时数字化，使现场经理、客户和远程管理人员能够全面了解操作。

2. 元宇宙 + 物流园区实现设施集约化

元宇宙 + 物流园区是在物流作业集中的地区，在几种运输方式衔接地，将多种物流设施和不同类型的物流企业在空间上集中布局的场所，也是一个有一定规模且具有多种服务功能的物流企业的集结点。元宇宙 + 物流园区是基于智能及可视的数字化场景，实现了物流设施集约化、物流运作共通化、城市物流设施空间布局合理化，为城市物流企业发展提供了空间，也促进了城市用地结构调整。图 4-6 即可视化数字物流园区。

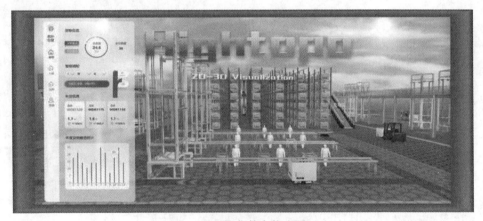

图 4-6 可视化数字物流园区

3. 元宇宙 + 仓储与物流园区实现可视与交互

元宇宙仓储与物流园区依托 HT 可视化技术，智慧仓储管理将可以通过2D 组态、3D 仿真形态的方式展现出物流中心的全场景管理交互系统，方便上游供应方对大批量货物进行集中仓库储存、管理等作业，并能将下游用户的订货信息生成一个 3D 可视化仓储管理系统。在 HT 技术的支持下，数据可视化除了"可视"，还可以通过数字人进行交流与互动。集合仓储系统应用物联网、

视频监控联网技术、输送和分拣技术、灵活的叉车服务模式、智能穿梭车和货架系统、嵌入智能控制与通信模块的物流机器人技术、RFID 托盘等。对物流全过程进行数字孪生，让物品出入库信息可展现、可监控、可管理。

4. 元宇宙 + 仓储与物流园区多维统一

HT 仓储管理监控的实现对仓储场景起到监控的作用，对于货架上和移动中的货品进行数据采集，可通过可视化系统快速获取设备的运行状态，货架的数据变更以及面板数据的实时反馈，实现全方位掌握仓储转运中心的活动状态，起到监管、维护以及调配多维度统一。

Hightopo 3D 可视化物流仓储监控系统打造绿色仓储物流的数据运维管理一体化。全面提升运维管理的智能化水平，以实现感知、调配、管理等。保障现代化智能仓储的安全运行，赋能物流行业绿色化、精细化、智能化发展。

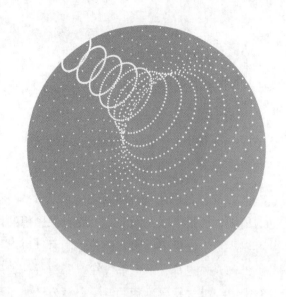

第 5 章

元宇宙办公，你准备好了吗

好的办公环境对企业而言，既是企业形象和实力的象征，也是企业文化的体现，还是"以人为中心"的服务思想的体现。舒适和方便的办公环境不仅可以为员工提供归属感和荣誉感，而且可以提高员工的工作效率，另外对于吸引外部人才也具有不可替代性。受新冠肺炎疫情影响，很多人被迫居家办公，线上办公模式发展迅猛。但线上办公终究还是有些不尽如人意，沉浸感不足。而元宇宙办公或将彻底改变这一窘境，给企业或单位、员工带来全新的体验。

办公元宇宙（Office-Metaverse），也可以称为元宇宙办公，是通过元宇宙技术集群应用，各单位或个人等与会者以虚拟数字人身份，在虚实共生的元宇宙空间中进行的办公或举办会议的活动。办公元宇宙本质上是对办公空间的虚拟化、数字化过程，基于 XR 技术，为用户提供沉浸式体验，是对办公物理世界的沉浸式延伸。

5.1 元宇宙+办公空间

5.1.1 线上办公发展迅速

1. 疫情催生线上办公

2020 年突如其来的新冠肺炎疫情席卷全球，在线办公需求显著提升，部分互联网企业开启长期居家办公模式，全球各国、单位甚至个人的办公、生活方式都被迫从线下转移到线上，线上生活由原先短时期的例外状态成为常态。在新冠肺炎疫情防控措施之下，全社会上网时长大幅增长，"宅经济"快速发展。

2. 我国线上办公基础较好

中央应对新型冠状病毒感染肺炎疫情工作领导小组提出"支持网上办公"等措施，网上办公能够实现员工在不到岗的情况下进行生产作业，有助于减少人员流动和接触，控制疫情。再加上我国互联网应用本身基础较好，用户总量已经突破 10 亿，在疫情的催化下，在线办公快速爆发。截至 2023 年 6 月，我国线上办公用户规模达 5.07 亿人，占网民整体的 47.1%。

基于生成式人工智能在创作文本、音频、视频等方面的优势，线上办公企业积极布局人工智能技术，开发产品新功能，推动线上办公产品智能化水平进一步提升。上半年，钉钉正式接入"通义千问"大模型，全面启动智能化战略；飞书发布智能助手"MyAI"；金山办公发布生成式人工智能应用"WPSAI"。2020 年上半年到 2021 年上半年线上办公使用率增长如图 5-1 所示。

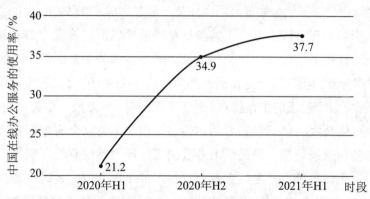

图 5-1　2020 年上半年到 2021 年上半年线上办公使用率增长图

总体来看，比较符合大众需求的协同办公软件可以分为四类：即时通信、文档协作、任务 / 人员管理、设计工具。

3. 线上办公的优越之处

线上办公在技术方面越来越成熟：企业微信、钉钉等各类远程工作协作工具、即时通信软件取得了长足发展。对公司而言，线上办公优点很多：一是节约了房租水电等必要的支出，节省了公司固定开支；二是减少差旅费用和日常办公支出消耗；三是可以采取灵活雇佣策略，招聘更多线上办公的优秀人才，比如身处国外因疫情影响暂时无法回国的留学生也可以参与到公司的工作中来。而对于个人来说，好处也是显而易见的：一是通过线上办公软件可以直接"到岗"，节省了通勤的时间和通勤费用，增加了幸福感和获得感（通

勤时间与工作幸福感之间被证明存在联系，漫长的通勤不利于工作的幸福感获得）；二是工作的时间以及空间限制较小，可以随时随地处理工作问题；三是线上办公，如果不开视频，则节省很多化妆打扮时间。

4.线上办公存在的不足

尽管线上办公有很多优点，但也存在着很多不足。总体来看，线上办公的效果不如线下。

对于企业来说，一是线上办公团队协作性差，沟通效果远不如线下，居家在线办公的方式也终究难以替代传统办公场所中的沟通交流、想法碰撞，特别是对于需要思维碰撞的创造性工作。二是公司管理上，居家办公意味着对员工的基本管理手段（如考勤、工作时间、工作纪律等方面）都不再起作用。除此之外，对员工产出的绩效衡量难度加大，工作汇报、提交工作成果形式、薪资待遇等也会有变化。如果公司全体员工常态化居家在线办公可能会对整体效果产生影响。三是线上办公不能满足一些需要线下签署或者公文盖章的需求。四是选择线上办公对于软硬件以及一些平台部署等方面有一定的技术要求，非技术专业的员工不一定都能熟练操作。五是线上办公这种模式不一定适合每个行业、每个员工的工作特点。对于个人而言，一是线上办公缺乏临场感、沉浸感，可能会大大降低参与者的体验感，而线下会议交流才可能真正激发与会者的参与感或灵感。二是线上办公的工作压力感没有线下明显，员工容易对工作产生懈怠感。三是线上办公软件可能出现卡顿、延时、音视频质量不佳等问题。四是相对于面对面、互动式的交流，仅仅通过屏幕做在线沟通，信息传递有限、信息传递不畅等问题明显。五居家办公虽然可以灵活变动，但也不可避免让工作入侵了生活，这意味着工作与生活的界限变得模糊。员工难以接受的是居家办公没有了上下班的时间限制，很多工作以任务完成为准，上班时间会因为工作任务未完成而延长。很多人在朋友圈上晒出自己的"新"工作状态——被家人围观办公，上身穿着正装、下身穿着睡衣开视频办公会议，还有不少人晒出自己居家的"工位"与床之间仅有一厘米。

5.1.2 办公元宇宙：物理世界的沉浸式延伸

1.混合办公或将成为工作的未来

在疫情期间，由于隔离、限行等措施，传统工作流程受到巨大的挑战，原有的人力管理和用工模式被彻底打碎。为了保障业务正常运营，企业管理者和 HR 部门快速地建立一个能够"线上办公"的工作模式。不仅如此，人才市场和雇佣模式也正在朝着更加多元的方向发展，摆脱固定办公场所的束缚，我们看到更多企业开放线上办公或混合办公的发展趋势。

（1）越来越多的美国人希望混合办公。2020 年，微软公司和《哈佛商业评论》分析服务团队发布了《混合现实：工作的新维度》，研究了 MR 在从制造、工程和建筑到零售、国防和教育等一系列行业现代工作场所中的作用和重要性。调查指出，68% 的企业认为 MR 对实现公司战略目标很重要。近90%的人目前正在探索、试点或部署MR，其中1/3的人已经将MR投入生产。微软官方宣布将推出 Mesh for Teams，用户可以在 Mesh for Teams 预览版体验到沉浸式开会，以及更身临其境的远程协作。另外一家咨询分析机构盖洛普公司进行的一项民意调查表明，美国 59% 的人希望在疫情结束之后"尽可能多地"在家工作，而41% 的人表示将像原来那样回到办公室工作。值得关注的是，上班族父母（51%）比没有子女的员工（42%）希望花更多时间在办公室办公。同时，还有超过一半（54%）的年轻领导者饱受职业倦怠之苦。

（2）我国近半员工愿意混合办公。根据联想的一项研究，接近一半（44%）的员工愿意在虚拟世界工作而不是回到办公室。这是因为他们相信这样做可以提高他们的生产力并带来其他好处。联想的"即服务"（as-a-service），可以帮助企业用户实现将传统的硬件、软件、服务分散采购的模式，设计、建设、运维分段实施的模式，整合成可以订阅的、一站全包的服务模式，使企业能够利用技术进行快速的扩展、降低成本并提升效率。与此同时，联想还提供 ThinkReality 平台解决方案，支持用户在现实世界中利用 3D 数字信息实现定位、互动和协作，提升用户的情境感知和工作效率。该平台可与各种设备和云平台兼容，使企业客户能方便地跨越多个操作系统、云服务与设备使用和管理 AR、VR 软件应用程序。

在后疫情时代，线上办公已经逐渐成为主流工作形式之一。未来线上工作和线下工作的模式将结合成为日常的工作方式。

2. 元宇宙办公体系

无论你是员工还是老板，在当前阶段，拥有一个好的办公场所还是必不可少的。在舒适、开放的环境里工作和学习，永远保持初心、活力，创意才会源源不断地迸发。通过元宇宙办公体系，一是可以采用数字化的虚拟会议，构建虚拟交互空间，有办公场景的真实感，全面提升线上办公效率，达到和线下的对等（甚至更好）；二是公司员工居家时可以佩戴 AR/VR 等设备，以更具沉浸感的方式，与同事互动，与客户沟通和建立业务，让人们更真切地感受到处于真实的物理房间内；三是通过在云端为现实世界构建"数字孪生"的物联网服务，以头戴式显示器或其他形式的通感显示设备，营造身临其境的氛围，在 AI 的帮助下，远程办公也不再局限于办公室和家里。元宇宙办公的本质其实是一个共享的三维数字空间，其中包含场景、参与者和对象的数字融合。可以将元宇宙办公看作物理办公空间和时间的高度沉浸式扩展，为企业创造一个更可行和互动的工作场所开辟新的可能性。未来我们的办公场景可能是在海边、在森林、在路上、在世界的每个角落！

3. 元宇宙办公：一个共享的数字空间

（1）元宇宙头像定制。在元宇宙中，公司每位员工都可以使用头像定制功能，再加上高质量和准实时的空间音频，能够在很大程度复制真实的工作场景，提高会议效率和同事间的互动频率。图 5-2 展示的是共享的数字办公空间。Ready Player Me 公司可以给用户提供创造性的个性化头像定制服务，并顺畅地在整个元宇宙使用。在该平台上，用户可以利用图片或通过实时捕捉的人脸构建自己的虚拟或真实头像，然后在超过 900 款软件和游戏中使用。这家公司计划利用新资金来拓展平台，努力成为"元宇宙的默认头像系统"。通过为人们提供可以穿行于虚拟世界的真实或虚拟头像，让我们在元宇宙中的关系变得更紧密。同事们在虚拟办公室里，或者自己的的关系桌前围坐一圈，主讲人

图 5-2　共享的数字办公空间

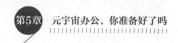

在白板上展示本次的会议内容，可以随意在白板上写写画画，大家彼此之间有眼神互动、话语沟通，和线下办公非常接近，且充满乐趣。

（2）元宇宙办公空间定制。在元宇宙中办公，办公空间不是钢筋、水泥的固定建筑——需要较长的施工周期，且场景一旦固定，难以改变。元宇宙办公空间是基于网络算力、VR、AR、AI等各种技术组成的生态系统，因此元宇宙办公场地的更新"装修"变得非常容易，且不会打扰其他办公同事。这种虚拟与物理空间交融且非静态的办公场景为企业的能效提升以及企业生产力的提高带来了巨大的想象空间和操作弹性。

（3）元宇宙办公数据存储。在元宇宙中办公，各种数据存储和调用将更加快捷。在VR会议期间可以一键访问计算机，将文件甚至整个屏幕共享给同事。虚拟办公室里会有一块白板（它可以无限大），白板上的任何办公内容都可以用数据形式保留下载，还可以后期回放。有的轻量级以视频会议为核心功能的企业通信应用，还能提供视频会议、语音会议、移动电话、桌面分享、白板、录音录像、会议管理等互联网通信服务；并可以全球互联，多终端互通，随时随地发起会议，带给客户清晰流畅的会议体验。

（4）元宇宙办公任务管理。基于元宇宙的实时交互、传感技术和区块链等技术的基础支撑，很多元宇宙办公平台可以通过在线监督、键盘追踪等功能实现公司任务分发、绩效考核、在线管理。通过办公平台，用户可以创建不同类型的项目，除了基础的子任务指派、子任务、标签、筛选等功能，可以轻松查看所有项目的进度及每个人的进度。它可以帮你解决任务管理问题（文档管理有知识库，目标管理有迭代、需求、缺陷、流程等），研发全流程中每个环节都有对应的功能或子产品，而且这些子产品都能相互打通。

5.1.3 办公元宇宙的新特征

1. 空间分散但体验增强

在疫情期间，不少人都有居家办公的经验，算是提前体验了新时代的办公模式。到了元宇宙时代，居家办公的模式将会进一步升级，我们每个人的工作环境不再会局限于办公室里的一亩三分地。只要有网络信号，世界上的每个角落都可以变成我们的办公室、会议室。在美国的俄亥俄州，一家创业公司的员工们已经开始在元宇宙虚拟办公室里办公了。虽然公司的员工位于世界各

地，但技术却拉近了他们的距离。受到新冠肺炎疫情的影响，这家公司的创始人杰夫不方便线下办公，而远在阿根廷和爱尔兰的同事也面临着同样的问题。于是，元宇宙 VR 办公室成了他们共同办公的"好去处"（见图 5-3）。据杰夫描述，选择在哪儿办公全凭他的心情，有时会去巴黎咖啡馆，有时会找一个神秘的洞穴，甚至还可以悬在半空中工作。"基本上，你在虚拟世界和人互动的方式与现实世界中是一样的。而且你会变得更加绅士。当你与大家在一起时，会更关心大家，也能更好地理解大家。"

图 5-3　美国某创业公司创始人杰夫与同事在元宇宙办公

2. 时间交错但想象空间增大

空间上的分散必然会带来时间上的交错。但或许我们的发展空间会大大增加。元宇宙中的办公或许应该是这样的："2035 年 11 月 11 日上午 8 点半，某公司员工小张从自己在海南的家里起床，洗漱完毕后戴上 VR 或 AR 眼镜，穿上一身可穿戴的正装，首先到北京公司总部完成打卡，9 点钟与同事小李'出差'华盛顿，与美国的合作伙伴詹姆斯一行人，在当地一家数字办公大楼中进行沟通洽谈。10 点钟，一行人来到法国排名第一的拉菲酒庄进行实地考察，亲自'品尝'波尔多世族佳酿，10 点半一同到新西兰考察奶牛能在牧场自由行走的草原，11 点钟双方回到北京总部会议厅，就双方合作展开深入探讨，最后成功签订合作协议。"这样的工作，或许会是未来我们最常见的办公方式，这就是办公元宇宙。

3. 传统管理失效但管理更科学

传统管理需要员工每天按时到公司上班，进门签到，管理者还可以对员工全天的工作进行监督与管理。但元宇宙中没有了统一的办公地点，以及统一的办公时间,公司经理如果还用传统的管理方式,很难对员工的工作过程进行有效的管理。在办公元宇宙中,公司管理者可以利用物联网、大数据、AI等技术记录更多员工和客户数据,挖掘出更多的公司价值。借助技术手段收集企业日常运营和创新所需的数据,客户使用产品或服务的体验数据、市场变化数据、行业趋势数据等,形成企业日常运营的全景图、客户全景图、产品全景图、市场变化及行业趋势全景图等,从而提升企业运营效率,创造新的业务模式。企业通过元宇宙技术手段挖掘数据的价值,能够发现企业运营中可以改善的地方,甚至开发新的业务模式,更好地适应新环境要求,实现业务变革和效率提升。

4. 成本降低但效果提升

元宇宙会带动整个人力成本、资源成本、时间成本、交易成本的降低,提升各方面效率。公司每年要花费高额的办公楼租金、购买大批的办公计算机等硬件设备,这些资产受技术迭代因素影响需要定期更新,公司员工集体线下办公还需要衣食住行等各类生活服务,也需要增加很多成本,还要花费高额的差旅费进行客户沟通、团队协作、企业培训等。一个公司或单位在元宇宙中办公,通过虚拟与现实的结合,人手分配一个账号,所有员工全部上云,除了必要人员到现场工作之外,其余都可以迁移至元宇宙办公,可以极大地降低公司的运营成本、场地成本等。这样既能防止公司数据流失,又能节省很多不必要的硬件投入,如果再把公司的上下游企业和配套服务企业、电商等都吸引到同一个元宇宙空间办公,未来的商业模式可能也会发生重要变化。在由于疫情而不确定性增大的现在社会,降低运营成本同样重要。但相应地,也需要建立新的管理方式和工作制度。

案例:韩国首家"到元宇宙上班"企业 Com2uS

韩国游戏开发商 Com2uS 发布宣传视频,计划 2022 年下半年让公司共2500 名员工进入特别打造的虚拟办公空间 Com2Verse 工作。这成为首批"到元宇宙上班"的案例之一。Com2uS 推出的虚拟空间 Com2Verse 具有许多不同的世界(见图 5-4),其中一个名为 Office World,就是公司和员工的办公空间。

除了作为办公区域的 Office World 外,该公司还与很多大型企业签约,建设元宇宙生态系统,打造集办公、休闲、娱乐于一体的元宇宙都市。另外,还有提供金融、医疗、教育等服务的商业区域(Commercial World);主题乐园世界(Theme Park World)是使用者们可以享受游戏、音乐、电影、表演等休闲娱乐的场所；而社群世界（Community World）则比较注重日常交流与分享。虚拟角色在办公室中可以聊天互动，在虚拟角色头上可以看到真人的视频画面。另外，基本的工作如通勤、日程管理、大小会议，都被真实还原到虚拟世界中，员工即使远距离办公，也能拥有流畅的虚拟世界工作环境。从该公司发布的预告视频可以看出，其办公环境已经超出游戏本身，非常接近现实环境。

图 5-4　韩国元宇宙办公生态 Com2Verse

即使在虚拟世界的办公室中，仍然要打卡、搭电梯，经过聊天的同事们来到自己的位置。透过自己的虚拟办公桌，员工可以查看当日的行程、寄信、记录代办事项或开启档案等。更特别的是，连虚拟办公桌上的小盆栽也需要悉心照顾、定期浇水。

5.2　元宇宙+会议室

沟通协作是商业社会的基础，但新冠肺炎疫情的反复给沟通协作带来了巨大阻力。当面沟通隐含了巨大的接触风险；远途出差又增加了更大的不确定性；云视频会议让沟通更简单，可以随时随地召开会议，但云视频依然无法实现线下会议的体验感。Microsoft Teams 的总经理妮可·赫斯科维茨在接受外媒 The Verge 采访时谈道："我们在远程会议中常常感到疲劳。""每当会议进行到 30 或 40 分钟时，就很难保持参与度和专注了。"这样的现实也在传递一个信号，即在远程会议经历了疫情后的市场大爆发后，已经从大规模普及阶段来到了需要提升体验感的下一站。元宇宙会议室，可以较好地解决这个问题。5G 技术的落地应用和数字化转型的加速，使得人们在使用稳定、便捷的视频会议软件的同时，对更复杂、更沉浸式的体验和更多元化的办公会议方式有了更强烈的需求，这驱动着很多企业开始探索元宇宙会议室。

5.2.1 元宇宙会议室

1. 元宇宙会议室是技术集成的会议室

随着用户对沉浸式和虚拟场景的追求不断增长，元宇宙开发者们将 5G、VR/AR/MR 技术、3D 图形渲染、AI、网络及运算技术、物联网、NFT 等最新信息技术相结合，打造出"元宇宙会议室"（Meta Space），实现了不同物理地域的人员，实时处于同一虚拟会议空间，进行沉浸式沟通，通过映射真实世界创造全新视界，让会议体验更加优异。元宇宙技术把会议室的多项功能及 3D 展览有机融合在三维空间里，为用户搭建了一个便捷、高效、智能的虚拟现实 3D 会议室，集音频交互、视频交互、电子白板、文档共享、屏幕共享、远程控制、远程协助、媒体共享、文字交流、会议转发等多项功能于一体，是一款技术先进、经济实用、性能丰富、操作简单、便携式的远程会议产品。

2. 元宇宙会议室告别枯燥的线上会议

元宇宙会议室告别了传统在线活动枯燥、低互动的效果，营造了活动氛围感和仪式感。用户可以在元宇宙中获得超越现实的沉浸式交互式体验。元宇宙会议室可使异地参会人员产生更多的"亲密感"。随着时代的持续更迭，元宇宙会议必将成为发展趋势，元宇宙会议室将继续探索更多的创新，将现实与虚拟结合、将远程与现场结合，满足用户对多元化终端的需求，打造随时随地的沉浸式体验。

3. 元宇宙会议室让与会者"亲临现场"

人是现实物理世界的产物，无限延伸的虚拟数字空间必须和现实物理世界进行校验才能让人、组织、社会有效运转。除了满足多人参与会议，元宇宙会议室还能够实现与会人员与其他人的互动和讨论，让人虽然身处异地，却随时随地有"亲临现场"的感觉，这无疑拉近了人与人之间的距离，满足当下由于疫情而不确定的集中、远程、隔离等不同场景的混合环境会议需求，

同时还能提高沟通效率，节约会议成本。

可以预见，人们可以克服空间阻碍，元宇宙会议室这种物理和数字的交织是一种突破性的进步，超越了人们以往在工作场所已知的任何东西。元宇宙会议室将成为企业数字化会议室进程中必不可少的重要支撑。

案例：微美全息新产品

全球领先的全息 AR 应用技术提供商微美全息发布了一款面向消费者市场的 AR 头戴式显示器新品，以进一步加强底层全息技术的软硬件研发，拓展全息 VR 技术在元宇宙的用户体验。该款产品将广泛应用在虚拟社交、虚拟娱乐、虚拟教育、虚拟会议等领域。微美全息建立了完备的全息技术研发体系、全息内容制作和储备体系、全息商业化体系。微美全息一直紧随元宇宙、5G 时代机遇，搭建 5G 全息应用市场，并通过 5G+XR 的"杀手级"智能应用办公深入布局元宇宙应用、全息互动娱乐、全息会议、全息发布会等高端应用中。另外，微美全息的全息虚拟人物画音重建技术将运用人骨骼动态捕捉、图像实时渲染、语音识别技术、声音模拟技术呈现虚拟人，打造沉浸式视觉体验，并且实现了超强的临场感，协同共享，便捷智能，让远程会议更真实，让视频沟通更畅通。

5.2.2 虚拟数字主持人

虚拟数字主持人是数字技术处理出来通过广播、网络、会议等通信传媒与受众形成交互的仿真人形象。2001 年，世界上诞生了第一个虚拟主持人——阿娜诺娃（Ananova），是由英国的一家网络公司推出的。此外，日本推出了寺井有纪（Yuki）；中国推出了歌手虚拟主持人阿拉娜（Alana）；美国推出了薇薇安（Vivian）；韩国推出了露西雅（Lusia）。在国内电视屏幕上正式出镜的虚拟主持人是主持《科技新闻周刊》的男性主持人——比尔·邓。

随着 AI 技术的快速发展，虚拟电视主播已经不是什么新鲜事。从北京卫视的"时间小妮"、湖南卫视的"小漾"，到新华社的"小诤""新小微"家族，再到央视的"小小撒""康晓辉"、央视频的"央小天""AI 王冠"，以及越来越多的网络虚拟主播的出现，给观众带来更多的科技感和新鲜感。

案例：《每日经济新闻》虚拟主持人

2021 年 12 月 20 日，小冰公司公布了全新的数字孪生虚拟人技术，并联合《每日经济新闻》，将首批应用该技术的虚拟主持人，与"每经 AI 电视"

一同正式上线。与其他技术相比，小冰框架不仅将虚拟人的整体自然度提升至与真人难以分辨的程度，还首次实现视频采编播全流程的无人化操作，帮助"每经 AI 电视"成为全球首个 7×24 小时不间断播出的 AI 视频直播产品。

令人震惊的是，在正式公布前，"每经 AI 电视"已经悄然试运行了 70 天，由于两位虚拟主播的表现接近真人水平，不少观众一直以为节目是真人录制。事实上，两位虚拟主播的训练数据来自知名财经主播 N 小黑（N 小黑财经）和 N 小白（每经小白基金），再结合小冰深度神经网络渲染技术（Xiaoice Neural Rendering, XNR），使得包括面容、表情、肢体动作等在内的整体自然度大幅度提升。通过小冰框架小样本学习技术，虚拟人的训练周期从过去的数月缩短为一周，一举解决虚拟人培训周期长、成本高的难题，有望开启虚拟人在各个场景普及的新时代。

不仅如此，基于小冰框架的整体 AI 技术驱动，双方此次还实现了端到端的 AI 自动采编播全流程。从金融资讯的 AI 文本生成，到驱动预训练的虚拟主播，结合同步场景动态绘制，最终生成完整的直播视频推流，全过程不再需要人工参与。对此，小冰公司表示："在我们与合作伙伴的共同努力下，一个永不疲倦、安全可靠、稳定输出的 AI Being 时代已经到来。"

5.2.3　虚拟数字参会者

通过数字孪生技术，人们可以虚拟数字参会者的形象，在元宇宙虚拟三维空间中进行会议，在元宇宙会议室中，现实世界的事物都将被数字化"复制"。当进入元宇宙会议室时，每个人都创建了符合自己形象的虚拟角色，聚集在一起，用"网络分身"在虚拟会议室中开会互动，虚拟数字参会者支持多种预置肢体动作，情绪、唇形根据输入的文本 / 语音信息自适应，表情丰富逼真的人像动画，具有高泛化、低延迟的特点。人们可以在虚拟世界里完成所有现实工作会议的事情，如培训、头脑风暴、演示等，以更具沉浸感的方式，与同事互动，与客户沟通和建立业务，可以更真切地感受到处于真实的物理房间内。此外，人们还可以尝试于真实世界中难以实现的野心，比如瞬间移动。

在 2021 中关村论坛期间，AR、VR、MR 等技术在多个场景展示。视错觉视频技术利用视觉差原理，通过绿幕录制、后期特效等方式制作远程嘉宾演讲视频，达到线下线上裸眼 3D 效果，配合制作合成的模拟特写镜头上屏，达到以假乱真的效果。

5.2.4 参会者虚拟"面对面"

在参加远程会议时可以给自己制作一个虚拟形象，然后进入虚拟会议室，哪怕是在不同地方的同事，也能达到身临其境的效果。在元宇宙兴起的背景下，VR与远程会议就有了天然的一个结合点。在元宇宙会议空间，会议场景应需布置，"人、场景、物"处于"同一时空"，异地参会者可以"面对面"互动交流，还可以进行屏幕共享及元宇宙场景下的视频直播，带来超强的"元宇宙会议"体验。参与者使用自己的一个"化身"（也就是**虚拟数字参会者**）参会发言，同时还可以搭配身体语言和微表情来传递信息。虽然元宇宙游戏下的玩家群体庞大，但是从宏观发展的角度来看，提升游戏体验并非当务之急，提升生产力的视频会议才是当前最需要元宇宙的场景。

元宇宙会议是沉浸式会议，基本可以高精度复刻线下真实会议，PPT嵌入式同步播放，搭建真实感、互动性、沉浸感更强的元宇宙线上会议室。同时，在元宇宙会议系统中，各位嘉宾可通过虚拟形象、选择角色等功能塑造自己。通过元宇宙通信引擎，实现多路独立语音通话频道，充分还原线下交谈聊天方式及场景：如果你想找某个人说话，就像在平时的生活中一样，直接走向他就可以实现对话。

Meta与微软达成合作，在虚拟办公场景中展开了一系列的应用。早在2021年8月19日，Meta就正式发布了远程办公软件Horizon Workrooms，它允许用户在VR环境里举行会议，通过Meta的Oculus Quest头盔体验，Horizon Workrooms采用空间音频和手部追踪等功能，让人们更真切地感觉到处于真实的物理房间内。2021年12月9日，Meta宣布旗下的VR世界"Horizon Worlds"正式向美国和加拿大18岁以上成年用户开放。

5.2.5 个性化虚拟会议室

元宇宙会议室有多种不同的会议场景，可以根据举办者的会议类型及需求进行选择，每一个会议室场景都可以自定义布置符合会议主题的氛围，无论是宽敞明亮的大型会议室，还是不拘一格的会议室风格，3人到10万人，都可以完成。

元宇宙会议室可以实现大屏直播、多屏联动，大大提升了与会者的会议体验。个性化虚拟会议室不仅灵活应用于公司内部会议、对外公开会议、异地协作、远程培训等应用,而且可以完美与供应商、合作伙伴、客户、销售渠道等展开远程沟通、产品展示、商务讲座等一体化服务,真正实现便携、随身的会议室,实现领导者的纵观全局、高效沟通和智慧决策。

2022年3月,美国专利商标局公布了苹果公司的几项技术性专利申请,涉及在即将到来的元宇宙中使用的仿生虚拟会议室(见图5-5)、计算机生成的现实环境中虚拟物体的可视性,以及用于医疗超声波系统、雷达系统、投影系统等重要应用的抗干扰光学系统。其中苹果公司的一项名为"仿生虚拟会议室通信系统和方法"的专利描述了一种兼容计算机、AR/VR眼镜、平板计算机、智能手机等设备的通信系统,人们可以通过动态、卡通的化身来代表自己,在具有临场感的虚拟环境中进行线上会议。简单来说,这项技术就是通过苹果公司的VR系统,以及苹果公司的硬件组合系统来实现人员的数字孪生,并借助于VR会议系统参与到会议中来。

图5-5 苹果公司的仿真虚拟会议室

5.2.6 虚拟会场音效

在元宇宙会议室,所有用户都可以启用"沉浸式音频/视频体验",当身处不同空间的双方想要进行线上会议时,采用元宇宙会议室(Meta Space)能够将参与会议双方的画面和音源进行采集,通过系统信号传输到虚拟空间,实现双方场景交融,最终呈现双方在同一空间的回传画面,达到虚实结合的效果。这样的效果能够让与会双方产生强烈的参与感和沉浸感,让参会人员的感受更加真实,为参会人员带来更新奇的视频协作体验,从而提高工作效率。无论是

视频会议，还是新形态的元宇宙会议室，其最终目的都是打造一种面向未来的高效沟通模式。数字化时代，沟通方式决定了企业的未来。

百度公司在2021年12月10日发布元宇宙产品"希壤"，同期的百度AI开发者大会在希壤App举办（见图5-6）。这是国内首次在元宇宙中举办的大会，可同时容纳10万人同屏互动。在"希壤"元宇宙会议室听觉设计方面，依托百度大脑在语音领域的能力和百度智能云的强大算力，基于空间声场重建技术，通过对10万人级体育场的声学特性建模，本次百度AI开发者大会的主会场实现了超大型露天复杂开放会场的舞台中央演讲者声场重建，融合10万人级别实景观众声音的实时背景音还原，并依托3D音效技术为用户提供了覆盖周围环绕用户拟真效果的沉浸式交流空间音效，实现了更为真实的空间感、层次感和沉浸感。

图5-6 百度公司元宇宙产品"希壤"论坛会场

疫情下远程办公渗透率仍然有很大发展空间，办公元宇宙未来是一片蓝海。可以推测，随着元宇宙技术的进一步推广和普及，与VR结合的远程会议将很快成为现实。

5.3 元宇宙+会展

5.3.1 会展业是新兴服务业

会展是会议、展览、大型活动等集体性的商业或非商业活动的简称。其概念内涵是指在一定地域空间，许多人聚集在一起形成的、定期或不定期、制度或非制度的传递和交流信息的群众性社会活动，其概念的外延包括各种类型的博览会、展销活动、大中小型会议、文化活动、节庆活动等。特定主题的会展是指围绕特定主题集合多人在特定时空的集聚交流活动。狭义的会展仅指展览会和会议；广义的会展是会议、展览会、节事活动和各类产业 / 行业相关展览的统称。

会展业作为新兴服务业，是我国 21 世纪的朝阳产业。目前在我国，会展业与旅游业、房地产业被并称为三大新经济产业。会议、展览会、博览会、交易会、展销会、展示会等都是会展活动的基本形式，世界博览会是最典型的会展活动，目前国内会展产业链已经相当完善。

经过多年发展，一些由政府主导的综合会展向专业会展转变，有的随着市场化、专业化、国际化水平的提高而成为著名会展，目前已培育出一批具有特色的、高水平的、较大影响力的会展知名品牌，诸如广交会、高交会、上交会等综合展。

2023 年中国展览业继续保持增长，主要由大城市和家电家装、汽车、医药保健等行业引领。中国在制造业方面的实力从工业、机械和汽车展的大量存在可见一斑。政府对半导体、电动汽车、生物医学等战略部门的支持，推动了更多贸易展览的举办。农业科技、可持续发展和数字科技等新领域也吸引了更多主办机构办展。食品和饮料、旅游、房地产等面向消费者的部门举办更多展览以吸引日益增长的消费需求。会展行业不仅突显了中国的传统优势，也反映出新技术和商业模式相结合的趋势。

5.3.2　数字会展成为发展新业态

1. 数字会展发展迅速

数字会展是一种互联网技术和思想下的新型会展生态圈和展示方式，其本质是以互联网为基础，将云计算、大数据、移动互联网技术、社交社群、会展产业链中的各个实体一体构建一个数字信息集成化的展示空间，从而形成全方位、立体化的新型展览和服务模式。数字会展近年来以超预期的加速度发展，整个行业正在经历翻天覆地的变化。从政策上说，数字会展的加速发展是《中华人民共和国国民经济和社会发展第十四个五年规划和 2035 年远景目标纲要》和 2021 年全国两会对"数字化"的重视与推动的必然结果。从技术上来看，

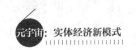

以互联网、物联网、AI、大数据、云计算、VR/AR 为代表的新兴数字科技在会展行业获得深度应用也是重要助推力。另外，在发展环境方面，新冠肺炎疫情对传统会展的冲击和对新会展形式的推动也毋庸赘言。

2. 展览场馆智能化建设成为新方向

数字会展已经成为线下会展不可分割的一部分，在疫情控制良好的情况下，会展活动以线下为主，线上为辅；当局部散发疫情成为频发的不可抗力因素时，很多会展活动主办方（尤其是会议），改变一再延期举办策略，实行总体以线上为主，在疫情控制平稳地区举办线下主/分会场为辅的办会方式。数字展览造就未来展览业发展新业态：一是线上线下融合成为展览业发展新模式；二是展览场馆智能化建设成为新方向；三是数字化展览信息平台搭建新渠道。展览企业将进一步充分利用 5G、云计算、大数据等技术，助力现代展览产业新发展。

随着高新技术发展（如多层会展建筑室内的点对点导航技术），很多会展业数字化、智能化困境已经破解在线会议会展平台、直播平台、视听设备、3D 展厅设计等上下游产业也具备雏形。但线上会展的开发仍然具有极大探索、挑战和优化空间。借助互联网，把线下场景继续延续扩展、把线下互动与线上互动有机结合，真正实现从服务体系、组织形态、体验场景到后台管理、发展理念、商业模式对实体会展进行全方位变革突破的数字会展，才真正符合数字经济时代发展需求。

3. 数字会展 4.0 时代到来

数字会展经历了自己的发展历程：1.0 时代只有文字、图片的电子会刊；2.0 时代加入了短视频和实时交互的在线逛展模式；3.0 时代增加了视频会议和直播；4.0 时代的到来又增添了虚拟游戏化沉浸体验。4.0 时代正是我们即将到来的元宇宙雏形之一。

4. 后疫情时代的会展业数字化趋势

（1）展示和互动技术的应用会更为深入。线上会展活动，并不是简单地照搬线下，而是重新打造独特的场景和场景体验。展示及互动技术的不断成熟和深度应用，正在逐步丰富线上会展活动的内核和外延。面对 2020 年新冠肺炎疫情的影响，会展主（承）办单位均做出了积极的尝试。其中最主要的尝试

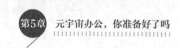

有积极寻找线上会展运营替代方案、开拓新的市场和新的业务。另外，以疫情为契机，积极谋求数字化转型也提上了议事日程。

（2）混合会展活动趋势增强。混合会展模式重新塑造了内容和场景的展示形态，既能保证活动内容、社交的内核，也能通过线上技术的加持，实现宣传、推广、引流和互动的目的。例如，世界人工智能大会有线下场景，既能够进行嘉宾远程连线，还能实现线上直播的呈现形式，是混合会展模式的典型形态。

（3）行业头部企业自建线上展示平台趋势增强。在线能力建设将是会展企业未来5年最重要的工作之一。从目前来看，企业想要实现线上业务转型，官网可能已经不足以支撑目前的业务体系。一些行业头部企业，开始以自有客户和渠道为基础，搭建线上展示平台，实现在线展示、直播、洽谈、引流等目的。

（4）互联网巨头生态集成，云化应用趋势加强。互联网巨头的生态集成，也从提供基础IT服务到打通应用入口实现门户集成，再到解决方案的提供，例如腾讯企业微信、腾讯云、腾讯企点、腾讯会议等，阿里的钉钉、阿里云、支付宝等。

（5）企业营销转向私域流量运营。在经济增速放缓时，会展企业要对私域流量进行精细化运营，获取完成的用户画像。当然也需要通过公众号、直播、短视频等新媒体渠道，找到流量，吸引流量，并转化为自己的资产。

（6）会展企业趋向探索新的商业模式。2022年活动的形式发生变化，会展的营销模式、业务模式，都会发生很大的变化，后半年会有更成熟的范式形成。展览活动实际上归属于多方平台，实现线上化后，展览企业的标准定价模式和合作模式可能会变得更为灵活。

总体而言，我国会展业起步较晚，法律法规相对滞后，行业规范不够完善，公共服务体系有待建立，行业基础仍比较薄弱。会展数量虽多，但实际办展主体数量不多，会展国际化、市场化水平有待提高。

5.3.3 元宇宙会展与终极会展

1. 线上参观体验的模拟感

虚拟网上会展支持1:1复制，并根据客户需求定制场景。模拟的真实产

品模型可以添加到在线显示场景中，以实现与在线场景的高度适应。在线用户不仅可以更真实、更直观地看到企业产品，还可以从 3D 交互模型中获得更好的线下交互体验。对于线上会展来说，更加丰富的细节和渲染效果会使线上的展示效果更加接近线下，人们也会逐渐接受线上会展的形式，这扩大了会展业的可触达人群，进而扩大了相关市场的规模。

案例：会展元宇宙：Roblox 的游戏世界

（1）在 Roblox 中，每个人都有自己的数字身份和朋友；网上展览会中每个人都有自己的 ID 身份，可以进行交流沟通。

（2）Roblox 基于云基础，通过各种游戏进行实时交互；线上逛展可以与 NPC 实时交流和互动。

（3）Roblox 具有跨平台性，可在 iOS、Android、PC、Mac 和 Xbox 上运行，并支持某些 VR 设备，可以使用小程序、App 等操作，也可以在 PC 上操作。

（4）有人消耗内容，有人创造内容，每个人都可以同时创作和消耗，而内容的容量还在不断地增长。有人参加会展，有人在维护线上会展平台的正常运作，每个人都有各自的任务，还可以随时交流。

（5）有自己的经济系统，Robux 货币可以转化为实物货币，并可在开发者和用户之间流通；现阶段的在线会展缺乏区块链，而且缺乏直接交易。

因此，实际上，元宇宙的硬件核心可能还是半导体，它需要软硬件的完美结合。

2. 沉浸式虚拟线上展示交互

线上展示可以提升交流沟通效率，例如房屋中介推出的 VR 看房等功能，相较于图纸和照片，可以更快、更全面地展示房屋信息；线上展览展示可以丰富虚拟空间的内容。伴随着新冠肺炎疫情对于人们线上化习惯的养成，线上展览展示将迎来快速发展时期。

在线上会展中，企业可以根据自己的定位为用户创造符合自己品牌基调的全息图像形象。佩戴设备的用户还可以同步现实世界中的声音、动作等操作，即使在遥远的地方，也能获得即时、身临其境的展会体验。

在会展期间，用户还可以在线上场景中参与参展商的营销活动和在线交易。无须排队参观。例如，2021 年 7 月，Obsess 与护肤品牌 Dermalogica 合作，推出沉浸式虚拟现实店，并恢复实体店等导航体验，让消费者体验在社交媒体

或实体店找到自己喜欢的产品的乐趣。

此外，虚拟线上会展中还有多人会议平台。从几个人到成千上万的专业观众，为演讲者或参展商提供一个深入交流的平台，轻松实现在线多人互动。

3. 元宇宙会展线上线下共融

会展业在线下做沉浸式交互时往往凭借数字科技手段营造一个空间，这个空间可让参观者在当前设计的目标情境下感到愉悦、满足而忘记真实世界。可以通过 AR/VR/XR、数字沙盘、光影投影、互动游戏等多种科技手法达成这一效果。若仅通过智能头显、科学技术的加强应用或照搬线下科学技术，以实现元宇宙的线上沉浸真实感，沉溺于虚拟世界的愉悦科幻，显然是与现实脱节且不合理的。唯一的实践方式是走"上下"共融之路，即通过线下的沉浸式交互展陈手段和线上元宇宙场景平台的有力结合，在原有的线下体验基础上扩充线上入口，打造更为丰富、互相映射、循序渐进的沉浸交互模式。

4. 元宇宙展览品全链生态

传统产业链、供应链运作通常都涉及若干利益方之间的合作。链条变长之后，难免会产生质量问题，无论是实物的质量损毁，还是信息的质量下降，对于参观者或购买者都会带来不好的体验。在元宇宙会展中，会展主办方或大型企业可以与各大内容平台、硬件技术企业、文化艺术公司携手，发挥自身优势和特点，共同打造更为全面系统的元宇宙展览品全链生态。除了对展览品实现远程沉浸式参观以外，如果参观者有兴趣，还可以点击展览品，沉浸式参观其上下游产业链。可以通过元宇宙中的区块链、物联网和数字孪生技术在展品上下游企业或政府监管部门设立的必要节点进行监控，以及在必要的时候进行追溯。区块链中的信息难以篡改的特性可以让一切信息都在元宇宙链条中共享和留待查证。如果有人故意输入虚假的信息，也会被节点中各方接收验证并将其可视化，有如真人在现场查验。这使得造假成本变高了，因为造假证据将被永久记录。所以元宇宙技术非常适合多方协作（如跨境交易等）中的信息防伪溯源。

结合当下元宇宙发展的核心趋势和会展业领域，可以在展馆线上线下融合、创新文博文旅、打造虚拟形象、新增线下体验入口等方面拓展内容业务，联动文旅、博物馆、展馆、城市、体育等不同场域的身份转变，从基础的体验逐渐过渡到会展内容的参与创造。

案例："元宇宙＋博物馆"沉浸感受神秘古蜀文明

为进一步提升古蜀文明在世界范围内的知名度和影响力，讲好中国故事、四川故事，2021年12月24日，由四川日报报业集团旗下四川文化传播有限公司策划的全沉浸交互式数字文博展厅"人与神的世界——四川古蜀文明特展"正式上线。此次展览整合了三维虚拟空间建模技术、AI沉浸式角色漫游技术、开放式三维虚拟引擎搭建技术、空间实时光影渲染技术等多项新技术，构建具有"元宇宙"属性的全沉浸交互式数字文博展厅（见图5-7）。独具匠心的观展体验设计、极富视觉冲击力的展览形式以及贴心的中英双语呈现，可以方便国内外网友无障碍观展，更直观、深入地了解古蜀文明。

图5-7　线上展览画面截图

此次展览分别展示了四川博物院、三星堆博物馆和成都金沙遗址博物馆的馆藏文物，通过对古蜀文化遗存的串联，向观众展示一个璀璨的古蜀文明。

四川文化传播有限公司选取了古蜀文明的精华内容，向公众展示古蜀文明的神秘、神奇与独特。观众可通过操控虚拟角色，在具有未来感的虚幻空间内漫游，感受神秘的古蜀文明。

5. 永不落幕的元宇宙会展

在元宇宙举办虚拟网上会展可以缩短展览的准备周期，增加游客数量，有效降低企业的展览成本，使企业更多地投资于展览本身。虚拟网上会展也可以与线下会展同时举行，使会议传播更广。

由于时间和劳动力成本的限制，大多数企业每年只能选择参加一两次行业研讨会或展览。

　　然而，虚拟元宇宙会展是无限的。每季度、每月甚至每天都可以轻松推出数十到数千人的虚拟网上会展，也可用于企业首次向市场发布产品信息来提高企业或品牌推广的即时性。

　　另外，虚拟网上会展可以突破手机、PC、VR终端的区域限制。无论用户在哪里，都可以立即访问企业在线展位，参加在线研讨会，实时互动。

案例：法国智奥会展元宇宙

　　2022年1月，法国智奥会展集团旗下"智奥会展元宇宙实验室"与全球领先的数字互动内容开发平台Cocos达成了深度战略合作。

　　智奥会展元宇宙实验室将秉承智奥会展"城市会展综合运营商，企业营销整合服务商"的两大使命，以"元宇宙+会展"的前沿探索理念驱动技术革新，携手Cocos，基于其卓越的引擎技术开发能力，构建"大会展"形态下元宇宙场景，并通过持续创新，为大会展主办、机构及企业客户交付高价值会展、活动及体育赛事解决方案（见图5-8）。

 ×

图 5-8　智奥会展元宇宙实验室携手Cocos

　　未来智奥会展元宇宙实验室将持续进行前沿技术的探索和整合，以"整合前沿技术，创新应用方案，实现技术商业化"的精神，携"元宇宙+会展"的新形态、新产品、新技术、新场景，更好地服务中国乃至全球市场，服务机构及企业客户，以数字技术赋能大会展行业的可持续发展，成为元宇宙技术在会展、活动及体育赛事领域应用的首选合作伙伴。

关于法国智奥会展集团

　　法国智奥会展集团创立于1978年，总部位于法国里昂，是巴黎证券交易所的上市企业。其核心业务由三大板块构成：场馆管理、会展主办、活动与体育赛事运营。通过90多个全球办公室构成的庞大网络，旗下拥有359个会展

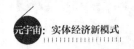
及活动自主品牌、管理 50 个场馆、年均服务 3700 多场活动，是 27 个会展目的地的城市推广主力军。2019 年营业额为 11.73 亿欧元，在全球会展企业中位居前茅。

目前智奥会展中国区有 14 家公司，总计 620 余名员工，业务覆盖中国 18 个城市，年均主办展览总面积达 90 万平方米，每年服务超过 25 场活动与赛事。此外公司还经营 2 座场馆和服务 10 个专业展览馆。

关于 Cocos

Cocos 成立于 2010 年，是全球领先的数字互动内容开发平台。基于 Cocos 引擎的技术能力，为开发者提供便捷的创作工具。同时，Cocos 的行业应用已经拓展至汽车、数字互动、教育等不同领域，助力各行各业将创意变成现实。截至目前，Cocos 引擎在全球 203 个国家和地区，拥有 150 万开发者，覆盖全球超过 16 亿终端用户。

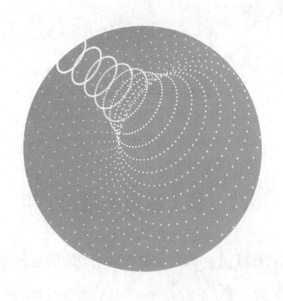

第 6 章

元宇宙创新教育教学

6.1　线上教育不是元宇宙

6.1.1　教育从1.0到4.0的跃迁

教育（Education）指专门组织的学校教育。广义上，凡是增进人们的知识和技能，影响人们的思想品德的活动都是教育。在中国，"教育"一词最早来源于《孟子·尽心上》："君子有三乐，而王天下不与存焉。父母俱存，兄弟无故，一乐也；仰不愧于天，俯不怍于人，二乐也；得天下英才而教育之，三乐也。"教育是一种有目的、有组织、有计划、系统地传授知识和技术规范等的社会活动。其根本价值在于给国家和社会培养具有崇高信仰、道德高尚和专业精湛的有用人才，推动科技创新和经济不断增长，促进人的全面发展。根据不同的划分标准，教育可以划分为不同类型。从学历角度可以划分为学历教育和职业教育，学历教育还可细分为基础教育 [学前教育至高中教育（kindergarten through twelfth grade，K12）]、高等教育；从线上线下角度可以划分为线下教育和线上教育等；从被教育对象特征角度可以划分家庭教育、学校教育和社会教育。无论是哪一种教育形式，最重要的都是教书育人。从时间上讲，教育经历了以下四大阶段。

（1）教育 1.0 是指古代教育阶段，是"经验化的私塾或书院时期的教育"。它们是学校教育的起源，在现代化学校建立之前的教育，以私塾、书院为代表，是用"经验"办教育的时代，教育的主要目的在于"摆脱文盲和求得功名"。古代教育表现出一些与原始社会教育所不同的特点：与生产劳动脱离，为统治者所垄断。

（2）教育 2.0 是指近代教育阶段，是"知识化、公共教育普及化时期的

教育"。国家加强了对教育的重视和干预，公立教育崛起。这表明国家开始重视教育，大力发展教育，义务教育普遍实施。义务教育最早起源于16世纪的德国教育，内容从主要传授神学和古典学科发展到主要传授科学文化知识，学科门类多样、丰富。学校教育侧重培养劳动者。

（3）教育3.0是指现代教育阶段，是指"能力、素质和特色的教育"。一般把资本主义社会和社会主义社会统称为现代社会，并相应地把资本主义社会的教育和社会主义社会的教育统称为现代社会的教育。强调教育必须要面向所有人，让每个人都能有受教育的机会。与教育的单一性、统一性相对立而言，倡导培养目标多元化、课程内容多元化、评价标准多元化等。

（4）教育4.0是指科技赋能教育阶段，指"网络化、科技化、智能化的教育"。以互联网为代表的信息技术的发展改变了教师传统的教育方式和学生的学习方式，效率大幅提高，催生教育的现代化。主要体现在两方面：一是把提高信息素养纳入教育目标，培养适应信息社会的人才，实现人的思想现代化；二是把互联网、移动互联网、大数据、AI等现代信息技术手段有效应用于教学管理与科研，注重教育信息资源的开发和利用，促进学生的全面健康成长。

6.1.2　疫情让线上教育成为唯一选择

线上教育，也称在线教育，是教师与学生通过互联网或移动互联网，在一个虚拟网络教室进行网络教育教学的方式。线上教育打破了传统线下教育的时空限制，使教育得到技术、内容、形式及主体等全方位的改变。线上教育最早是在航空领域培训飞行员开展的应用。2013年以前，我国线上教育发展速度较慢，主要以少数大型远程教育为主。2013年以后，随着移动互联网的迅猛发展，移动端在线教育出现了快速增长，且占据了在线教育的大部分市场，学习者更习惯通过移动终端随时随地碎片化学习。2020年以来，突如其来的新冠肺炎疫情迫使全球教育整体向线上教育转移。全球共有15亿多名学生，不得不接受一场"没有准备、没有测试过的"大规模线上教育。也可以说，这是人类历史上最大规模的教育转变，也是最大规模的教育技术考验。无论是高等教育、基础教育，还是学校教育、社会教育，细分教育市场中的音乐美术、数学思维、体育舞蹈等全部向数字化转型，线上教育软件和用户都出现爆炸式增长，甚至部分知名线上教育平台都出现由于集中使用而崩溃的现象。

由于线上学习需求快速增长，线上学习行业发展迅猛。中商产业研究院

发布的《中国在线教育行业市场前景及投资机会研究报告》显示，不同类型的
线上教育发展速度都出现快速增长的趋势。从数据来看，近十年以来，我国线
上学习市场规模呈现不断上升趋势（见图6-1）。2011年在线学习市场规模为
603亿元；2014年市场规模为1264亿元；2020年以来由于疫情影响，2020
年我国线上教育市场规模约为4858亿元。2021年由于受政策影响，线上教育
市场规模约为3220亿元，同比下滑25.61%。不过相信后续市场规模会在新的
数据基础上逐步稳增。

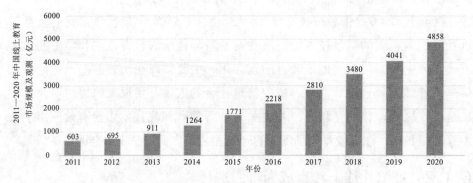

图 6-1　2011—2020 年中国线上教育市场规模

　　目前，线上教育开设主体主要是各大、中、小学校机构和培训机构。线
上教育行业的产业生态主要包括教学内容提供者、技术开发提供商、技术平台
供应商等几部分。随着互联网和移动互联网技术与各个领域的深度融合，线上
教育加快了教育的信息化进程，正在成为重塑传统线下教育的重要力量。

6.1.3　教育主管部门鼓励采用线上学习平台

　　国家对于线上教育行业出台了一系列积极政策，为中国线上教育行业发
展提供了宽松的环境。特别是新冠肺炎疫情发生后，2020年2月，《关于中
小学延期开学期间"停课不停学"有关工作安排的通知》印发，要求全国中小
学坚持学校教师线上指导帮助与学生居家自主学习相结合。为加强组织协调，
教育部、工业和信息化部建立了部际协调机制，保障网络运行畅通。对上网学
习的要求，各地各校可借鉴一些地方好的做法，对小学低年级上网学习不作统
一硬性要求，由家长和学生自愿选择，对其他学段学生做出限时限量的具体规

定；要避免学生网上学习时间过长，坚决防止超前过快学习。对已经居家在网上学习过的课程，有重点地对已学内容进行讲解和复习，加大对学习困难学生的帮扶力度，确保每名学生较好地掌握已学知识内容，然后再进行新的课程教学；对小学低年级没有参加网上课程学习的，要从头开始实施教学。

教育部整合国家、有关省市和学校优质教学资源，在延期开学期间开通国家中小学网络云平台和中国教育电视台空中课堂，免费供各地自主选择使用。平台资源包括防疫知识、红色教育资源、专题教育资源，以及从小学至普通高中的主要学科课程资源，课程时间一般在 20 分钟左右。国家中小学网络云平台自 2020 年 2 月 17 日起开通。同时，中国教育电视台 4 频道通过直播卫星户户通平台向全国用户传输有关课程，覆盖偏远农村网络信号弱或有线电视未通达地区；为丰富学习资源，还组织部分省级教育部门及中小学免费向全国开放网络学习平台或网校。截至 2020 年 12 月，国家中小学网络云平台浏览次数 24.60 亿，访问人次 20.22 亿，用户覆盖包括港澳台在内的全国所有省（自治区、直辖市）及全球 174 个国家和地区，受到教师、学生和家长的广泛好评。教育信息化水平进一步提升。2021 年，线上线下融合成为教育行业发展趋势。

2021 年 2 月，教育部、国家发展改革委、工业和信息化部、财政部、国家广播电视总局等五部委联合印发了《关于大力加强中小学线上教育教学资源建设与应用的意见》。这是自 2000 年我国基础教育信息化正式启动以来，第一个由教育部牵头、多部门联合印发的针对中小学线上教育教学资源建设与应用工作的规范性文件。该意见提出到 2025 年构建三个体系：一是定位清晰、互联互通、共建共享的线上教育平台体系；二是覆盖各类专题教育和各教材版本的学科课程资源体系；三是涵盖建设运维、资源开发、教学应用、推进实施等方面的政策保障制度体系。

6.1.4　线上教育加速渗透下沉市场

随着人民生活水平的提高，中国居民消费结构不断改善，教育文化娱乐支出比重上升明显。人民对教育的重视程度和投入不断增加，为线上教育行业的发展提供了良好的经济基础。随着 5G、大数据、AI 等新兴技术的应用，线上教育行业的产品形态和运营模式渐趋多样化，技术的成熟演进也提高了线上教育的互动性和服务能力，加速线上教育渗透率的提升。线上教育在一、二线城市竞争激烈，市场需求已趋于饱和，各大线上教育平台开始转向下沉市场。

下沉市场流量巨大，优质教育资源缺乏，对线上教育需求较高，拥有广阔的市场空间。未来线上教育在一、二线城市的破局点在于新细分赛道的开发；针对下沉市场，开发针对地区特征的课程并进行本地化，将成为抢占用户的关键。

2020 年以来，受疫情影响，各大线上教育平台积极响应政府号召，面向学生群体推出免费直播课程，线上教育用户规模迅速增长。数据显示，疫情期间线上教育行业的日活跃用户数量从平日的 8700 万上升至春节后的 1.27 亿，升幅达 46%，新增流量主要来自三、四、五线城市。截至 2020 年 6 月，三线及以下城市线上教育用户占整体的 67.5%，同比提高 7.5 个百分点。2020—2021 年疫情期间，线上教育持续加速向下沉市场渗透。

6.1.5　线下+线上教学融合将成主流模式

2020 年 7 月，国家发展改革委、中央网信办、工业和信息化部等 13 个部门联合印发《关于支持新业态新模式健康发展激活消费市场带动扩大就业的意见》，明确指出大力发展融合化在线教育。构建线上线下教育常态化融合发展机制，形成良性互动格局。允许购买并适当使用符合条件的社会化、市场化优秀在线课程资源，探索纳入部分教育阶段的日常教学体系，并在部分学校先行先试。鼓励加大投入和教师培训力度，试点开展基于线上智能环境的课堂教学、深化普及"三个课堂"应用等。完善在线教育知识产权保护、内容监管、市场准入等制度规范，形成高质量线上教育资源供给。

经过 2020 年新冠肺炎疫情的影响，线上教育短时间内快速普及和发展，大量教育企业和教培机构开始拓展线上业务，目前线上和线下已经密不可分。未来一份教育产品中可能同时包含线上和线下课程，比如正常教学采用线下模式，预习课、复习课、习题课等采用线上教学，或者 OMO 双师课堂等。传统教培机构疫情期间加速布局线上，借助教育 SaaS 服务搭建公众号、小程序、App、PC 网校等线上教育平台，在线上招生、授课、品牌营销。而起源于线上的教育品牌也开始建设线下教学网点，发展下沉渠道，以实现线上和线下流量互导。

特别是 K12 在线教育，应该说是受疫情影响最大的细分赛道，"停课不停学"等政策为 K12 线上赛道带来了用户流量红利。2021 年，随着线上教育知识产权保护、内容监管、市场准入等制度的完善及规范，学校可逐步将优秀在线课程资源纳入日常教学体系，开展基于线上智能环境的线下教学，实现更高目标的教育培养和产出。

6.1.6　线上教育的优势与存在的问题

1. 线上教育教学的优势非常明显

（1）突破了地域限制。教师与学生可以通过互联网或移动互联网终端开展教育教学活动，解决了因疫情而不能到校线下学习、不能聚集的困扰，师生居家就可以完成教学任务。

（2）丰富了学习内容。在互联网和移动互联网中知识资源极为丰富，内容甚至涵盖人类文明的所有知识，且有很多可供选择的学习平台。学生既可以在线上跟随教师与同学们一起学习，也可以合理安排时间自主学习，这使得学生学习的途径增多，特别是对于一些学习成绩较好的同学，通过线上自主学习，可以获得更多知识。

（3）丰富了教学方法。互联网大大提升了教师知识的广度与深度，通过借鉴优质的教育资源，如微课堂、短视频、教学课件等，丰富了教学资源，提高了教学水平；通过掌握大量的知识提升了自身知识积累和修养；通过信息技术提升了教学效果。

（4）促进了师生沟通。在线上教学的场景中，每个人都可以相等的距离直接"面对"教师。教师除了讲授课程，还可以通过线上教学软件实现实时的线上答题、线上调查、小组讨论等，与学生开展互动。后台的统计数据可以让教师清晰了解学生的学习状况。学生既可以与教师实时交流，也可以通过屏幕记录和截图的方式记录课堂笔记。这大大提高了学习效率。

（5）实现了课堂回放。线上教学可以通过课堂回放让那些由于各种原因而不能在线学习的学生一样学到他们错过或没有听懂的内容，以便自学和巩固。

2. 线上教育教学中存在的问题

（1）教师变成线上主播。教师通过教学软件授课，所以不能目视学生，只能对着屏幕自说自话，甚至变成了一个线上主播。大多数情况下，教师都是一个人在讲，学生在听，师生之间缺乏互动。即使老师讲得再生动，久而久之，学生们也会感到疲惫，教学效果会大打折扣。

（2）缺乏对学生的有效控制。因为只是线上教学，所以教师无法约束学生。如果学生自律能力差，听课时注意力不集中，挂在网课上，但私下玩游戏、

听音乐、看小说、发短信，甚至中途离开线上教堂，教师也很难发现，无法及时制止。这种教学效果注定体验不足。

（3）线上课堂学习氛围不足。线上教学时，教师不能在课堂上进行直观检查，对学生的学习状态只能通过远程头像或视频查看，不能进行现场问答或小组讨论。教师与学生、学生与学生之间的互动与沟通远不如现场教学。这种课堂缺乏温暖、向上的学习氛围。

（4）教学效果不能得到保障。在线上教学过程中，没有教师的现场指导，教师不能及时发现学生的问题，及时给予指导，学生容易走弯路。同时，课上反馈效果远不如线下。教师在线上安排课后作业，要求学生按时提交。但很容易出现学生复制网上相似内容甚至抄袭，或者借助搜索软件完成作业的情况。这样便失去了作业的意义，但教师却很难及时通过学生的作业了解学生存在的问题并做出教学调整。

（5）网络卡顿现象难以避免。在短时间内，大量师生集中使用教学软件。由于许多智能手机性能较低或网速不稳定，学生可能会掉线。而对于教师来说，如果网络不稳定，出现卡顿或掉线，或者老师操作不当，导致没有声音或画面，整个课堂都会受到影响。

相信随着时代的发展和科技的进步，线上教育的不足会不断被克服，与线下教育相辅相成，这将大大提高教与学的效率。

还有一点更重要，课堂教学不仅教授知识，更是每个学生认识社会、接触社会的开始。高度的互动对于传递知识和社交都必不可少，而这对于线上教育而言，是最大的挑战。线上教育不是元宇宙，元宇宙教育或将带来新的改变。

6.2　元宇宙创新教与学

6.2.1　元宇宙教育：教育5.0新时代

1. 教育 5.0：教育元宇宙

meta 的意思是"超越""之外"，verse 的意思是"宇宙"，所以 Metaverse（元宇宙）可以理解为平行物理世界的另外一个数字宇宙空间。而"大学"对应的英文单词是 university，由宇宙引申为知识、知识之地，其本身也与宇宙相关。可见元宇宙和教育两者之间，存在着天然的联系，人类可以通过元宇宙技术集群将教育提升到更高阶段，基于互联网的线上教育，元宇宙教育可以看作是人类教育的 5.0 阶段。

教育元宇宙（Edu-Metaverse），也可以称为元宇宙教育，是通过元宇宙技术集群应用，教育管理部门、教育机构和师生等相关者以虚拟数字人身份，在虚实共生的元宇宙中进行的教育教学和相关管理活动。

2. 元宇宙教育技术逐渐成熟

5G/6G 网络、VR/AR/MR、互联网、移动互联网、物联网、大数据、云计算、AI、数字孪生、区块链、量子科技甚至脑机接口等元宇宙技术的快速发展并不断成熟，为实现教育元宇宙奠定了坚实的技术基础。不过，肆虐全球的新冠肺炎疫情仍然存在着巨大的不确定性，这让教师和学生经常借助线上开展学习与工作，不断在现实世界与虚拟世界之间切换已经成为新一代学生的学习和生活常态。但基于互联网的二维平面的线上学习越来越不能满足学生的学习体验，通过元宇宙实现教育的三维立体空间越来越成为师生们的热切期盼。"元宇宙 + 教育"相较于"互联网 + 教育"有着跨越代际的巨大飞跃，将发挥出互联网教育不能比拟的优势。

3. 元宇宙教育孕育新模式

在元宇宙中，师生可以虚拟数字身份，借助 VR、AR、MR 等设备实现加强人机交互的沉浸式教学空间。同时在教学空间中可以改变过去教师教学、学生听课的传统模式，教师与学生可以进行内容共创，这无疑将大大提高教育教学的整体效果，对于教师本身是能力的提升，而对于学生也会促进其成长，真正实现"教学相长"。

在目前的教育 4.0 阶段，我们主要采用桌面式 VR 和沉浸式 VR 来对学生进行教育，而在教育 5.0 阶段，利用元宇宙开展教育则是非常正常的应用。以 VR、AR 等技术为主构建而成的交互式教学模式，就像是一种大型游戏，不仅让学生体会到虚拟空间的真实感，也能体会到"寓教于乐"的娱乐效果。例如，AR 技术最常应用于儿童早教领域，由新技术打造的元宇宙虚拟空间与教育相结合，能够激发学生们的好奇心、想象力与创造力以及学习潜能。在元宇宙中，教育内容的生产与消费将形成新的教育商业模式，并由此产生大量新的创业和投资机会。

4. 元宇宙降低教育成本

元宇宙的重要作用之一是大幅降低教育成本。这不仅体现在教学中可以

129

节省硬件成本,更体现在科研教育中,元宇宙技术在模拟出昂贵的教学设备,还原机械设备的同时,还能够辅助教师进行教学。元宇宙技术可以应用到人体解剖、手术模拟、化工实验等领域,极大地降低实验损耗,在高危险系数的实验中更能起到保护师生生命安全的作用。

2020年5月16日,加利福尼亚大学伯克利分校副校长马克·费舍尔(Mark Fisher)在一场虚拟的毕业典礼上发言:"恭喜我们来自世界各地即将毕业的学生们,是你们让伯克利变得更好!"这场虚拟世界里的毕业典礼重建了学校100多栋建筑物,包括学校的体育场和小商店。可以说这就是第一场在元宇宙中办的大学毕业典礼:所有的参与者共同组成了这次毕业典礼。这既降低了真实毕业典礼的成本,还应对了当时正严峻的新冠肺炎疫情。

6.2.2 元宇宙+理想课堂

1. 元宇宙创建虚实相融的理想课堂

元宇宙通过多种技术集群的应用,建立虚实互动的理想课堂,极大提升了人机协同的范围与效果,拓宽了当前的教育环境,远超现在单一依靠互联网、移动互联网的线上教育。

通过为教师和每一位学生创建一个数字虚拟身份,可以营造出一个虚拟课堂,让师生能够在现实世界和虚拟世界中实现互动学习。随着元宇宙与教育的深度融合,未来,教育行业将出现更多教师和技术开发人员、教育创意设计人员甚至学生共同打造的全新教学环境。元宇宙课堂中会出现很多有趣的场景。例如,每个同学的课上反应可以变成一个具象化的符号,如果某个学生对教师讲解的内容表示疑惑,他头上就会蹦出一个大大的3D"问号",方便教师及时捕捉反馈。

学生戴上VR眼镜和耳机,就能即刻"穿越到"虚拟教学空间中,这样的元宇宙教育将成为新一代的学习环境与学习方式,让学生在其中自由自在地学习。元宇宙课堂中,教师不再是主播,一个人对着屏幕授课,而是可以根据课程内容在元宇宙中自定义教室,设定自己喜欢的任何形象,授课教师也可能是孔子或者爱因斯坦。如果是物理课,教师可以自如地拖动丰富的共享资源,可向学生展示空间物理的几何构成、大陆板块漂移或者是太阳系的运动轨迹,甚至可以穿越千年和伽利略在比萨斜塔共同体验两个铁球同时落地。如果是历史课，那就可能回到秦朝体验统一六国的纷争。如果是生物课，则可能体验到植物的生长过程或者动物的身体构造等，元宇宙通过场景赋能提升学习过程的互动性、沉浸感与获得感，对医学、历史学、天文学、地理学、生物学等学科课程的学习帮助非常大，这也可能会为高校创业创新教育提供更富现实感的实践试错平台。

案例：AI 元宇宙 + 教育——河南首位虚拟教师现身

2022 年新学期开学第一天，在河南开放大学，一位名叫"河开开"的虚拟女教师首次和大家见面（见图 6-2）。一丝不苟的发型、精致淡雅的妆容、职业大气的藕粉色西装、温柔动听的声线……河开开老师一上线，便凭借自身独特的优势吸引了大家的眼球。她是通过采集学校多位女教师的形象再进行人脸识别、数据建模、

图 6-2 河南开放大学的"河开开"老师

语音合成等程序调试出来的。未来，该学校还将考虑为河开开老师更换服装、发型，把一个形象多元的虚拟教师展现给大家。目前河开开老师的主要工作是担任主播，面向全省播报学校的教育教学支持服务等工作。未来，学校将利用 AI 的赋能，进行教学改革，帮助学生远程答疑，担任老师的教学助教，进行双师协同教学。

2. 元宇宙将重塑未来教育方式

"元宇宙的到来将重塑未来的教育方式，而 VR、AR 等技术将会是打造'元宇宙 + 教育'的强大工具。"马克·扎克伯格如是说。的确，像互联网线上教育改变传统教育一样，元宇宙将会颠覆人类的教育教学方式。教师通过可穿戴设备和 VR/AR 眼镜出现在学生们的眼前，或者学生也可以居家上课，但与教师共同出现在元宇宙课堂。甚至即使不在教室，比如在安静的湖畔也可以开展教学活动并实时互动。在教师的内容启发下，学生还可以自主调取与课程相关的拓展内容进行学习，这样的上课方式更有直观感觉，枯燥的学习活动也变得更有趣味性。

元宇宙课堂可以超越物理世界的时间和空间限制，将教师和学生解放出来，学生也能够在元宇宙中进行场景、内容甚至是创意的设计与开发，创新人才教育与思维模式。物理世界的用户将通过区块链技术在元宇宙中拥有唯

一的数字身份，并对其永久负责。因此用户在元宇宙中的各种活动都可以通过区块链进行数据记录。教师可以根据自己的授课和学生反馈进行教学反思，学生也可以利用 AI 等技术对自己的学习活动进行分析和比较。

对于职业教育、社会教育或者其他素质教育而言，元宇宙教育或是一次服务大升级。教师可以为学员建立仿真训练体验，实操练习不再依赖昂贵的真实设备，训练成本、试错成本将大幅降低，教学效果获得质的提升。

3. 元宇宙教育弥补线上教育的不足

元宇宙教育所建立的虚实共生的数字化学习场景以及高度交互性的学习方式将极大地激发学生学习知识的热情。虚拟人物的开发技术或许能推动虚拟教师的产生，从而实现下课之后的业余时间的陪伴式学习，进而弥补线上学习互动效果不足的问题。高度仿真的人机互动式学习、陪伴式学习可能成为教育方式变革的一个重要方向。

在现代教育管理体系下，线上教育很难照顾到班级制教学中学生明显的个体差异。尽管在传统的线下教育中，教师可以通过与学生进行更多的交流来了解每个学生的情况，但仅依靠经验和部分信息，教师并不能全面准确地把握每个学生的具体情况。元宇宙教育能够让教师给学生提供更加科学化、个性化的个人学习空间，提供适应每个学生心理特点、思维习惯的"元宇宙"学习成长方案，以补足学习差距，并通过构建适合的虚拟时空场景来提升学生的想象力和创造力。

元宇宙教育在儿童泛知识学习领域和职业教育领域的前景非常广阔。由于儿童更乐于接受游戏化教育，喜欢多样性的场景体验，虚拟数字学习场域更能培养起儿童的学习兴趣，引导其主动学习。另外，在当前职业教育领域，元宇宙教育有可能为被教育者提供其和其未来职业之间更高效的匹配路径，这种可能或给职业教育专业建设带来新的发展机遇。

6.2.3 元宇宙+沉浸式学习

学生们在元宇宙中学习，整个过程变得沉浸式、仿真化、游戏化和跨学科化。

1. 沉浸式学习

元宇宙非常适合应用于沉浸式学习。学生们可以根据自己的爱好设置虚拟身份，但每个数字身份都是唯一的，每一位学生在指定的虚拟教室中有自己的专属座位、相对固定的同桌，可以与同学进行更加即时、更加沉浸式的互动交流，身临其境去感受各个知识点，获得更加真实的上课体验。比如，在历史课学习中，如果你原本觉得历史是枯燥的，元宇宙将改变你的看法。在元宇宙世界里，学生学习的内容不再局限于教师指定的书本、教师的教案、幻灯片课件等，学生们可以自己结合课程内容穿越到历史书卷中任何一个时刻，去见证那个时候那个场景下发生的事情，了解历史的来龙去脉，甚至"行走"在古代街头，和古人来一场隔空对话。而学驾驶的学生们可以利用 VR、MR 在虚拟教学场景中更加直观而形象地体验驾驶操作等。

沉浸式学习可以让学生在学习时注意力更加集中，不会受到其他任何干扰，专心于学习的乐趣中。

案例：莫尔豪斯学院开设的 VR 课程

在美国莫尔豪斯学院开设的 VR 课程中，学生们可以在生物学课程中展开人的心脏并步入其中；而在历史课上，学生们能够在战场上行走，也可以在战场上空盘旋，从"上帝"视角看待历史，身临其境地了解历史人物的观点；而在科学课上，学生们还能够目睹周围旋转的原子（见图 6-3）。

图 6-3　美国莫尔豪斯学院开设的 VR 课程

2022 年初，斯坦福大学在秋季学期开设了"元宇宙的第一课"：《虚拟人》。这是斯坦福大学历史上第一门完全在 VR 里进行的课程。该课程开放报名后，热度非常高，报名的每个人都可领到一台 Oculus Quest 2 头显。学生戴上 VR 头显就开始上课了，该课程和学校专业课一样充满多样性，学生上课时所处的环境包罗万象，可能是博物馆，可能是实验室，可能是体育馆，甚至是火山口

和海底暗礁，学生也可以自行创建环境，只有你想不到，没有做不到。

2. 仿真化学习

仿真化学习是使用元宇宙中的技术来模拟实验环境，从而替代或补充传统的实验教学手段。这是一种将理论与实践相结合的新教学手段，更是未来智能化教育的基础。

在元宇宙中可以通过技术手段把原来纸质教材中平面化、静态的文字内容，升级成 3D 图片、动画、音视频等形式，从而从视、听、触摸的角度强化学生的认知。比如模拟现场出现了大规模伤亡情况，需要护理人员快速指挥人群分流，并及时处理现场伤亡人员的这种实况场景，用来培训护理人员。如果借助虚拟场景以及虚拟人物，不仅可以达到预期效果，还可以让更多的学生参与模拟训练，让虚拟互动体验感更强。此外，在元宇宙中还允许学生通过可穿戴设备感知、操作原本昂贵的"器材"，如果你是医学专业的学生，便可以在虚拟教室或者虚拟医院的手术室中，接触到一台惊心动魄的手术。

在 Facebook Connect 2021 大会上，扎克伯格用一段影片为全世界展示了元宇宙中教育的可能性——只要戴上智能眼镜，眼前就能够投射出太阳系的八大行星，它们仿佛近在咫尺，你还可以用手势调出它们的详细信息，或者将图像进一步放大以进行细致观察。

3. 游戏化学习

游戏化学习是游戏和线上学习的融合，采用寓教于乐的教学形式，让学生在引人入胜、个性化、互动性和娱乐性极强的全新学习体验中获得知识技能，从而达到教学的目的。显然，大部分学生都认为学习是枯燥乏味的，但是游戏却不同，游戏是新鲜有趣的，如果将学习与游戏融合起来，学生的学习热情自然就会高涨起来。

将知识游戏化在元宇宙教育中将会实现。在实现了仿真化和沉浸式的基础上，每门数字化教材中的重要知识点都可能游戏化，从而提升学生的学习热情。学生每学习一门新课程，都可以按照游戏化的打怪升级流程来学，碰到各种问题和挑战时，都可以调出相关的知识点及时学习。其实元宇宙在教育领域的应用在疫情之下已有显现，全球顶级 AI 学术会议之一的 ACAI，把 2020 年的研讨会放在了任天堂的《动物森友会》上举行；中国传媒大学为了不让学生因为疫情错过毕业典礼，在沙盘游戏《我的世界》里重建了校园，学生化身成

为游戏人物形象齐聚一堂完成了毕业典礼。

4. 跨学科学习

根据教育部学科门类划分标准，我国学科门类分为 13 个，包括哲学类、经济学类、法学类、教育学类、文学类、历史学类、理学类、工学类、农学类、医学类、军事学类、管理学类和艺术学类。学科的划分是为了教育教学的系统性和专业性，这无疑让人们在学习过程中更容易学得深入和专业。但也正是由于系统性和专业性导致学生在学习时主要在某一学科领域而忽视了其他学科的学习。而在学生毕业后从事生产生活时却用到远不止一两个专业，而是几乎所有学科都会用到。在元宇宙中，学生们可以基于某一学科的专业学习，也可以进入不同的学科或专业教室，通过全息视频、全景直播等技术连接远程教学场所，开展实时可视化在线教学和基于实地实景的课堂互动。这种跨学科学习，满足了学生在不同方向的动作捕捉需求，增加学科之间的深入交流。同时，这也是联合国教科文组织在报告中强调的未来教育要不断进行跨文化和跨学科学习。在教育中融入动作捕捉技术，辅之跨学科学习，或许会成为未来教育的一种创新发展趋势。

6.2.4 元宇宙+丰富教学

元宇宙中的教学方式将向智能化、个性化、动态化方向发展。

1. 智能化教学

元宇宙生态下，教师将不再用粉笔在黑板上书写或者用一块屏幕来授课；其可以根据课程特性在元宇宙中自定义自己的教室。通过智能教育硬件和软件的帮助，引导学生培养良好的学习习惯和高效科学的学习方法，深度发掘学生潜能，实现寓教于乐。学生获取知识的过程从过去的文字到图片、音频、视频再到最后元宇宙中的"身临其境"，这不仅让教育内容的表现力和吸引力得到了全面提升，同时也极大地激发了他们学习的兴趣，增强了他们学习的主动性。普通人在学习过程中往往很难形成系统的记忆方法，但只要将学习资料与智能硬件结合，合理地利用这一记忆规律便能够发挥积极的作用，帮助强化记忆，达到更高效的学习。美国宾夕法尼亚大学心理学家迈克尔·卡哈纳 2018 年带领团队研究利用机器学习算法判读脑波，算准时机向特定脑区进行电脉冲刺激，在该技术系统下，人的记忆能力提升了 15%。

当前，随着 AI、语音识别、云计算等技术如火如荼地发展，元宇宙在赋能个人智力发展、激发学习潜能等方面有着巨大的潜力亟待挖掘。

2. 个性化教学

传统线下教育模式中，无论是一个班还是几个班，都由教师统一授课，学生使用的教材相同，期末考试使用统一试卷，对学生而言，考试分数决定最终结果。然而，学生与学生的差异可能是非常大的，在这种模式下，很难真正做到"因材施教"。而在元宇宙中，教育部门可以把全国甚至全球各学校各门课程的最优秀教师的教学经验、教学资料和教学模式数据化、智能化，并可据此开发出不同风格的虚拟数字教师，通过智能匹配满足不同类型学生的需求。基于大数据和 AI 技术的不断提升，教师对任何一位学生的了解都比以前更为深入。教师或教学系统采用智能结构、学习风格、性格及感觉统合量表，分析每个学生的个性化特征，为每一个学生绘制直观的"个性图谱"。根据"个性图谱"，教师与学生家长一起为学生量身定制教育发展规划，从课程内容和学习方式等方面为学生提供多元化的选择，促进了学生个性发展。每个学生还可以根据自己的学习能力和兴趣，自由决定每门功课的学习进度，以及规划自己的学习节奏。学历学分制将与学生的年龄脱钩，只要积满对应学历的学分并且考核过关，都能够授予对应的学历，这也是对应个性化学习进度的制度性配套政策。

3. 动态化

教育元宇宙具有开放性、泛在性以及用户可以自由进入的特征，可以实现教育管理部门、学校、教师、学生和相关企业等多方参与和共建共享教育资源，共同为学生们打造沉浸式的教育资源；实现教学内容的动态优化、教学方式的动态优化和教学手段的动态优化。

基于区块链的通证技术也将在学生的动态评价中发挥作用，教师或者学习系统会将学生平时的作业、考试、关键行为等评分上链，形成更全面的学分记录和激励闭环，优化学生的学习和行为指导。

教育元宇宙还可以为教师科学研究提供动态技术支持，比如在生命科学研究中跟踪肢体运动，查看病人训练以及恢复的效果，根据标准动作进行数据动态对比评估，精准的数据支持可以减少科研成果的出错率，为生命科学的发展提供更多案例支持。

案例：中国首个虚拟大学正式亮相百度希壤元宇宙平台

2022年年初，由中国传媒大学动画与数字艺术学院打造的虚拟中传校园正式亮相百度希壤元宇宙平台，面向公众开放体验。

虚拟中传校园是中国首个开放于元宇宙平台的"虚拟大学"。借助街景地图、三维重建、三维引擎等数字技术，虚拟中传校园生动复刻了整个校园建筑物、公共设施及其比例关系，精准实现了数字孪生校园的搭建。

不仅如此，虚拟中传校园还借助数字媒体艺术的叙事性与交互性埋设了众多与校园特色文化、校园情感记忆紧密关联的彩蛋。体验者可以通过VR、移动端或PC端自由接入希壤平台，以虚拟化身开启一场未来校园的漫游之旅。

基于虚拟中传校园的建成，动画与数字艺术学院一年一度的 [Aniwow!]中国（北京）国际大学生动画节也在第十六届这年迎来最特别的分会场。2021年12月26日，虚拟中传校园在希壤更新 [Aniwow! 2021] 动画节"元宇宙分会场"，迎接全球动画与数字艺术的从业者、爱好者。在疫情特殊时期，虚拟校园允许、鼓励人们以别样的方式在校园里相聚，共襄盛举。图 6-4 就是网友在虚拟校门口"拍照打卡"。

图 6-4　网友在虚拟校门口"拍照打卡"

虚拟中传校园由中国传媒大学动画与数字艺术学院吕欣教授及其带领的虚拟文娱实验室师生历时 3 个月设计制作完成。团队工作涉及校园地理测绘采样、数字建模、交互设计、技术开发等多项跨学科内容，并深度参与孪生校园落地百度希壤平台的测试、优化工作。

据悉，百度已邀请实验室团队继续深度参与百度希壤项目，双方将发挥各自优势，进一步探索元宇宙媒介环境下的在线教育、虚拟社交、数字虚拟人等前沿课题。

6.2.5 元宇宙实现智能教学评价

教育元宇宙中，教学管理也将迎来重大创新机遇。借助物联网、大数据、AI、区块链等技术集群应用，通过分布式、时间戳、共识算法等功能全面、连续采集教育数据，可以实现对教育教学的全过程、多主体、多维度、客观性、精准性评价。

1. 多元化评价主体

在传统教学评价中，教学效果评价一般由学校管理部门进行综合评价，或者教师是评价主体，学生是评价对象。评价主体单一，评价指标仅与教学本身有关，与实际应用有很大距离。评价活动一般都由教师提出，由其决定什么时候进行、具体什么要求，学生的职责主要是听从教师的安排，做好接受评价的准备。在教育元宇宙中，可以通过极致开放的虚拟环境与丰富全面的教学过程参与，实现学生、教师、学校、家长和用人单位的开放式、多元化、实时参与，基于此，教学便不是为了教学而教学，而是与实践结合的人才培养模式。

2. 教学全过程评价

在传统教学评价中，学生期末分数是唯一重要的评价指标。而在教育元宇宙中可以实现核心素养综合评价，注重知识学习的前提下，以更广的维度聚焦于核心素养，实现学生的综合发展与全面成长。在教育元宇宙中，教学管理部门借助大数据处理、区块链技术的分布式结构和扩展功能，从大量教育数据中生成学生的过程性评价（包括课前、课中和课后）。涉及学生对该课程学习的各个方面，主要包括：课程基础知识、基本技能、专业能力、学习态度、参与度、学习能力（听课效果、知识面、自学能力、读书能力、获得信息能力、思维能力等）、语言表达能力、理论应用于实践能力、创新能力、综合素养等。

在课程考核方面也将更加注重学习的全过程。在理论课程中，主要包括：课程作业（平时作业、综合性大作业、团队讨论作业）、课程论文、实践报告、阶段性测验、期中考试、考勤，以及其他能够评价学生知识学习情况的考核形式。在实验课程中，主要包括：实验预习报告、实验报告、实验考查、考勤，以及其他能够评价学生实验学习情况的考核形式。上述指标都将在元宇宙中以数据形式出现并存储，教师、学生、家长、教育管理部门都可以在授权的情况下进行查看，并为后续效果精准性评价提供依据。

3. 效果精准性评价

在传统教学评价中主要根据课堂教学对学生进行评价，总体效果不精准、不全面，甚至并不能完全代表一个学生的真实情况。曾经出现过这种情况：一个大学的班级同学中可以分为三类，即学习最好的一般考研究生，最后当了教师，学习一般的考取了公务员，而学习较差的同学去创业当了老板。这要求我们重视学生在社会中将如何表现。在元宇宙中，学生们借助 VR 技术模拟真实世界的学习任务，通过完成任务掌握知识与技能，教师根据学生在虚拟空间做任务的过程和结果进行真实性评价，从而对学生在学习过程中遇到的问题和阻碍有更精确的判断。学校管理部门或政府教育管理部门通过教育大数据的长期存储和真实记录建立学生的数字孪生学习画像，在德智体美劳各方面进行个性化精准评价，然后对每个学生目前的学习状况和之前的学习记录数据做比较，精准评价并预测学生的学习状态，以决定教师是否需要对学生进行个性化的教学规划。

在对学生课外读书效果评价时，也可以根据学生在元宇宙图书室借阅图书书目数据进行分析，可以精准了解每位学生最喜爱阅读的书籍门类有哪些，也为图书室的图书配备和教师指导学生个性化阅读提供数据依据。

6.3 元宇宙促进教育均等

6.3.1 教育公平是最大的公平

教育公平的理念历史久远，追求教育公平是人类社会最早的理念之一。古希腊的哲学家柏拉图在公元前 400 年左右就最早提出"教育公平"的思想，同样是古希腊著名思想家亚里士多德则首先提出通过法律保证自由公民的教育权利。而在我国，大教育家、思想家孔子也在 2000 多年前提出有教无类的朴素教育民主思想。中华人民共和国成立之后，《中国人民政治协商会议共同纲领》便确定了新民主主义教育方针，即民族的、科学的、大众的文化教育，体现了重视社会公平、教育公平的基本价值。可以说，教育公平是一个国家社会现实与教育文明的统一，具有特定的历史意义。也可以说，教育公平是最大的公平。

近年来，我国每年的《政府工作报告》都多次提出促进教育公平与质量提升，特别是 2022 年，又重点提出：要落实立德树人根本任务。推动义务教育优质均衡发展和城乡一体化，依据常住人口规模配置教育资源，保障适龄儿童就近入学。多渠道增加普惠性学前教育资源。加强县域普通高中建设。办好特殊教育、继续教育、专门教育，支持和规范民办教育发展。改善职业教育办学条件，完善产教融合办学体制。推进高等教育内涵式发展，分类建设一流大学和一流学科，加快培养理工农医类专业紧缺人才，支持中西部高等教育发展。高校招生继续加大对中西部和农村地区倾斜力度。我国有 2.9 亿在校学生，要坚持把教育这个关乎千家万户和中华民族未来的大事办好。

6.3.2　我国各类教育取得较大成就

"十三五"时期人力资源开发主要指标如图 6-5 所示。截至 2023 年 6 月，全国共有各级各类学校 51.85 万所，各级各类学历教育在校生 2.93 亿人，专任教师 1880.36 万人。公报数字背后，各级各类教育取得显著成效，教育强国建设迈出铿锵步伐。

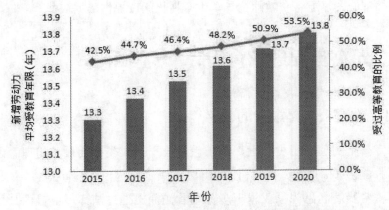

图 6-5　"十三五"时期人力资源开发主要指标

（1）学前教育。全国共有幼儿园 29.17 万所，比上年增加 1.05 万所，增长 3.73%。其中，普惠性幼儿园 23.41 万所，比上年增加 3.12 万所，增长 15.40%，占全国幼儿园的比例为 80.25%。学前教育在园幼儿 4818.26 万人，比上年增加 104.38 万人，增长 2.21%。学前教育毛入园率达到 85.2%，比上年提高 1.8 个百分点。

（2）义务教育。全国共有义务教育阶段学校 21.08 万所，招生 3440.19 万人，在校生 1.56 亿人，专任教师 1029.49 万人，九年义务教育巩固率为 95.2%。

（3）特殊教育。全国共有特殊教育学校 2244 所，比上年增加 52 所，增长 2.37%；特殊教育学校共有专任教师 6.62 万人，比上年增加 0.38 万人，增长 6.09%。

（4）高中教育。全国共有高中阶段教育学校 2.45 万所，比上年增加 82 所，增长 0.34%；招生 1521.10 万人，比上年增加 81.24 万人，增长 5.64%；在校生 4163.02 万人，比上年增加 168.12 万人，增长 4.21%。高中阶段毛入学率达到 91.2%，比上年提高 1.7 个百分点。

（5）高等教育。2023 年，各种形式的高等教育在学总规模达 4655 万人，比上年增加 225 万人。高等教育毛入学率达 59.6%，比上年提高 1.8 个百分点。普通本科学校校均规模为 16793 人，本科层次职业学校校均规模为 19487 人，高职（专科）学校校均规模为 10168 人。

（6）民办教育。全国共有各级各类民办学校 18.67 万所，比上年减少 4820 所，占全国比重 34.76%；招生 1730.47 万人，比上年减少 43.87 万人，下降 2.47%；在校生 5564.45 万人，比上年减少 52.16 万人，下降 0.93%。

6.3.3　元宇宙实现教育均等化

1. 教育不公平的实质是教育资源不均衡

教育公平，是指国家对教育资源进行配置时所依据的合理性的规范或原则。教育不公平的实质是教育资源的不均衡。我国幅员辽阔，地广人多，无论东中西部，还是城市与乡村、平原与山区，教育资源分布不均衡现象都比较常见。教育资源配置不均衡反过来又会导致城乡差异、校际差异，这是影响区域教育优质均衡发展的首要问题，进而影响教育公平且高质量这一目标的实现。教育发展不均衡，除了因为资源配置先天投入不足、建设不到位，还与布局规划不合理有关。比如，农村学校分布较为分散，难以形成集约效应和办学规模，影响办学水平。人口大量向城镇流动，城区教育资源不足，难以满足适龄儿童的受教育需求。实现教育公平也将是元宇宙对于教育产生的重要价值。

2. 互联网大大提升教育公平

"互联网＋教育"的发展有助于突破教育地域限制。传统上课的地点都是室内，于是各种教育机构应运而生，但是路途、天气等问题往往成为学生无法上课的障碍。互联网线上课堂不仅解决了地域的障碍，更激活了课堂的活力。因此，借助现有网络平台，依托大数据优势，推动"互联网＋教育"的建设，将突破现有地域瓶颈，使得教育更加便捷。甚至互联网授课的形式已经逐渐成为大城市不少学生们掌握知识的方式之一，而通过网络技术让东部优质的教育资源向西部教育资源相对落后的地区转移，也成为很多人的共识。据统计，在中国大学慕课教育平台上注册的学习者中，大约有 3.5% 是 17 岁以下的中小学生。12 岁的吴燕是在她就读贵州凯里市第二中学七年级的时候，第一次通过互联网的方式开始学习天文、生物、音乐、化学、诗词、绘画等课程。和传统的现场教学相比，吴燕觉得，网络课程为她打开了另一扇窗户。"比我们平时上课讲得更加生动有意思。"她的眼里充满了好奇和对知识的渴求。吴燕在慕课平台上学习的课程是《奇妙的生物世界》，授课老师是北京大学生命科学学院顾红雅教授。尽管互联网在较大程度上提升了教育公平，但教育体验需要进一步提升。

3. 元宇宙进一步促进教育公平

教育元宇宙的场域突破了物理世界的局限，也从根本上破解了教育资源不均衡的障碍，进一步促进了教育公平。通过教育元宇宙可以塑造一个虚实共生的数字教育世界，使得教师和学生在物理世界和数字世界都能获得现实和虚拟教学需求的满足，二者实质上是相互联系的。但是教育元宇宙中的虚拟世界并不仅仅是对物理世界的直接镜像孪生，也不是独立于物理世界的另一个"平行宇宙"，而是通过元宇宙技术集群应用对物理世界的高度优化。通过教育元宇宙，教育资源相对不足的农村地区或山村的孩子居家就可以沉浸式进入名校名师课堂，在这一点上体验感与名校的学生基本没有区别，相对互联网而言，这是一种更高层面的教育公平。教育资源匮乏地区的学生没有去过甚至可能没有听说过的科学馆、博物馆、歌剧院，都可以通过教育元宇宙体验身临其境的感觉。课外的美术、绘画、声乐、舞蹈、戏剧等丰富的课程都可以想学就学，和大城市的孩子没有区别。在元宇宙中，全世界的教育资源都可以实现共享，每个学生都有机会接触到自己感兴趣的领域，获得优质的成长机会。

目前教育元宇宙还处于初期，要想真正实现，除了元宇宙技术集群的应用以外，还需要形成法律、文化和价值观等层面的共识。但以 VR 技术为核心的元宇宙互动实验室、元宇宙互动思政教室、跨平台元宇宙互动平台等相关教育产品已初见雏形；利用数字孪生技术打造的数字校园、数字仿真教学也在实践应用中。

元宇宙可以打破教育的时间和空间的边界，实现传统教育模式的升级和教学资源的平衡，最终让终身学习、跨学科学习、循环学习以及人机互相学习成为可能。元宇宙是一个即将到来的全新时代。我们期待元宇宙能为全天候学习、终身教育提供更大空间和更好的技术基础，期待它带给教育的无限可能。

6.3.4　教育工作者要关注元宇宙

1. 教育工作者要积极关注元宇宙带来的变化

教育工作者要主动了解元宇宙新技术及其应用。而元宇宙也会进一步拓展线上教育的深度和广度，通过多方互动，为包括教师、学生、家长、内容出版商等在内的所有参与者提供更好的线上教育环境。

另外，我们也要加强对元宇宙的学术性研究。具体运用到教育上，就是顺应学习规律，加强对不同年龄、年级、学情的学生在元宇宙环境中的学习适应能力和学习效果的探讨，推动元宇宙教育的科学化。

2. 在元宇宙时代教师需要做的更多

（1）和学生一起拥抱教育元宇宙。不管是教师目前熟悉的互联网、移动互联网、VR/AR、大数据等相关技术，还是我们可能还不太熟悉的区块链、量子科技等技术，每一个教师不一定都要去学习编程序、写代码，但作为元宇宙时代的教师，一定要懂得元宇宙技术的相关原理并加以有效运用。同时还需要深入探索元宇宙新技术给教育带来的重大转变。

（2）借助元宇宙相关技术成为一个终身学习者。终身学习是任何一位教师的职责，教师的终身学习不仅是拓宽自身的知识领域，同时也是让自身处于一种学习、创造、探索的状态，从而影响每一位学生。

（3）深入开展课程设计，而不是像传统教育那样仅仅传递知识。让学生可以通过教育元宇宙获得更多知识，从关注知识、技能与概念，到不断深入地解决问题、形成思维的跃迁。

（4）运用元宇宙技术为课程设计出相关情境，让学生在真实和虚拟的体验中，探索世界，找到自我。

（5）通过沉浸式学习与交互，教会学生多维度地探索问题，而非重复标准答案。不断让学生亲历这种探索的过程，搜寻对立与模糊的观点争论，在不断求真求善求美中前行。

（6）通过元宇宙使得学生们多样化地进行内容创造和分享成为新常态。教师或教学系统要为学生们提供各种各样协作、创造、表达的工具。

目前，教育元宇宙得到了许多企业的重视，并逐步投入到教学项目实践当中。例如，北京萌科如今已推出元宇宙互动实验室、元宇宙互动思政教室、跨平台元宇宙互动平台等产品，并与人教数字出版有限公司联合推出了针对最新考纲的中小学实验教材。编程猫公司也完成了神奇代码岛 BOX 的孵化，准备把编程教育推向元宇宙，在 BOX 平台中，用户可以通过构建并发布 3D 世界、脚本游戏等作品，来进行"元宇宙"模式的学习互动。网易有道信息技术（北京）有限公司申请注册"有道元宇宙"商标，国际分类涉及教育、娱乐等，目前商标状态处于申请中。

案例：首个"元宇宙＋党建"落地国家行政学院

2022 年 3 月，国家行政学院音像出版社的智慧党建空间落地了国内首个"元宇宙＋党建"系统，可以实现在线上虚拟空间中，远程、多人 3D 协作与互动，灵活而有力地支持了新形势下党建工作。"元宇宙＋党建"，是新一代的党建智慧学习技术，在云端支持 VR 全景 +3D 的虚拟空间，可以让分散在各地的所有用户以 3D 身份接入虚拟空间。除了多人在同一空间中的沉浸式体验和学习外，还可以模拟日常世界的 3D 互动，比如查看虚拟 3D 文物、组装 3D 装置、用激光笔讲解某个环境等。这些应用都大大提升了"互联网＋党建"的应用效果。

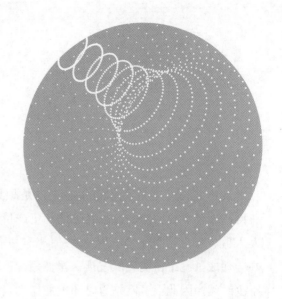

第 7 章
当"元宇宙"遇上房地产

2021 年对于整个元宇宙生态来说是颇具开创性的一年。随着元宇宙概念获得越来越多的主流关注，其土地和资产价格也逐渐接近现实世界的水平。名人入驻、知名品牌合作、代币估值飙升以及 P2E（Play-to-Earn）游戏的增长共同促成了元宇宙的飞跃发展。虽然用 VR 眼镜将人们运送到任意地方还需要不少时间，因此很多网站暂时还不能作为真正的元宇宙运行，但数字土地已经像真实土地一样成为一种资产。当"元宇宙"遇上房地产，究竟会碰撞出怎样的火花？

7.1 元宇宙中的数字房地产

元宇宙中的数字房地产建立在区块链上，通常以 NFT 的形式进行买卖。2021 年年底掀起了数字房地产的抢购热潮。数字房地产成为人们在虚拟世界中的活动空间。在这里，人们模仿现实生活进行探索、建设和社交活动，土地所有者还可以根据他们的想象对土地随意开发和使用。

7.1.1 数字房地产概念

房地产由建筑物与土地共同构成。土地可以分为未开发的土地和已开发的土地，建筑物依附土地而存在，与土地结合在一起。建筑物是指人工建筑而成的产物，包括房屋和构筑物两大类。

元宇宙中的数字房地产，指的是在特定类型的元宇宙平台上可交易的虚拟房地产。既包含虚拟世界中的土地，即"数字土地"，也包含土地上的建筑物。数字土地的拥有者可以像在现实中一样，在土地上建设建筑物，进行社交和游戏等行为，也可以将土地直接买卖或出租。

从最简单的意义上说，数字房地产是像素。根据元宇宙平台 Decentraland 的定义，数字土地指的是一种根据智能合约，在以太坊区块链上创建并维持的不可替代的虚拟资产（Non-fungible Digital Asset）。每块虚拟地块都以唯一的 x、y 坐标表示，其令牌上包含地块坐标、所有者信息、内容描述文件、地块编号以及其他购买者和土地提供者协商一致的内容。值得注意的是，各个元宇宙平台的地块大小是不同的。以 The Sandbox 为例，地块的最小单位是 Land，一块 Land 就是一个 1×1 的地块，代表一个长宽只有 288 个立方像素的空间。Land 以纵横坐标标识，以 (0，0) 为中心，如 (-10, 123)(55, -149) 等。有时相邻地块会被打包出售，如 1×2、3×3、24×24 等。

但数字房地产又不仅仅是数字图像。它们其实是 VR 平台中的可编程空间，人们可以在这里进行社交、玩游戏、出售 NFT、参加会议、参加虚拟音乐会以及进行无数其他虚拟活动。例如，个人可以使用他们的数字土地玩游戏和进行社交活动。创作者可以通过收取访问费用或交易 NFT 来货币化其财产内容。品牌可以使用他们的虚拟财产为宣传服务，组织虚拟产品发布，并提供独特的客户体验。而对于房地产投资者来说，数字房地产为他们提供了一个有利可图的机会。就像在现实生活中一样，数字房地产也可以开发、翻转或租赁。购买者获得的不仅仅是虚拟的数字房地产，更是可以根据想象随意开发数字土地的自由。

7.1.2　数字房地产发展历程

数字房地产的概念虽然近两年刚刚兴起，但其背后逻辑由来已久。据《中国经营报》报道，其实"地"的隐喻在互联网发展早期已经出现。人们用"地址""域名"来定位一个网站，用"空间"来命名许多网络社交平台，比如早年有 MSN Space，国内有 QQ 空间（Qzone）。而 2006 年问世的 QQ 空间已经预示了现在元宇宙地产和 NFT 交易的逻辑。每一个 QQ 用户可以拥有一个自己的"个人空间"，进行自我展示，包括发布各类文章、图片，也包括采用各种免费或付费的装饰品。喜爱装扮或者热衷炫耀的 QQ 用户，往往愿意花钱购买精美而稀有的装饰品，美化自己的空间和 QQ 秀。后来也有人利用 QQ 空间营销卖货，他们也乐意花钱装扮自己的空间。元宇宙中的数字房地产和 QQ 空间的差异主要是两点：第一点是开放性，借助区块链技术，使得空间所有权和各种装饰物的交易变得更加开放，用户之间可以随时自由交易，不限于一家

公司或一个国家内部，而是向全世界（使用加密货币的）所有网民和机构开放；第二点是丰富性，借助 VR 技术，元宇宙中提供的展示空间不再是平面的网页，而是立体的虚拟实境。

随着元宇宙概念在 2021 年的迅速升温，数字房地产也逐渐走入大众视野，多块数字土地以高价拍出，相关新闻热点层出不穷。

2021 年 6 月上旬，元宇宙游戏 Axie Infinity 中 9 块虚拟土地以折合人民币约 960 万元的高价出售。2021 年 6 月 18 日，数字房地产开发商 Republic Realm 以折合人民币约 584 万元的价格在元宇宙平台 Decentraland 上购买了 259 块土地，合 66 304 虚拟平方米，创造最高交易纪录，其估值与纽约布鲁克林区现实房价相当。

2021 年 8 月 16 日，Boson Protocol 以折合人民币 450 万元的价格购入一块土地，Boson Protocol 计划使用该土地推出第一个数字艺术品商场，向品牌、艺术家、创作者提供商业试验的机会。2021 年 8 月 26 日，元宇宙游戏平台 The Sandbox 开启土地售卖，第一批的 12×12 的地块拍出折合人民币 221.44 万元的价格。

2021 年 11 月 23 日，元宇宙平台 Decentraland 土地销售创下新纪录，一个时尚步行街区块以 243 万美元（折合人民币约 1548.8 万元）的价格成交。2021 年 11 月 23 日，歌手林俊杰在 Twitter 表示，他在 Decentraland 上持有三块虚拟土地，正式涉足元宇宙。据估算这三块虚拟土地价值约为 12.3 万美元，折合 78.3 万元人民币。2021 年 11 月 30 日，元宇宙平台 The Sandbox 上的一块虚拟土地以 430 万美元（约 2739 万元人民币）的价格售出，创下了"元宇宙"房地产交易价格的新纪录，打破了一周前 Decentraland 平台上一块虚拟土地创下的 243 万美元的前纪录。买家是 Republic Realm，其在 19 个不同的元宇宙平台上拥有大约 2500 块数字土地。

2021 年 12 月 9 日，香港新世界发展有限公司 CEO 郑志刚购入 The Sandbox 中最大的数字地块之一，希望打造"创新中心"，展示粤港澳大湾区的新创企业。据报道，这块虚拟土地成交价格为 500 万美元（约 3200 万元人民币）。据悉，郑志刚将在这块数字土地上展示 10 家特色公司，包括诊断及基因检测开发商 Prenetics、物流业独角兽 Lalamove、科技配件品牌 Casetify 等，这些公司都与新世界发展有限公司和郑志刚的风险投资公司有合作关系。他还表示，这些新创公司将推出 NFT，并给消费者带来身临其境的体验和娱乐。

7.1.3 数字房地产技术要求

元宇宙平台通常会为用户提供一整套技术工具和操作指南，数字土地的购买者可以选择自行搭建建筑物，当然也可以寻求专业 3D 设计师的帮助。Decentraland 网站显示，一块数字土地（LAND）要想打造成数字房地产，需要用户考虑到设计体验（包含场景、用户体验和 UI，还需要考虑到元宇宙中的设计约束）、建造房屋（包含构建器、智能物品、NFT 等）、虚拟形象、软件开发工具包和 3D 建模知识（包含动画、网格、对照机、材料等）。

用户主要使用两种工具来创建交互式 Decentraland 场景：一种是构建器，构建器指的是一个简单的拖放编辑器，无须编码，一切都是可视化的；另一种是开发工具包（Decentraland SDK），通过编写代码来创建场景。构建器在引擎盖下使用 Decentraland SDK，生成所需的代码，而无须查看。用户可以使用构建器启动场景，然后将其导出以继续使用 Decentraland SDK 处理该场景。如果场景由 Decentraland SDK 创建或修改，则无法将其导入构建器中，因为用户只能从构建器转到 Decentraland SDK，而不能从另一个方向。

在设计体验上，若用户想要完成在其平台中的第一次场景迭代，创建MVP，需要考虑项目的基本用户体验和功能，以及创建基本的"管道"或团队工作流程和内容管理系统。创建 MVP 要考虑的因素有很多，第一点是艺术创作，从基本静止图像开始，需要考虑风格对玩家是否有吸引力；第二点是场景创建，拥有者需要培养对于空间的基本感觉，玩家应该感觉到他们身处在一个新的、独特的空间，并且要与相邻的空间区分开来，用静态内容覆盖整个区域；第三点是场景中渲染的艺术，可以使用广告牌或其他标牌建立空间的基调和美学，其中需要注意美术的创作和部署到场景中的方式；第四点是玩家体验，保证玩家可以访问空间/场景，并且与相邻空间区分开来；第五点是管道目标，部署无须与玩家交互的示例静态场景、部署喷泉或挥舞旗帜等元素循环播放动画场景、部署玩家参与的交互式场景、通过重新部署内容来演示部署管道、通过识别特定内容部署区域中的未知因素揭示管道差距。而 Decentraland 中的所有场景在设计时都应注意使玩家感到受欢迎、易于学习、为玩家提供指导、极简主义、有趣、有目的性、令人愉快的。游戏设计还需要考虑 Decentraland平台并不存在于真实空间中，用户无法控制相邻场景中的内容，也无法控制某些细节，比如玩家的头像或他们可能从其他游戏中带来的物品，这要求用户以

不同的方式思考游戏机制。

在建造房屋时，需要使用构建器等工具。构建器是一个简单的可视化编辑器工具，可让用户创建和发布 Decentraland 场景，只需在浏览器上运行即可。用户可以使用构建器实现编辑现有场景的大小、设置地面、添加和移动项目等操作，同时需要注意到场景边界和限制。设置完成后，用户可以预览场景、为场景命名和发布场景。智能项也是必不可少的，它们通常具有可以配置的字段，例如标志柱中的文本字段，还可以触发对其他项目的操作，例如，按钮智能项目可以调用门智能项目来打开它。用户还可以选择将自己的 NFT 添加到场景中。

虚拟形象指的是各种服装、配饰和身体特征，可由用户进行定义，平台也有一系列默认形象可供使用。Decentraland 还支持创建和使用 NFT 自定义形象，这些定制的形象可以由品牌和用户共同创建，并且在竞赛和赠品中分发，虚拟形象还可以作为 NFT 购买、出售或交易。

用户可以使用 Decentraland SDK 生成包含 Decentraland 场景的默认项目，其中包括渲染和运行内容所需的所有资源；在浏览器中本地构建、测试和预览场景内容，并且是完全离线的，无须进行任何以太坊交易或拥有 LAND；使用 Decentraland 通过 API 编写 TypeScript 代码，为场景添加交互式和动态行为；将场景的内容上传到内容服务器；将 LAND 令牌链接到上传的内容的 URL 等操作。SDK 包含 Decentraland CLI（命令行界面，使用它在计算机上本地生成新的 Decentraland 场景，预览它们并将其上传到内容服务器）、Decentraland ECS（一个 TypeScript 包，其中包含帮助程序方法库，允许创建交互式体验；使用它来创建和操作场景中的对象，还可以促进玩家或其他应用程序之间的内部事务）、场景示例（从场景示例中获取灵感和编码最佳实践）。

3D 建模是建造数字房地产的重要一环。Decentraland 中的所有 3D 模型都必须采用 glTF 格式。glTF（GL 传输格式）是 Khronos 的一个开放项目，为 3D 资产提供了一种通用的可扩展格式，既高效又可与现代 Web 技术高度互操作。3D 模型可以使用动画在 Decentraland 场景中进行动画处理。3D 模型的所有动画都必须嵌入其 glTF 文件中，不能在单独的文件中引用动画。而大多数 3D 模型动画都是骨架动画。这些动画将模型的复杂几何体简化为"简笔画"，将网格中的每个顶点链接到骨架中最近的骨骼。建模者将骨架调整为不

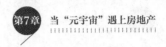

同的姿势，网格会拉伸和弯曲以跟随这些运动。作为替代方法，顶点动画无须骨架即可对模型进行动画处理。这些动画直接指定模型中每个顶点的位置。

数字房地产的建造是复杂多样的，每个平台都有自己的操作指南。不可否认的是，如上多种技术结合在一起，才能够在元宇宙平台中发挥数字土地的价值，创造出丰富多彩的虚拟世界。

7.2　数字房地产的特殊性

土地是现实社会中重要的生产资料，元宇宙中的数字土地也是元宇宙沉浸式体验的基础：房产建筑、商圈景点都依赖土地而建设，用户从一进入元宇宙就在土地上展开各种活动。那么，数字土地跟现实中的土地资源一样稀缺吗？数字土地的价值又该如何评估？数字房地产的建设和现实世界有什么不同呢？

7.2.1　数字土地在理论上并不稀缺

现实中土地不仅具有自然属性，还有社会经济属性。百度百科资料显示，土地资源具有整体性、生产性、面积的有限性、位置的固定性、时间变化性、土地再生性以及多用途性。这些特性对评价土地的生产能力、配置各行各业生产用地、正确解决和处理土地开发利用和环境因素之间的矛盾等方面，都具有重要意义。同时，对农业生产和建设也有直接的影响和作用，并进而影响土地利用的效益。

（1）整体性。土地是由气候、土壤、水文、地形、地质、生物及人类活动的结果所组成的综合体，土地资源各组成要素相互依存，相互制约，构成完整的资源生态系统。人类不可能改变一种资源或资源生态系统中的某种成分，而同时能使周围的环境保持完全不变。

（2）生产性。土地具有一定的生产力，即可以生产出人类某种需要的植物产品和动物产品。土地生产力按其性质可分为自然生产力和劳动生产力。前者是自然形成的，即土地资源本身的性质。后者是施加人工影响而产生的，即人类生产的技术水平，主要表现为对土地限制因素的克服、改造能力和土地利用的集约程度。

（3）面积的有限性。受地球表面陆地部分的空间限制，土地的面积（或称土地资源的数量）是有限的。世界人口正在急剧增加，各种土地利用对有限

的土地面积竞争异常激烈，对土地资源产生极大压力。

（4）位置的固定性。分布在地球各个不同位置的土地，占有特定的地理空间。这一特性主要表现在：每一块土地的绝对位置（经纬度）的固定性；各块土地之间的相对位置（距离）的固定性；每一块土地所处的环境及其物质构成，一般来讲在一定时空范围内基本上也是固定的。

（5）时间变化性。土地随时间而产生的季节性变化，即动植物的生长、繁育和死亡，土壤的冻结与融化，河水的季节性泛滥等，这些都影响着土地的固有性质和生产特征。土地的时间变化又与空间位置紧密联系，因为处于不同空间位置的土地，它的能量与物质的变化状况是不相同的。

（6）土地再生性。生长在土地上的生物，不断地生长和死亡，土壤中的养分和水分及其他化学物质，不断地被植物消耗和补充。这种周而复始的更替，在一定条件下是相对稳定的。如果合理利用，土地的生产力是可以自我恢复的，并不会因使用时间的延长而减少。

（7）多用途性。土地既是农业生产资料，又是人类活动空间；既可作为农用，又可作为城建、交通、国防、旅游等非农业利用。

当然，实体土地还有一个重要的特性就是稀缺性。稀缺性是指可供使用的资源不是取之不尽、用之不竭的。一方面，相对人类希求土地资源的欲望来说，资源是稀缺的；另一方面，无论何时、何地人类总是绝对地面临着资源稀缺的问题。这种稀缺不仅表现为不同用途的土地资源数量的稀缺，而且也表现为不同地区土地资源的相对稀缺。并且在现实中，人们所从事的活动都取决于对土地的使用。无论是工作、休息还是娱乐，在特定地方做这些事情的权利都取决于某个土地所有者是否允许进入。因此在现实世界中，土地是必不可少且稀缺的。

元宇宙空间与现实空间不同，理论上元宇宙可以是无限巨大的，其土地或空间不具备现实世界土地资源的稀缺性。如果将虚拟地产视作元宇宙本身的一部分，那么其价值是难以衡量且不稳定的。与实体土地相比，数字土地仅仅是一种数字资产，没有物理法则阻止在虚拟空间中造出更多的数字土地。从理论上讲，生产总量是没有内在限制的，可以无限大也可以无限小甚至为零。因此，数字土地作为一个类别并不稀缺。

而且在虚拟世界中，数字土地也不是完全必要的，在数字上"无家可归"是可以的。用户可以在没有虚拟场所的情况下仍然健康、高效，甚至富有。如

果用户想休息，只需退出即可。但出于多种原因，许多虚拟世界选择将数字土地作为必要的生产要素，由此造成了数字土地的人为稀缺。

7.2.2 人为原因造成数字土地稀缺

虽然理论上数字土地并不稀缺，但我们必须接受平台持有者刻意维持数字土地稀缺性的事实。这一点和现实世界是相似的，稀缺性也是数字土地价值的核心驱动因素。特定的元宇宙项目中都只有一定总量的土地，这通常是在链上定义的，将数字写入以太坊或其他区块链的不可变结构中。例如，如果用户想要 The Sandbox 中的虚拟土地，则需要购买其在区块链上定义的166 464 个地块之一。有的元宇宙平台选择永不增发，或是在元宇宙中的利益相关者和用户通过民主方式决策一致后增发。当然未来地块数量也可能发生变化，这就使得数字土地的稀缺性完全维系在购买者对元宇宙平台的信任关系上。

从概念上讲，特定元宇宙中的土地数量越多，可以容纳的潜在参与者和项目就越多。然而，更多的地块意味着如果没有庞大的用户群来开发和激活地块，元宇宙很可能会变成"空城"，同时也要考虑到数字土地的服务器成本。因此，元宇宙平台持有者有意选择维持数字土地的稀缺性，并且对数字土地访问的排他性使得其更倾向于实体土地，可以想象当核心游戏功能被锁定在土地所有权之后，情况会非常糟糕。目前四大元宇宙平台（Decentraland、The Sandbox、Somnium Space 和 Cryptovoxels）中总共只有 268 645 个地块。像 The Sandbox 和 Decentraland 这样的元宇宙平台，未来可能会被复制，但它们独特的游戏玩法、合作伙伴关系和玩家群体不会无缝迁移到下一个竞争对手身上，除非对手有十分明显的竞争优势。就好比曼哈顿的房地产值钱并不是因为它的地理位置优越，而是因为数百年来数百万人在那里建造了写字楼、剧院、学校、住房等。一座城市的价值取决于它的开发质量（相当于元宇宙中的内容）及社会对其价值形成的共识。

现实世界中房地产的价值，除本身的居住属性外，更多地源于土地的稀缺性。土地上附属的教育、商业、休闲、景观等不可复制的资源组成了土地的稀缺价值，产业集中度越高的地区，往往其土地价值越大。Tokens.com 的创始人兼首席执行官安德鲁·基格尔，也是 Decentraland 较大的业主之一。他说，对于许多品牌来说，元宇宙是关于广告牌而不是建筑物的，在那里购买土地相当于今天在互联网上购买广告空间。因此元宇宙平台上的土地根据地段不同也

有不同的定价，越靠近中心地段不同的虚拟土地或房产，越受虚拟炒房团青睐，因为那里是品牌和广告聚集的地方。

元宇宙中所有土地的总价值大致等于地块的平均价格乘以地块的总数，这样的度量方法对于估算并比较不同元宇宙的总价值很有帮助。由于开发元宇宙的团队通常持有该元宇宙的大量土地，创始团队愿意通过鼓励开发和缓慢出售新土地等方式来支撑土地资产的价值，以免突然"灌水"侵蚀资产价格。

由于元宇宙的世界设计和规则设定与现实世界有很多共通之处，现实世界的土地估价方法和考虑因素基本适用，在需要时根据虚拟世界的特性进行取舍即可。"元宇宙地产"账号资料显示，数字土地价值的考量因素大致有以下几类。

1. 元宇宙平台自身发展水平

元宇宙平台不是唯一的，不同的元宇宙相当于现实世界中的不同国家或城市，因经济发展水平不同、未来发展潜力不同，数字土地价格自然存在系统性差异。评价元宇宙整体发展水平，需要考虑元宇宙规则与制度，管理团队产品研发、营销推广、创新能力，用户活跃度、新用户增长率、商业繁荣度、品牌入驻率，土地市场交易规模等多个因素，这类似于土地估价方法中需要考虑的城市及区域因素。数字土地的存在依托于其所在的元宇宙项目。因此元宇宙项目的知名度、发展的成熟度和社区的活跃度等因素会在很大程度上影响地块的商业价值和前景。

2. 商业活动和产业集聚程度

元宇宙是互联网与现实世界的交叉延伸，数字土地同时传承了互联网流量价值与现实土地上的集聚效应。随着元宇宙世界大量人口的涌入和商业密度的增加，数字土地不仅可以通过在其上搭建体验与服务获得收益，还可以从访客流量中获利，这也成为数字土地价值的重要组成部分。商业活动和产业往往集中在元宇宙世界的中心地段，或是临湖、临山等景观优势位置。产业集聚程度也直接决定了数字土地的交通便利程度，也就是与交通基础设施的距离。不过，各个元宇宙平台的规则设定不同，需根据实际情况调整影响因素。例如在 Cryptovoxels 元宇宙中用户可以自由飞行，因此地块与道路设施的距离这项因素就没那么重要了。

3. 地块本身属性及潜力评估

影响数字土地价值的因素还有地块本身的各种属性，如面积、限高、形状、地势等，这也直接影响了用户对该地块的未来价值预期。值得放心的是，土地的形状、大小、规划限制均以数字记录，土地的权属通过区块链保证准确且无法篡改；地块的属性是设计好的，地块的各区位因素可直接通过地图计算得到；而且关键性的地块访问人数、停留时长、聚集度等数据都可以实时监测获得。随着人们对于元宇宙生活的美好愿景逐步成真，作为其中最重要的生产资料和基石，未来元宇宙城市内的数字土地一定会迎来估值的大幅上升。

7.2.3 房屋建设不必遵守物理规则

现实世界中，房地产开发包括土地开发和房屋建设等行为，过程中需要考虑到社会生活的方方面面。抛开政策因素不讲，仅从物理建设角度而言，房屋建设也需要综合考虑位置、选材、设计等因素。比如，建房首先需要扎实的地基，地基的建设需注意防水、防潮、防虫蚁；其次是房屋结构的选择，也就是房屋主体所使用的施工工艺和用材，可选择的有钢结构、钢混结构、砖木结构、砖混结构和框架结构等，材料可选择砖石、钢筋混凝土辅以塑料、木材等，还涉及墙体的堆砌和粉刷、房屋的布局设计等，房屋空间得满足人的生理和心理需求，结构师考虑房屋的实用性和稳定性，必须符合牛顿第一定律，建筑师则更加考虑房屋的美观。

还有一个最重要的因素是房屋的位置。在现实世界中，任何一个房地产经纪人都会说位置是推动房地产价值的最重要的因素。但位置的价值在很大程度上来源于现实世界必须遵循物理学规律。比如，在现实世界中，人不可能被瞬时传送至世界任何一个角落、房子的内部不会比外部大等，而这些定律一旦被打破，房屋的位置及其蕴含的价值也就失去了意义。更何况房屋的位置，除了地段的选择以外，还需考虑所在地区的物理特性，例如风速、海拔、气候、土壤条件等，并且需要考虑房屋所处位置附近有无其他建筑，是否会影响房屋的性质，以及是否会影响到施工等。总之，房地产建设是一件极其复杂的事情，不可能脱离物理规律而完成，这也在一定程度上增加了土地资源的稀缺性。

现实世界中黄金地段之所以值钱，是因为现实世界要遵循物理规则。物理空间的限制让人们不能在一瞬间来到地球的任意一个角落，这时候地段的价值就被凸显出来。但元宇宙却是能够实现"传送"的，理论上元宇宙不必区分地段的好坏。数字世界不需要欧几里得，传送门非常普遍，人们可以实现快速旅行、实时传送，房屋的形状可以多种多样，甚至房屋内部可以大于外部。只要元宇宙平台的创造者愿意去做，数字世界就能够绕过现实世界的诸多限制，数字土地便不再稀缺，房屋建设便不再一板一眼。

比如艺术家 Natural Warp 的 360 度沉浸艺术品展厅，这个球状展厅就是艺术品（见图 7-1 和图 7-2）。当观众戴上 VR 眼镜时，真地可以"走进"这件艺术品，仿佛进入了另一个时空，这是现实观展中很难获得的体验。

图 7-1　360 度沉浸艺术品展厅（整体）

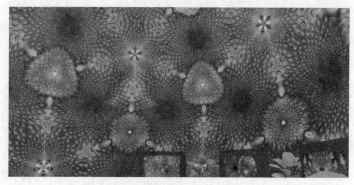

图 7-2　360 度沉浸艺术品展厅效果（局部）

元宇宙中的数字房地产的价值，还取决于数字土地如何建设和规划，而不是完全受限于土地本身的位置。数字土地所有者可以设计受欢迎的景点、博物馆或者特色景观来吸引客流。但元宇宙平台中也会存在人为造出的山川、湖泊，甚至是从现实世界"搬运"过去的金字塔、巨石阵等"自然"景观，还会出现城市中心区、产业集聚区等商业繁华区域，这些区域的数字房地产价值不可避免地会更高一些。

7.3　数字房地产运营

数字房地产的营销手段不可避免地与现实世界存在差异，创新性的营销策略才能打动潜在用户。数字房地产的维护和服务也很重要，购买者可以通过多种运营方式让其发挥出最大价值。元宇宙平台为购买者提供了多种可参照的商业业态，如艺术展览馆、会议中心、购物街等，购买者可以依据自己的喜好和规划随意设计和装修。

7.3.1　元宇宙营销策略

虽然数字房地产只存在于虚拟空间中，但其营销的过程仍然与有形财产的营销过程非常相似。一个关键的区别是，加密货币有望在市场中发挥更大的作用。这种虚拟金融很可能成为数字房地产行业的标准购买方式，毕竟加密货币已经在房地产投资领域得到广泛应用。由于现实中许多房地产商已经在营销过程中使用到 VR 或 AR 相关技术，因此与其他行业相比，房地产进入元宇宙的挑战可能要小一些。从安全、远程查看现实世界的房产，到推广虚拟住宅或商业空间，在这个连接和沟通的新时代，房地产营销的作用是至关重要的。以下列举几种元宇宙中常见的营销策略。

（1）与现实营销并行。由现实世界过渡到元宇宙并不一定意味着必须以不同的方式做所有事情。一个好的起点是在元宇宙中创建与现实世界体验相结合的用户体验。例如，在线食品配送公司 Deliveroo 在 Animal Crossing 上部署了虚拟骑手，用于多个全岛范围的送货服务。用户不仅在他们的虚拟岛屿上收到了惊喜交付，还收到一个可以在现实生活中激活的促销代码。仅在第一个小时内，Deliveroo 的营销活动就获得了 300 万人次的游戏内参与度。同样，数字房地产的销售也可以与现实营销并行，提高品牌参与度和认知度，降低供应链成本和风险。

（2）沉浸式体验是关键。体验式营销是吸引客户参与的最重要的驱动因素之一。研究表明，专注于打造体验的品牌忠诚度比不专注于打造体验的品牌忠诚度高出 25%。提供身临其境的体验，让客户走出舒适区，可以帮助他们与品牌建立持久的联系。平台或公司可以在元宇宙中提供虚拟广告。例如，视频游戏广告技术公司 Bidstack 从在现实世界的户外广告中工作过渡到在虚拟广告牌上投放广告。由于元宇宙本质上是体验式的和身临其境的，房地产营

157

销又可以不仅仅局限于虚拟广告牌，最好能够提供用户可以与之互动的品牌活动。平台可以仿照 Roblox 的 Lil Nas X 音乐会、Gucci Garden 体验访问等，为客户提供独一无二的沉浸式体验。这种方法能够扩大客户的覆盖面，提高客户的参与度和忠诚度。

（3）提供数字收藏品。人类是与生俱来的收集者，这在元宇宙中不会改变。在这些虚拟空间中，收藏品（如数字艺术品、音乐或服装）的原始所有权是加密且不可更改的，除非所有者将其出售给其他人。所以平台可以通过提供只能在元宇宙中收集的资产或限量版物品，来提高客户的礼遇，建设自己的品牌形象。平台可以与浪琴、Burberry 等奢侈品牌合作，浪琴表推出了一款配备 45 只全球限量版 NFT 形象手表，Burberry 则出售 1000 条带有交互式 NFT 鹿的特别版围巾，将这些数字收藏品随数字土地的出售赠送给客户，以获取高额的回报。

7.3.2 数字房地产的维护与服务

数字房地产的出现打开了众多创收渠道的大门，其运营手段也是丰富多样的。平台或购买者可以任意选取一种方式来维护数字房地产或者为玩家提供服务。

（1）销售产品。销售存在于现实世界的产品或服务，类似于电子商务，也可以销售该元宇宙平台上的 NFT，甚至还可以包含一个网站的链接，作为中介零售商销售别人的产品和服务。

（2）转卖或者出租。购买数字土地后，可以持地待涨，以更高的价格转售来赚取差价，也可以像现实生活中一样将其出租。例如建立酒吧、夜总会、音乐厅或者会议中心等场地，举办活动，向乐队、演讲者和企业等收取场地租金。

（3）房地产经纪。元宇宙中有越来越多的房地产业务要做，对虚拟房地产公司的需求会越来越大。用户可以将买家与卖家联系起来，作为房地产经纪人提供建议来赚取丰厚的佣金。

（4）广告。最热门（通常位于人流量大的区域）的房产或地块会备受追捧，特别是如果它们对其他用户具有很高的知名度，在这里的广告位可以作为一个地标为路过的人强化品牌意识。

（5）托管体验。The Sandbox 等平台允许用户开发和托管迷你游戏、教

育活动、博物馆、画廊等，这些可以使用平台自己的软件轻松开发。例如，用户可以在自己的土地上建立艺术馆进行展览，向 NFT 艺术家收费，让他们在画廊里展示艺术作品或举办大型展览，还可以在整个元宇宙中推广这些展览。

（6）房地产设计。将土地和虚拟世界建筑概念化并投入使用可能是一项非常有利可图的业务。无论是私人物业、购物中心，还是体育场，都需要专业 3D 设计师进行打理，专业 3D 设计师很快将成为虚拟世界中最受欢迎的工作之一。

（7）不动产管理。管理其他用户的财产，包括监督音乐厅和土地等虚拟场所如何得到最佳利用，维护数字房地产的高效运转。

7.3.3 数字房地产商业业态

数字房地产作为数字资产是元宇宙中各类应用场景的载体，例如 IBM 公司曾在元宇宙游戏《第二人生》中购买地产搭建销售中心，瑞典等国甚至在游戏中买地建立自己的大使馆，还有数字时尚品牌率先在元宇宙中搭建虚拟商店，前卫艺术家通过虚拟画廊展示自己的作品，甚至说唱歌手、大提琴演奏家在元宇宙里以自己的虚拟形象演出，还有的用户通过经营虚拟地产成为现实中的百万富翁。无论是企业总部、豪华别墅、展厅画廊，还是餐饮娱乐、购物休闲、主题公园，各种商业业态都需要在拥有土地资源的基础上建设。"元宇宙地产"账号资料显示，元宇宙中已经萌发的商业业态有以下几种。

1. 元宇宙艺术展览空间

在 3D 虚拟空间内展示数字艺术品是常有的事，但元宇宙中的艺术展览却又有些不同。元宇宙艺术展览中以数字艺术品为主，形式上可以是数字画作、摄影作品、生成艺术、动画视频、3D 雕塑等。策展人或艺术家可以在虚拟展馆中召开发布会，向观众"现场"讲解展览理念，还可以亲自引领观众对作品逐一进行讲解，就像在真实的展厅一样。观众也可以同现实中一样，跟随艺术家的脚步，听取作品的现场讲解，甚至看到青睐的作品时还可以一键购买。在这一过程中，策展人、艺术家、观众都不需要进入同一个物理空间，只需接入网络并同时出现在元宇宙中的虚拟空间即可实现。

例如世界顶级拍卖行苏富比在元宇宙平台 Decentraland 购买土地，而后仿照其在伦敦新邦德街的画廊建造了虚拟画廊，可用于展出拍卖品，举办讨论活动，并聚集来自世界各地的艺术家、收藏家和观众（见图 7-3 和图 7-4）。

图 7-3　世界顶级拍卖行苏富比（外观）

图 7-4　世界顶级拍卖行苏富比内部效果

　　还有数字艺术家 Beeple 的 B20 艺术馆，分别建在 3 个最主流的元宇宙中，展出了 20 件 Beeple 的作品，（见图 7-5 和图 7-6）。值得一提的是，2021 年 3 月，这位艺术家的一件作品在佳士得落锤，最终以 6936.625 万美元成交。这一成交价是在世艺术家作品拍卖的第三高价，并且刷新了数字艺术品拍卖纪录。

图 7-5　Beeple 的 B20 艺术馆（外观）

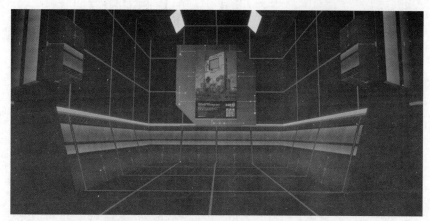

图 7-6　Beeple 的 B20 艺术馆内部效果

2. 元宇宙音乐演出场馆

持续的新冠肺炎疫情严重影响了线下的音乐演出，也让越来越多的歌手、音乐艺术家开始尝试使用虚拟形象在元宇宙进行演出。他们中有流行歌手、说唱歌手、抱着吉他自弹自唱的民谣歌手，还有音乐剧歌唱家、古典音乐演奏家（见图 7-7）。

图 7-7　元宇宙音乐演出场馆

Metaveo 是一位意大利大提琴演奏家，一个偶然的机会，他参加了一场元宇宙音乐演出，随后开始兴奋地尝试将大提琴演奏搬上虚拟舞台。他演奏时会戴上 VR 眼镜，并将左右两个手柄挂在手上，这样就能够将双手的手部动作映射到虚拟人物形象身上。作为观众，我们就能够在元宇宙中看到一场真实又超越真实的大提琴演奏音乐会全过程（见图 7-8）。

图 7-8　Metaveo 元宇宙音乐演出

2021 年 10 月，一场盛大的元宇宙音乐节空前火爆。5 个大型主题舞台，10 多个独立品牌舞台，80 多位来自世界各地的歌手、音乐家，连续 4 天不间断地表演，这样的音乐盛典也只能在元宇宙中实现（见图 7-9）。

图 7-9　元宇宙音乐节

3. 元宇宙会议中心

同样由于新冠肺炎疫情原因，很多会议也从线下搬到了线上。相比 Zoom、腾讯会议这种在屏幕上并排摆着一张张脸的线上会议形式，元宇宙中的会议可谓生动许多。一群虚拟却活生生的听众围绕在演讲者的讲台下，看着大屏幕上的 PPT，时不时还可以和身边的人低声讨论一下（见图 7-10）。

图 7-10　元宇宙会议中心

Artur 作为一个元宇宙平台的创始人，在 2021 年 9 月完成了一场在现实会场和元宇宙虚拟会场同时进行的 TED 演讲。团队为此在元宇宙中搭建了与现实中的会场风格一样的虚拟建筑（见图 7-11），从而让不能来到现场的观众"亲临现场"。

图 7-11　虚拟建筑

4. 元宇宙公司总部

越来越多的公司在元宇宙中建设自己的虚拟总部（见图 7-12）。一方面，和传统互联网中每个公司都有的官方网站一样，可以用来展示公司的品牌形象、业务业绩、合作伙伴等；另一方面，它搭建了一个具有公司整体品牌形象的沉浸式空间，可以用来召开产品发布会、进行合作伙伴会议和举办用户社群 Party 等活动。

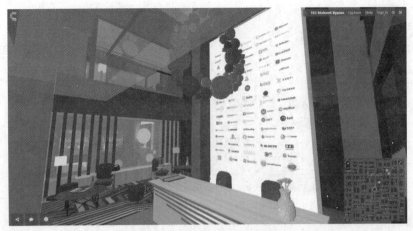

图 7-12　元宇宙公司总部

　　作为一家知名的元宇宙房地产开发商，MetaEstate 有着专业的设计和建造经验。MetaEstate 为 ST Cloud 建造的元宇宙总部有着整面的玻璃 logo 幕墙。在建筑内部，前台、logo 墙、会议室、活动区一应俱全，甚至还有一个露台餐吧，用来举办酒会 Party（见图 7-13）。

图 7-13　ST Cloud 的元宇宙总部

5. 元宇宙俱乐部

　　元宇宙天生就是聚会的天堂。甚至可以说，元宇宙的萌生，正是因为有那么一些身处不同地方的人，期望在一种更加真实的环境下、更加沉浸的体验中，与朋友或相同兴趣的人群聚在一起（见图 7-14）。

图 7-14 元宇宙俱乐部

所以，当你在元宇宙里看见一群企鹅聚在一起，时而舞动身体，时而窃窃私语，不要惊奇，这是个企鹅俱乐部（见图 7-15）。这个企鹅俱乐部在元宇宙里搭建了自己的 Party 场馆，成员们都打扮成企鹅的样子前来 Party，这不仅增加了成员之间的身份认同，还更好地推广宣传了俱乐部的品牌形象。

图 7-15 企鹅俱乐部

6. 元宇宙购物街

在元宇宙中可以购买到汽车、游艇、摩托车等，但更多的是买来给自己的虚拟形象"穿"的。元宇宙中的虚拟时尚正在逐渐形成风潮，每个人都希望拥有新颖、时尚甚至独一无二的虚拟形象。

不仅如此，元宇宙中已经出现了将商铺集聚到一起的元宇宙商业街区，这样的好处是不仅能够更好地汇集客流，还能让客户在置身其中时倍感商品琳琅满目，挑得眼花缭乱（见图 7-16 和图 7-17）。

图 7-16　元宇宙购物街

图 7-17　元宇宙商业街区

7. 元宇宙游戏

元宇宙中少不了游戏，甚至会充斥着游戏和泛游戏化的内容，毕竟人们进入虚拟世界一定是渴望获得现实中未曾有过的体验。

（1）不一样的赛车游戏。元宇宙中的赛车游戏更像现实中的赛车比赛，只是发生在虚拟空间内（见图 7-18）。赛车是你可以购买或者租用的，场地是开放或者预约的，比赛的举办方是真实的公司或团体，赢得比赛的奖励更是真实的数字奖品或奖金。

图 7-18　元宇宙中的赛车游戏

（2）主题游乐园。现实中的主题游乐园越来越多地用到了 AR 技术，很多游乐设施都是通过沉浸式的视觉效果来产生加速度般的刺激体验。而当你戴上 VR 眼镜，步入元宇宙中的主题游乐园，就能够体验到各种现实中很难实现的刺激体验（见图 7-19）。

图 7-19　元宇宙中的主题游乐园

（3）元宇宙桌游。元宇宙中的桌游是真的可以让大家聚在一张虚拟的桌子前玩游戏（见图 7-20），也许以后还会在元宇宙中出现一间摆满麻将桌的棋牌室。

图 7-20　元宇宙中的桌游

8. 元宇宙景点

　　玻璃金字塔、埃及金字塔、失落的神殿、巨石阵……明知这些只是元宇宙中的虚拟复制品，但走到建筑物脚下时，还是会深受震撼，因为它们已经成为历史的符号，承载了千万年的人类记忆（见图 7-21、图 7-22 和图 7-23）。在元宇宙中这些建筑前，游客们来往穿梭，形成一个个新的共同记忆。

图 7-21　元宇宙景点（1）

图 7-22　元宇宙景点（2）

图 7-23　元宇宙景点（3）

7.4　数字房地产发展情况

2021 年随着元宇宙概念的火热发展，数字房地产市场也蒸蒸日上。四大元宇宙平台 Decentraland、The Sandbox、Somnium Space 和 Cryptovoxels 已经打响了自己的品牌，越来越多的合作伙伴纷纷加入它们。未来数字房地产的发展也将从"野蛮生长"逐步转变为规范有序的稳定状态。

7.4.1　数字房地产市场现状

与现实中的交易相似，数字房地产交易市场由一级市场和二级市场构成。通常是元宇宙平台的创始团队将数字土地以拍卖的形式放入一级市场，并通过

一级市场销售收入支撑团队及元宇宙初期的研发与运营；二级市场即用户间的交易，用户多半会将有意愿出售的数字房地产挂在线上交易平台，交易过程中利用区块链技术来保障数字房地产的产权归属和权属转移。在元宇宙中，数字房地产通常以虚拟货币的形式进行交易。购买数字房地产的方式与购买 NFT 的方式几乎相同，每一份所有权契约都是区块链上一段具有唯一性的代码，该代码用于证明对该数字土地的所有权或权利。因此，要想投资数字房地产，首先要拥有自己的数字加密钱包，并注意平台是否使用特定的加密货币进行交易。然后前往元宇宙平台注册一个账户，再将数字钱包链接到该平台以购买土地和其他资产。

2021 年，随着元宇宙的兴起，数字房地产市场迎来了高速增长的势头。在 Facebook 更名为 Meta 并表示出对元宇宙的兴趣之后，2021 年最后一个季度出现了数字房地产热潮，根据 MetaMetric Solutions 的数据，11 月房地产销售额飙升近 9 倍，达到 1.33 亿美元。虽然此后销售额增长减退，但 2022 年 1 月的销售总额仍是 2021 年 1 月的 10 倍以上。

MetaMetric Solutions 数据显示，2021 年，元宇宙四大平台 Decentraland、The Sandbox、Somnium Space 和 Cryptovoxels 的数字房地产销售额达到 5.01 亿美元，并且预计 2022 年将翻一番，达到 10 亿美元。Influencer Marketing Hub 统计数据显示，Sandbox LAND 在 2021 年增长了 150 倍，它也是同年交易量最大的，在虚拟土地上进行了 65 000 笔交易，总金额为 3.5 亿美元。主要元宇宙平台的地块平均价格从每平方米 1265 美元增加到 12 684 美元。随着数字房地产受欢迎程度的不断增长，Brand Essence Market Research 的一份报告预计从 2022 年到 2028 年，数字房地产的价值复合年增长率为 31.2%。

7.4.2　四大元宇宙平台

元宇宙中大部分房地产都归四大元宇宙平台 Decentraland、The Sandbox、Somnium Space 和 Cryptovoxels 所有。它们拥有有限数量的数字土地，将土地在 OpenSea 和 Rarible 等市场上以一级和二级销售的方式买卖。数字土地的所有者可以自由决定在其土地上开发的项目，玩家可以随心所欲地在元宇宙中度过时光。数字土地所有者在元宇宙中创造了一系列的场所和活动，包括 Decentraland 的赌场、Somnium Space 的加密艺术博物馆，以及正在 The Sandbox 开发的各种互动视频游戏等。

1. Decentraland

Decentraland（《分布式大陆》）是一款多人角色扮演游戏，由两位阿根廷软件工程师 Estaban Ordano 和 Ari Meilich 开发，以一个名为创世城的广场为中心（见图 7-24）。它与《模拟城市》《第二人生》等早期虚拟游戏以及《我的世界》《堡垒之夜》等较新的多人游戏有一些相似之处；区别之处在于其基于加密货币的经济系统。游戏用户可以使用 Decentraland 自己的加密代币"MANA"购买、出售和开发除道路和广场之外的所有地块。MANA 的完全稀释市值约为 70 亿美元，较 2017 年约 2000 万美元的市值增长了 349 倍。Decentraland 已经得到了大量品牌和影响者的参与。2021 年 7 月，苏富比 Decentraland 的伏尔泰艺术区推出了其伦敦画廊的虚拟艺术画廊复制品，巴黎希尔顿还在这里与 Deadmau5、Alabaster Deplume 和 3LAU 等音乐家共同举办了一场虚拟音乐会。Decentraland 的虚拟世界聚集在几个地区，每个地区都有独特的内容类型。用户可以遍历这些区域以进行交互、查看和共享内容。对于创作者和品牌来说，这些地区为他们提供了更有针对性的流量，使他们能够将内容带给特定的受众。

图 7-24　Decentraland

2. The Sandbox

The Sandbox 由法国的一个团队开发，其设计类似于《我的世界》，自发布以来数字地块销量已超过 2.28 亿份（见图 7-25）。The Sandbox 目前主导着元宇宙房地产，拥有整个市场约 62% 的份额。它的土地目前平均售价为 11 000 美元，高级地块的售价在 2 万至 3 万美元。用户可以购买或租用虚拟空间用于各种用途，有家庭住宅、商业空间、艺术画廊和大小不同的聚会场所。

The Sandbox 最显著的特点之一是它的地块地图，它允许买家在他们财产所在的地块上放置图片。在过去，地图上出现过各种流行的公司 logo，从 Atari 到《行尸走肉》再到《蓝精灵》。The Sandbox 已获得超过 165 个 IP 合作伙伴，包括阿迪达斯、史努比、行尸走肉、爱心熊、Atari、CryptoKitties、小羊肖恩和史克威尔·艾尼克斯等。每个合作伙伴都打算在他们的土地上开发内容，例如多人游戏和社交体验，因为品牌希望在元宇宙中永久建立自身形象。与此同时，Bored Ape Yacht Club、CyberKongz、Party Degenerates 和 Solana Monkey Business 等 NFT 项目已经在 The Sandbox 购买了土地，每个项目都打算开发自己的地产用于社区空间、游戏和活动。

图 7-25　The Sandbox

3. Somnium Space

Somnium Space 由捷克团队于 2017 年创立，操作上具有桌面和 VR 兼容性（见图 7-26）。与典型的网格布局不同，Somnium Space 的地块位于其河流沿岸，大小、形状不一，还有几座山顶可以看到广阔的世界。Somnium Space 的地块以中位数价格出售，为 11 500 美元，最昂贵的拍品于 2022 年 2 月，以 43 100 美元的价格售出。有兴趣购买土地但资金有限的人仍然可以找到以 2000～4000 美元的价格出售的地块。Somnium Space 也成功地建立了合作伙伴关系，土地所有者包括一些著名的企业实体，例如与 Nifty Gateway 建立联合总部的加密货币交易所 Gemini，加密货币交易所 FTX 同样推出了 Somnium Space 总部，诠释了同时存在于物理和虚拟世界中的意义。Republic Realm 也在 Somnium Space 建立了学院，为其元宇宙教育计划提供了虚拟教室、总部和聚会空间。

图 7-26　Somnium Space

4. Cryptovoxels

Cryptovoxels 是一个由位于新西兰惠灵顿的独立游戏开发商 Nolan Consulting在以太坊区块链上构建的虚拟世界（见图 7-27）。它的主要区域是一个名为"Origin City"的大型方形大陆，它进一步细分为 Memes、Mars 和 Kitties 等街区。Cryptovoxels 的一块土地目前平均每批售价为 5000 美元，但也可能高达 10 000 美元，具体取决于房产的大小和位置。这个世界的虚拟形象具有独特的人体模型外观，玩家也可以进一步定义和装扮成自己想要的外观。Cryptovoxels 允许玩家在他们的财产上显示他们自己的 NFT，因此许多数字艺术爱好者已经开始使用 Cryptovoxels。数字艺术画廊在这里很常见，Cryptovoxels 的界面也允许用户查看和竞标这些艺术作品拍卖。在这个虚拟世界中，用户购买土地并使用单色方块在上面建造。通过添加颜色和其他元素来自定义设计。该平台还具有用于编辑、创建头像和聊天的内置工具。创作者和品牌可以购买数字化的土地来建立画廊和商店，展示他们策划的藏品、产品或服务。

图 7-27　Cryptovoxels

7.4.3 未来前景展望

过去的 2021 年被称为元宇宙的元年。2021 年 3 月，元宇宙概念第一股 Roblox 正式上市；2021 年 5 月，Facebook 表示将在 5 年内转型成一家元宇宙公司，5 个月后公司更名为 Meta；2022 年 1 月，微软宣布以破纪录的 687 亿美元收购动视暴雪，将元宇宙热度进一步推高。元宇宙发展得如火如荼，国内很多企业也纷纷开始"蹭热度"。一些投资公司在 The Sandbox、Decentraland 等虚拟平台上炒地皮、买卖服装甚至巨型游艇。企查查数据显示，截至 2021 年年底，我国共申请"元宇宙"商标达 11 376 件，涉及公司达 1692 家。A 股游戏公司中青宝更是在 2021 年 9 月抢跑宣布第一款元宇宙游戏《酿酒大师》。相关研究机构认为，到 2026 年，全球 30% 的企业机构将拥有用于元宇宙的产品和服务；而未来中国元宇宙市场规模可能达到 52 万亿元。

我国多地政府也将"元宇宙"纳入高新领域范畴，并要大力培育发展相关产业。基于"元宇宙"拓展现实、虚实交互、数字孪生等特性，其与 XR（VR、AR、MR）、大数据、AI 等互联网前沿技术和数字经济密切相关。元宇宙也成为一项新的重点孵化产业，被写入合肥、武汉、成都等多地的政府工作报告中。此外，上海、浙江、江苏等省市在相关产业规划中明确了元宇宙领域的发展方向，北京也将推动组建元宇宙新型创新联合体，探索建设元宇宙产业聚集区。地方政府提前布局元宇宙，有利于从政策层面推动元宇宙相关产业的发展和技术进步。

国内商业地产领域也已出现元宇宙的"试水者"，主要体现在部分商场、购物中心运用虚拟技术打造"元宇宙"购物空间，消费者购物体验升级，扩大了客群范围，增强了已有客群的黏性，进而带动商业地产小幅回暖。北京朝阳大悦城发布超写实数字人 Vila 担任项目首位潮流数字推荐官，成为率先涉足"元宇宙"体系的商业地产项目；深圳龙岗万达广场应用 BIM 及 3D 点云扫描技术建立万达广场的数字孪生体，形成与实体广场对应的"平行世界"；广州悦汇城通过大型 AR 实景应用 AR Show，把虚拟的冰雪奇境与现实场景交融，为顾客带来更新奇的购物体验；西安大唐不夜城则联合太一集团打造了全球首个基于唐朝历史文化背景的元宇宙项目《大唐·开元》，在虚拟空间复原了唐长安城的风貌。

虽然预计元宇宙将在未来几年内大幅发展，但数字房地产仍然是一个相对较新的行业，还不能说非常稳定。比如一个元宇宙平台永久离线，那么该平

台中的所有土地和资产都将不存在。数字房地产的估值也是一个问题，因为数字土地的稀缺性是人为创造的，人为因素使得价值无法量化的土地被赋予价值。数字房地产的价值还依赖于高度不稳定的加密货币，所以容易受到经济波动的影响。高收益往往伴随着高风险，新兴领域的投资往往需要被理性看待。

随着元宇宙炒房热的持续升温，2021年12月9日，《人民日报》评论元宇宙中的虚拟土地交易"热到烫伤的风险得防"。元宇宙及其诸多应用场景，尚处在发展的最初阶段，从虚拟到真实还有不小距离，哪些机构能在百家争鸣中脱颖而出仍未可知。同时随着未来政策的持续规范，产业的不断完善升级，数字房地产在其中的表现还需继续观望。2022年2月18日，中国银保监会处置非法集资部际联席会议办公室发布风险提示，防范恶意炒作元宇宙房地产圈钱、变相从事元宇宙虚拟币非法谋利等行为，告诫市场警惕利用元宇宙热点概念渲染虚拟房地产价格上涨预期，人为营造抢购假象，引诱进场囤积买卖或号称所发虚拟币为未来"元宇宙通行货币"，诱导公众购买投资并非法获利的手段。2022年2月21日，中国移动通信联合会元宇宙产业委员会发布《元宇宙产业自律公约》，提出抵制编造虚假元宇宙投资项目、发行元宇宙虚拟币等非法金融活动，远离打着元宇宙游戏等旗号的新型骗局，警惕虚拟房地产等新型标的的投机炒作风险，避免不良信息在元宇宙项目中传播。这些措施表明未来在我国，元宇宙及数字房地产的发展将逐步进入规范发展的新阶段。

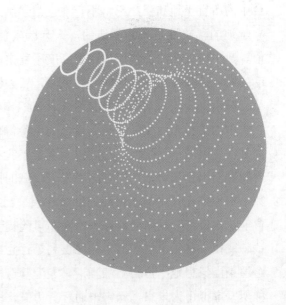

第 8 章
交通元宇宙的星辰大海

　　"交通"一词由来最早可追溯于《易经·泰卦》的"天地交而万物通"，本意是因为有天地的阴阳交合，才有万物的生养畅通。后人逐渐用"交通"表达"互为贯通，交往，勾结"之意。陶渊明在《桃花源记》中写道，"阡陌交通，鸡犬相闻"，其中的往来通达之意延续至今。现代人理解"交通"一词主要也是指从事旅客和货物运输及语言和图文传递的行业，包括运输和邮电两个方面，在国民经济中属于第三产业。运输行业包括铁路、公路、水路、空路、管道五种方式；而邮电包括邮政和电信两方面内容。

　　据《史记》记载，河南省南阳市方城县的"夏路"是中国历史上最早的公路，素有"中国历史上第一条公路"的美誉。而始建于公元前212年（秦始皇三十五年）的"秦直道"，从现今的陕西省咸阳市淳化县到内蒙古自治区包头市的孟家湾村，长700多公里，路面宽20～60米，则是专为军事用途修建的国防大道。而俗语常说的"条条大路通罗马"的罗马大道，则是在公元前500年开始，随罗马共和国及罗马帝国版图的扩大而修建和延伸，成为为罗马军队、官员及平民带来便捷的交通路径，更促进陆上通信及贸易。

　　交通是人类文化、军事、经济发展的先决条件，人类每一次社会和文化进步都与交通密不可分。古希腊遍布整个地中海和黑海的海上交通线连接了亚欧大陆，使之成为地中海地区的贸易中心，成就了古希腊的海洋文明。起自西汉长安，经中亚国家、阿富汗、伊朗、伊拉克、叙利亚等而达地中海，最终到达罗马的"丝绸之路"则被认为是连接亚欧大陆的古代东西方文明的交汇之路。8世纪，维京人发现通往英格兰的北海航线，从而开启了对欧洲沿海国家长达300年的劫掠和征服，同时也促进了基督教在北欧国家的扩散。1492年哥伦布发现美洲新大陆航线，开启了"大航海"时代的繁荣盛世，接踵而至的全球航海大开发则将人类的足迹遍布全球，促进了人类文明大融合。

直至今日，每一次交通技术革命、交通线路的打通都能为人类的经济繁荣、文化沟通起到推动作用。当前，人类正处在互联网 3.0 时代，AI、大数据、云计算、区块链等新技术层出不穷，人类互为贯通和交往的工具也不只限于物理交通概念，更多向信息领域、虚拟世界延伸。元宇宙是在物理世界与虚拟世界之间，建立起虚实共生的新型社会体系的数字生活空间，将人类的"互为贯通"扩展到虚实交互，虚实通达，最终元宇宙将人类文明扩散到宇宙的星辰大海。

8.1 现实交通世界

8.1.1 现实交通世界的构成

在讨论元宇宙之前，我们首先重新审视一下与我们密切相关的现实交通世界。现代人一般理解的交通主要是指交通运输。即利用航空线路、铁路、公路、水路和管道等，针对人员或物资的物理实体传递，以及支撑运输的基础设施修建、经营和管理。1914 年，世界第一条空中美国洛杉矶—旧金山航线开通（全长 559.75 公里），人类第一次在太平洋沿岸的两大城市之间实现小时交通圈。中国第一条空中航线是在 1920 年 5 月 8 日由北洋政府交通部航空事业处开通的北京—天津航线。

1825 年 9 月 27 日，英国开通了世界上第一条铁路线，全程 21 公里的斯托克顿—达林顿铁路，据此人类进入机械交通时代。1937 年，德国修建了柏林至汉堡的世界上第一条高速公路，该高速公路的修建加快了公路运输的发展，刺激了当时德国国民经济的增长。全球海运贸易量从 20 世纪 80 年代开始稳步攀升，2017 年达到 107.02 亿吨。

8.1.2 交通与人类技术演进的关系

人类的交通发展与科学技术进步密不可分，不同于"鸡生蛋、蛋生鸡"问题，在人类交通发展史上一定是先掌握交通技术再形成交通体系。一部人类交通发展史其实就是人类科技进步史。我们先后经历了人力、畜力交通时代，蒸汽机交通时代，内燃机交通时代，电气交通时代，信息交通时代。在人类发展历程的绝大部分时间里（从智人算起约 25 万年），都在使用人力作为交通工具，而马车和牛车的出现是在 4000 ～ 5000 年前。人力、畜力作为交通工具，引领了人类走过漫长的进化岁月，基本体现了"力所能及"的交通时代。1698 年托马斯·塞维利制造出了早期的工业蒸汽机，经过约 100 年的持续改良，1807 年罗伯特·富尔顿成功地将蒸汽机用于驱动轮船，1814 年乔治·斯蒂芬森又将蒸汽机用于驱动火车头，从此人类进入蒸汽机交通时代。蒸汽机作为第一次工业革命的动力引擎，直接推动了交通技术跨入机器时代，帮助人类在大洋、陆地实现"开疆拓土"。

第二次工业革命中内燃机的出现，直接推动交通技术实现海、空、陆的高效传输。1879 年卡尔·本茨制造出第一台单缸煤气发动机，1886 年卡尔·本茨又研制成功了单缸汽油发动机，并安装在一辆三轮车上，这就是第一辆汽车的诞生。以内燃机驱动的汽车，速度更快，更小巧灵活，普及度更高，从诞生之日起就是人类使用最频繁和普及的交通工具。以内燃机作为动力的汽车、火车、轮船、涡轮（扇）喷气飞机、火箭等直至今日依然是人类交通工具的中坚力量。内燃机交通时代对于人类具有划时代意义，人类彻底突破地球表面及近地空间的物理障碍，实现人类在世界范围内的单日到达，并建立起人类海、空、陆的立体、高效、安全的交通网络，实现"所向必所达"。

第二次工业革命中的另一个代表性技术电气系统，也同时深刻影响交通发展。1879 年 5 月 31 日，在柏林的工业博览会上，展出了世界上第一台由外部供电的电力机车（西门子）和第一条窄轨电气化铁路。电气系统驱动的交通工具，几乎与内燃机一同出现，但因为无法解决持续供电行驶问题，电力机车很长一段时间只是和有轨交通绑定。20 世纪七八十年代石油危机爆发，引发了人们使用可再生能源的期望，发达国家政府开始通过制定政策和立法推动汽车电动化。1967 年，日本成立了日本电动汽车协会以促进电动汽车事业的发展，1971 年，日本通产省制定了《电动汽车的开发计划》；1976 年 7 月，美国国会通过了《电动汽车和复合汽车的研究开发和样车试用法令》，以立法、政府资助和财政补贴等手段推动发展电动汽车。1990 年，欧洲"城市电动车"协会成立，帮助各城市进行电动汽车可行性的研究和安装必要的设备，并指导电动汽车的运营。2008 年，特斯拉全球首辆合法配备锂离子电池的跑车交付客户，这是全球首辆一次充满电行驶 320 公里以上的全电动汽车，这对于电气交通时代具有里程碑意义。由于电池技术的突飞猛进，交通工具电气化已成为全世界主流趋势。

人类进入第三次工业革命后，由于信息技术大爆发，交通技术发展发生

重大变化，由传统物理实体形态的互为贯通，转变为虚拟世界、数字世界的互为贯通。计算机、互联网、数字通信技术相继出现，成为人类沟通交流、信息共享的主要工具。信息交通时代实现了人类"无所不在"互联互通。由此，现代人的交通世界由交通工具构成的物理实体世界和信息技术构成的虚拟数字世界这两个平行世界组成。元宇宙的出现则代表物理实体世界与虚拟数字世界相互融合和贯通的新型交通世界诞生，人类从此进入虚实共生阶段。

8.1.3　我国现代交通的融合需求

截至 2020 年年底，中国铁路运营里程达到 14.6 万公里，其中高速铁路运营里程 3.8 万公里，世界排名第一；中国公路通车总里程达 519.81 万公里，其中高速公路通车里程 16.1 万公里，居世界第一。2020 年中国境内运输机场（不含中国香港、澳门和台湾地区）共有 241 个，拥有 9814 条境内航线，完成旅客吞吐量 85 715.9 万人次、货邮吞吐量 1607.5 万吨，仅次于美国、位居世界第二。2020 年中国内河航道通航总里程 12.77 万公里，内河货运量达到 38.15 亿吨，位居世界第一；海运船队运力规模达 3.1 亿吨，位居世界第二；港口货物吞吐量完成 145.5 亿吨，港口集装箱吞吐量完成 2.6 亿标箱，均居世界第一。油气长输管线包括国内管线和国外管线，总里程达到 16.5 万公里，其中原油管线 3.1 万公里，成品油管线 3.2 万公里，天然气管道 10.2 万公里，已基本形成网。

我国交通运输基础设施网络已日趋完善，截至 2020 年年底，综合交通网络总里程突破 600 万公里，"十纵十横"综合运输大通道基本贯通，高速铁路对百万人口以上城市覆盖率超过 95%，高速公路对 20 万人口以上城市覆盖率超过 98%，民用运输机场覆盖 92% 左右的地级市，超大特大城市轨道交通加快成网、港珠澳大桥、北京大兴国际机场、上海洋山港自动化码头、京张高速铁路等超大型交通工程建成投运。我国已形成海、陆、空、河、管道立体、综合的交通网络系统。

但同时，从交通基础设施建设来看，存在网络发展不均衡、结构待优化、衔接不够顺畅，重点城市群、都市圈的城际和市域铁路短板明显等问题；从交通服务来看，存在货物多式联运、旅客联程联运比重偏低，定制化、个性化、专业化运输服务产品供给与快速增长的需求矛盾明显等问题；从技术运用来看，存在智能交通技术应用深度和广度有欠缺，交通运输安全形势仍然严峻，产业链供应链保障能力不足等问题；从环保来看，存在绿色低碳发展任务艰巨，

清洁能源推广应用仍需加快等问题。

交通作为国民经济命脉，关系着国家繁荣富强和人民安居乐业。一直以来，交通运输的发展目标就是人民生活与国家战略发展需求。中国经过40余年的改革开放，经济总量已经迈上100万亿元（人民币）台阶，这也对交通运输提出了更高的要求。

1. 高质量发展需求

（1）运输服务更加高效。提升运输服务质量，提高客运"一站式"、货运"一单制"服务体验，充分实现定制化、个性化、专业化运输服务，解决城市交通拥堵和"停车难"问题，保障农村和边境地区运输服务的通达，实现村落快递服务全覆盖，通向全球的国际运输服务网络更加完善。

（2）技术装备更加先进。5G、物联网、大数据、云计算、AI等技术与交通运输深度融合，发展交通运输领域新型基础设施建设，提高数字化程度，开展数据开放共享和平台整合。实现北斗卫星导航系统对交通运输领域全覆盖，运输装备标准化率大幅提升。

（3）安全保障更加可靠。保障交通设施耐久可靠、运行安全。实现跨部门、跨领域的安全风险防控体系和应急救援体系；保障粮食、能源、矿石等物资运输安全；保障国际物流供应链安全。

2. 融合发展需求

提高旅客出行、货物运输的高效便捷，实现综合交通网络有机衔接。打通公路省际阻碍，加强干线公路与城市道路有效衔接，推进城镇密集地区道路瓶颈路段升级改造。加强枢纽机场与轨道交通高效衔接，使换乘更加便捷。强化进港区、进园区、进厂区、进规模化农产品基地等集疏运设施建设，加快推动铁路进港口重点港区和大型工矿企业、物流园区、重点物资储备库。实现资源高效利用、生态环境保护和防洪航运安全，建设各种运输方式共享通道资源的过江跨海通道。推动超大特大城市的大型综合客运枢纽间通过轨道交通互连。实现联系紧密的综合货运枢纽间通过联络线或专用通道互连。探索多种运输方式规划建设协同和新型运输方式，实现海、陆、空多种运输方式相互协同、深度融合。

3. 综合立体交通需求

构建以高速铁路、国家高速公路、民用航空等为主体的快速网，完善以

普速铁路、普通国省道、港口航道等为主体的干线网，提高基础网保障能力。另见 8.3 节"7. 元宇宙实现多维交通数字空间融合"部分的介绍。

8.2　元宇宙推进交通高质量发展

中国作为一个交通大国，通过对基础设施持续不断的建设，已在公路、铁路、航运、空运等多个领域的里程、吞吐量指标上占据世界领先地位。中国的交通建设思路已从过去的速度优先转变为质量优先。交通高质量发展是通过对高新技术应用、智能化、安全保障方面持续创新和建设，实现运输服务的舒适和高效，绿色低碳环保发展。

随着大数据、AI、区块链、数字孪生、超级计算等新一代信息技术的涌现，以及智能制造、新材料、新能源等新型工业技术的普及，信息技术与工业技术结合形成产业化数字升级，是产业高质量发展的技术路径。例如，将数字孪生技术应用在汽车、民用飞行器、船舶等装备动力和传动系统研发，将 AI 应用在加强综合交通网络协调方面，将云计算应用在城市综合交通协同管控方面，将大数据应用在航运安全管控与应急搜救技术中，等等。

而元宇宙的出现，则把这些单一技术及其应用场景，组合在一个跨技术、跨行业的数字世界中，通过对大数据、互联网、AI、区块链、超级计算等新技术与交通行业深度融合，推进数据资源赋能交通产业发展，实现交通基础设施网、运输服务网、能源网与信息网络的元宇宙虚实共生的大融合，实现在交通安全、交通智能化和绿色环保等方面的高质量发展。

8.2.1　元宇宙促进交通安全保障建设

交通安全保障建设主要是指交通安全风险预警、防控响应和救援支撑的建设。主要包括：交通网络的韧性和安全性保障、物资运输安全保障、交通救援支撑、运输装备安全、信息安全防护等多个方面。由于交通安全保障涉及多个不同的细分行业和管理部门，传统的交通安全保障常常是单打独斗，各自为政。例如，企业，铁路、公路、航空、水运、能源、公安、消防等职能部门，根据自身的数据单独构建交通安全保障系统。

但交通安全整体风险，却是跨企业、行业和政府职能部门的。交通网络系统韧性和安全性就涉及公共安全，多路径、多载具的运输立体通道管理，多

自然灾害区域的应急管理，能源口岸或基地运输管理等。而战略物资的供应链运输安全保障则需要联合物资基地、供应链企业、交通管理部门协同保障。

元宇宙的世界，本质是一套多维互联网世界，它将原有按照区域、功能、职能等水平切分的互联网，整合在多维立体空间内，利用物理实体对象与虚拟对象的映射，实现在数字世界中的虚实通达和协同。交通元宇宙通过将运输装备和基础设施数字化和虚拟化为交通数字对象，实现运输装备在交通运输中性能变化的实时感知；通过建立交通元宇宙的安全风险对象监测防控体系，强化危险货物运输全过程、全网络动态监测预警；通过交通数字对象的互联共享，构建快速通达、准确无误、无缝衔接、可靠的交通安全保障；通过元宇宙多维立体网络，实现不同部门之间的联动、协同和多主体参与的交通安全管理协调。

利用元宇宙海量的分布式数据存储能力，建立交通工程基础设施和运行质量全寿命周期安全管理体系，通过对工程基础设施的数字孪生，实现数字化的安全评估、长期的性能观测、检测诊断和预防性养护，对自然灾害的模拟，可实现工程基础设施病害防治能力，及时消除安全隐患。

在交通元宇宙的数字环境中，可模拟自然灾害和重大交通事故，物资调度、应急救援、运输等都可在数字孪生中反复推演，从而科学规划物资仓库、应急救援基地、消防救援站等，引导建设现实交通世界的应急装备、应急通信、物资储运、防灾防疫、污染应急处置等配套基础设施，提高交通安全事故的快速修复能力和应对突发事件能力。

通过交通元宇宙连接车联网、船联网等用户载具网络，实现对交通载具实例对象的映射和数字孪生，利用云计算和大数据处理能力，为载具用户提供潜在安全风险提醒和服务。针对潜在自然灾害、重大交通事故等环境风险可在用户载具网络内预警，并提出替代路线和辅助交通服务；对用户载具的性能衰减、安全隐患等自身安全风险，可实时监测和提醒，为用户提供一对一的安全服务。

8.2.2　元宇宙提高交通智能化水平

（1）传统的交通智能化是将信息技术、数据通信传输技术、电子传感技术、电子控制技术以及计算机处理技术有效地集成并应用于整个交通运输系统，以解决交通安全性、运输效率、能源和环境保护问题。近年来，随着交通基础设施数字化、网联化推进，卫星通信技术、5G 通信技术、高分辨率遥感卫星、

AI 等新型技术的应用，对于交通智能化需求已从传统的信息化系统向智能决策系统转变。

北斗高精度卫星组网、地理信息建模、智能化载具的普及应用为实现智能网联汽车（智能汽车、自动驾驶、车路协同）、智能化通用航空器应用、自动化立体仓库、智能输送分拣和装卸设备提供了技术支撑；全局多方位的交通基础设施感知系统为交通安全风险提供主动预警，为多维监测和精准智能管控提供数据支撑；智能调度控制系统的大量应用，提高了铁路、空管、公路等调度指挥、协同和运输管理智能化水平。

交通建设是集港口、物资基地、枢纽站等点状物理实体，道路、空域航线、水域航道、能源管线等线性物理实体，以及城市建设和国土资源等面状物理实体为一体的，涉及资源、服务的综合建设体系，最终形成点、线、面等二维交通网络。

（2）元宇宙将赋予交通资源智能化全新定义。在元宇宙中，通过交通枢纽元可在传统交通网络中，智能连接点、线、面各类交通资源，并赋予这些交通资源多维属性。例如，为港口赋予道路属性、铁路属性等，交通枢纽元是一种具有多维属性的连接件，可为单一功能交通资源赋予其他资源的属性。利用交通枢纽元在海、空、陆的元宇宙建立交通资源的智能控制。例如，通过机场的繁忙程度自动控制周边公路的通行调度；通过物资基地的仓库状态动态安排供应链运输计划等。在元宇宙中可以通过交通枢纽元连接更多的交通资源，从而实现智能指令的跨界传递。

交通服务是交通服务商提供给用户的最终产品，传统交通服务是单一供给，例如铁路、公路、空运等。虽然目前已有部分互联网平台企业，基于上层应用提供了一些出行一体化服务体验，但由于底层跨域资源尚未打通，服务的衔接依然处于人工模式。而基于元宇宙的智能服务，则依靠对底层交通资源的衔接，从操作系统和网络协议层实现对更大范围交通资源的充分利用。元宇宙中的交通服务是一种点对点、无缝衔接、自由组合的服务体验，配合智能化的交通基础设施、交通载具和其他生活服务，为用户提供一体化的生活服务体验。

城市交通本身是智慧城市发展的重要部分。城市与交通从建设角度来看是密不可分的，但由于其管理属性不尽相同，常常是统一建设、分散管理和运营的。在智能城市的统一运营需求下，打通城市道路、建筑、公共设施融合感知体系，建设基于城市信息模型平台、动态静态数据于一体的智慧出行体系是

未来的趋势。元宇宙的出现为城市交通与智慧城市建设提供了全新解决方案，在元宇宙世界中，无论是建筑、园区、道路这样的物理可见实体，还是水运航道、空运航线、地下管道等物理不可见实体，抑或是政府职能部门、公共机构、企业等逻辑实体，都可以被元宇宙虚拟映射，在虚实共生的智慧城市环境下，交通与城市利用虚拟世界的数据通达，实现实体感知、虚拟贯通、实体响应的协同发展模式。

8.2.3 元宇宙助力交通低碳绿色发展

2021年10月24日印发的《中共中央 国务院关于完整准确全面贯彻新发展理念做好碳达峰碳中和工作的意见》中，再次明确了2030年实现碳达峰，2060年实现碳中和的世界承诺。并提出了实现目标的具体任务。其中明确了优化交通运输结构、推广节能低碳型交通工具、积极引导低碳出行等交通低碳绿色发展任务。

通过建设综合立体交通网，发展多式联运，提高铁路、水路在综合运输中的承运比重，持续降低运输能耗和二氧化碳排放强度。发展绿色物流，整合运输资源，提高利用效率。通过发展新能源和清洁能源车船，推进铁路电气化、智能交通等，主动降低交通载具碳排放量。通过建设广泛覆盖的公共交通基础设施，加强城市慢行系统与快速道路的分离与接驳规划，缓解城市交通拥堵和环境污染。

元宇宙的优势在于通过无所不在的传感器，实时监测交通基础设施涉及的农田、生态功能区、环境敏感区等物理空间，对交通噪声、污染物、二氧化碳等排放问题开展实时动态治理，交通基础设施与环境生态空间可通过元宇宙建立的数字空间实现感知、分析、响应的治理融合。

通过元宇宙建立的多产业交通空间融合，可进一步优化交通运输结构，形成基于距离、货物、时间等时空要素的专辅线互补融合、多载具运输融合、快慢速通道融合、多能源组合运输融合等，实现能源效能最大化，运输清洁化、低碳化、高效化发展。例如，通过元宇宙对数字空间中产业结构、交通基础设施布局、货品形态等多维视角分析，生成多式联运型物流中心的选址、布局和建设规划方案，包括信息服务区、零担交易与城市配送区、仓储区、堆场区、海关监管区、停车区、综合配套服务区等。

通过元宇宙构建的综合立体交通网具有虚实数据的融合性特征，可以通

过虚拟空间在多运输方式和产业布局的条件下，通过融合模拟选择能耗最优的交通网组合方式；通过对载具实例能耗的量化融合分析，选择排碳量最优载具组合；通过对时空价值的分析，为用户推荐最绿色的通行路线或方式；通过在元宇宙世界中建立用户碳排放数据，使碳中和、碳达峰任务不只限于供给侧，而是向消费侧传递。

8.3　元宇宙助力中国综合立体交通建设

建设现代化高质量综合立体交通网络是中国交通发展国家战略，是通过国土空间规划的立体化指引，统筹铁路、公路、水运、民航、管道、邮政等基础设施规划建设，以多中心、网络化为主要形态，实现多层次、资源配置优化、立体互联、高韧性的立体交通网络。主要由城市群交通网、农村交通基础网、交通枢纽中心构成。

城市群交通网由干线铁路、城际铁路、市域（郊）铁路、城市轨道交通等铁路交通，城市快速路、主次干路、支路级配和结构合理的城市公路网，城市步行道和非机动车道，城市停车设施、充电、加氢、加气、加油和公交等站点设施构成。农村交通基础网主要由四级公路和村组硬化路组成，同时在资源丰富和人口相对密集的贫困地区建设铁路交通。交通枢纽中心则依靠类似京津冀、长三角、粤港澳大湾区等大型城市群的国际海港枢纽、航空枢纽、铁路枢纽和邮政枢纽等疏运体系构成。

交通元宇宙的价值在于将在更广域的时间和空间范围内通过建立数字化交通基础设施，实现立体交通基础设施融合。时间范围是指在交通基础设施的设计、建造、运维等全生命周期；空间范围则包括代表建筑属性的 BIM、地理属性的 GIS 信息、测绘信息、地质信息等；更广域是指相对传统交通基础设施建设以设计、承建等相关单位为主要信息域而言，更加广阔的数据贯通和融合，理论上应该包括国土面积、空域、海域等相关交通参与主体共同维护的数据空间。

1. 元宇宙助力铁路交通基础设施建设

从 2008 年 8 月 1 日，京津城际高速铁路正式开通运营，中国高铁历经 12 年的发展，到 2023 年运营总里程突破 4.45 万公里，位居世界第一。但同时，有 10 万公里铁路里程依然是普通铁路。一直以来,中国铁路基础设施建设就是客货并重、新建改建并举、高速普速协调发展,老旧开放式普通铁路与全封闭高速铁路长期共存。由于中国中西部铁路网覆盖水平仍然很低,资源聚集区、脱贫地区对普速铁路建设需求旺盛,开发性铁路、支线和干线辅助铁路的优化建设是未来铁路发展重点。未来中国铁路建设遵循以高铁"八纵八横"为骨干网络,普速铁路为补充的协同建设思路,需要充分考虑经济性、效率、全局统筹的运输需求,避免重复建设和资源浪费。

但区域经济差异化、运输需求差异化、国土地理空间差异化、铁路技术差异化等,都增加了铁路运营网络统一协调发展困难。基于元宇宙,则是通过广域物理空间映射、多维逻辑空间关联,将空间、时间、需求、经济、产业、技术等综合判断因素,整合在统一的铁路交通网络中。通过虚拟空间的模拟和仿真,寻找最优线路和技术。

2. 元宇宙助力公路交通基础设施建设

目前,中国以国道、省道为主体,"五纵七横"覆盖国土全境的干线公路网络基本建成,中国公路基础设施建设从里程优先向质量优先转型。例如,繁忙拥挤的干线公路需要实施不间断的扩容改造,需要增加并行线、联络线以及待贯通路段建设;低等级公路的提质升级,农村道路的硬化、拓宽;口岸、枢纽、产业园区、旅游景区专线覆盖。

高质量的干线公路扩容与改造需要精确分析道路流量,动态安排、调度保障道路的连续性。支线与村组"毛细"公路修建、升级、硬化和拓宽,需要准确分析当地人口和产业格局,不能干扰正常农业生产活动。专线公路的修建则需要根据口岸、枢纽、产业园区、旅游景区的产业活动的大数据跟踪分析确定最佳路线,避免重复建设、资源浪费。公路的高质量建设离不开对多维度数据的综合分析,利用元宇宙的多维空间特性,将经济活动、产业结构、人口变化等多元社会属性与公路现状、技术条件等公路建设属性一起放到一个广域空间实现综合评估与分析,利用网络数字孪生技术,可仿真模拟时间维度的道路建设变化,从而助力道路的高质量建设。

3. 元宇宙助力航空交通基础设施建设

未来航空交通基础设施建设将主要集中在进一步推动区域机场群协同发展,建设京津冀、长三角、粤港澳大湾区、成渝等世界级机场群;加强枢纽机

场改扩建，提供枢纽机场综合保障能力；精细化机场布局，建设支线机场和专业货运枢纽机场，提升综合性机场货运能力和利用率；大力发展通用航空与低空旅游、应急救援、医疗救护、警务航空等跨行业的融合性产业等方向。

由于中国的空域管理仍处于军航管理体制，中国民用航空局并没有空域的管理权。对比美国民航空域开放 70% ～ 80% 的占比，中国只有 20% ～ 30% 的空域是开放给民航使用的，所以空域资源紧张和核心机场的高负荷运行，一直是制约中国民航交通运营的根源。

元宇宙主要可以在航空基础设施建设的规划和空域精确化管理方面提供新型技术支持。航空基础设施建设的发展已经不再局限于航空领域本身，机场群、枢纽中心、产业聚集地、旅游经济以及救灾、应急等特殊场景，都需要综合人口、社会、经济和地理气候等多维要素综合判断，利用元宇宙在多维空间中差异化信息的包容性和海量数据资源，可为航空基础设施建设提供有效数据支撑，避免重复建设和资源浪费。由于中国民航可用空域占比较低，为进一步优化航路航线，加强军民精确化空中交通管理，进一步细化和缩小垂直间隔，在保障空中交通安全垂直距离基础上，提高航路带宽，缓解空域瓶颈，提高管理效率。元宇宙利用在空地资源整合、数字孪生建模和 3D 成像方面的优势，为"所见即所得"的空中交通管理提供数据、视觉、操作的精确化、透视化支撑。

4. 元宇宙助力水运交通基础设施建设

总体来看，内河运输通航里程趋于饱和，海洋运输欠缺集群化、专业化和功能性码头的建设。未来中国海洋运输发展重点是打造集合沿海区域资源的功能化、服务化、一体化的世界级港口群；重点能源、矿产、粮食等专业化港口和航道，以及相关仓储和铁路、管道等其他载具的转运、接驳设施建设。内河运输发展则将以航道扩容升级和畅通保障为发展方向，完善内河高等级航道网络，提高航道网出海能力，建设支流航道和库湖区航道、内河旅游航道、便民码头等。

打造沿海区域资源整合和共享的港口群，需要集成沿海产业结构和经济资源数据；建设功能化、服务化、一体化的专业码头和相关辅助配套设施，涉及接卸、仓储、转运等多维交通资源和服务的融合；内河航道的扩容升级需要在广域的国土空间内动态监控航道状态；提高内河航运在旅游、便民等方面的功能性服务需要融合当地旅游与人文数据。

元宇宙为水运交通基础设施提供了港口、内河航道、内湖、海洋资源等地理资源映射，由点、线、面构成内外连接的水运数字化网络；提供了区域经济、社会文化、人口结构等逻辑资源映射的区域数字化社会网络；提供了智能仓储、智能物流、旅游等服务资源映射的数字化服务网络；从而构成物理、逻辑、服务三位一体的水运数字化基础设施。

5. 元宇宙助力管道交通基础设施建设

截至2020年年底，中国初步建成西油东送、北油南下、海油上岸，西气东输、川气出川、北气南下的油气管道运输网络。同时，中国也是一个油气进口大国，2023年1-6月我国原油累计进口量28207.6万吨，同比增长11.7%。持续增加，还需要保障东北、西北、西南和海上四大油气进口通道高效和畅通。老旧管道的完善与维护，智能管道的互联互通，支线管道与"毛细"管道市县全覆盖，将是未来管道交通基础设施的建设重点。

随着碳达峰、碳中和任务的加紧实施，清洁能源的使用占比逐步升高，管道运输作为高效、绿色的运输方式，将由横跨境内境外、陆地海洋，由北至南、由西至东的能源主干大动脉和密布城乡的支线、"毛细"管道网络组成，具有跨地理位置与城乡建设差异化特性。基于元宇宙的地理空间、气候空间、城乡建设空间的网络数字孪生，可为管线的环评、选址、铺设、运营提供前期的模拟和评估；基于元宇宙的 VR、AR 等 3D 成像设备，可为管线的日常维护提供穿透式的安全检查和风险告警。

6. 元宇宙网络数字孪生实现交通数字化运维

交通系统是公认的复杂系统工程，其中建设阶段涉及通道、载具、隧道、桥梁、电气、控制调度、环测等多个子系统和建设方。例如，全世界能独立完成高铁修建的国家不超过 5 个。虽然在交通建设阶段可根据项目计划、设计图纸、设计标准、产品标准等统一协调建设状态，保障项目质量和工期，但在运营阶段则存在通道、载具、隧道、桥梁、电气、控制调度等多个运营状态动态同步难的现实问题。

2017 年，德国铁路股份公司（Deutsche Bahn AG，DB），就开始实施"数字化维护"计划，积极推进数字孪生战略在铁路运营中的使用。其中，DB Systel、DB Systemtechnik 及 Digital Rail Germany 团队创建了"数字列车孪生"项目，通过在机车制造厂、机车维修工厂、轨道养护单位、调度控制单位、

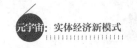
运输服务单位等多个运营参与方之间构建全数字化运维模式的机车历史状态、机车实时状态、轨道基础设施状态、调度控制状态、维修状态、运输服务状态等数字孪生，实现铁路全时空维度下的运维新模式。

元宇宙的数字孪生是在更大范围内的网络内建立虚实共生关系，而在为交通运营建立网络数字孪生则是数字化交通基础设施建设的必要步骤。交通网络数字孪生将不同地理空间的环境数据，铁道、桥梁、隧道、机车等动态数据实例化，建立基于海量实例的交通数字孪生体，从基础设施的全生命周期和全时空范围内监测交通运输的安全运营，实现统一协调的全数字化运维模式。

7. 元宇宙实现多维交通数字空间融合

根据国家统筹综合交通通道规划建设需求，为了强化国土空间规划对基础设施规划建设的约束和规范，节约利用通道线位资源、岸线资源、土地资源、空域资源、水域资源，促进交通通道由单一向综合、由平面向立体发展，减少对空间的分割，提高国土空间利用效率，交通基础设施的融合势在必行。

铁路、公路、航空路线、水路、管道等交通基础设施属于物理实体，这里的融合是指数字空间的融合。在元宇宙中通过交通枢纽元实现多种运输方式的相互协同、深度融合；实现铁路、公路等线性基础设施的线位统筹和断面空间整合；实现综合交通通道与通信、能源、水利等基础设施整合，提高通道资源利用效率；实现综合交通枢纽及邮政快递枢纽统一规划、统一设计、统一建设、协同管理；实现综合客运枢纽各种运输方式集中布局，实现空间共享、立体或同台换乘，打造全天候、一体化换乘环境；实现既有综合客运枢纽整合交通设施、共享服务功能空间。实现整合既有综合客运枢纽的交通设施，共享服务功能空间，提升多式联运的效率与物流综合服务的水平。

8.4 元宇宙实现出行即服务

交通服务是将交通资源整合包装为产品向最终客户提供价值持续输出的过程。主要包括货运服务和客运服务两大类。国家统计局数据显示，2020 年全年中国货物运输总量为 463 亿吨，其中铁路 44.6 亿吨，公路 342.6 亿吨，水运 76.2 亿吨，民航 676.6 万吨。2020 年全年营业客运总量为 96.65 亿人次，其中铁路 22.03 亿人次，公路 68.94 亿人次，水运 1.50 亿人次，民航 4.18 亿人次。从数据上不难看出在中国，无论货运还是客运，公路运输都是人们的首选。分

析原因，除去大宗商品运输外，在更多的货运、客运场景中，公路运输的便捷性、舒适性和实时性优势更加明显。

在中国未来综合立体交通网规划中，货运服务发展方向是追求绿色、高效、低成本和"门到门"，即通过优化运输结构，推进枢纽中心、港口等集疏运铁路、物流园区及大型工矿企业铁路建设，推进大宗货物及中长距离货物公路运输向更环保和低成本的铁路和水运迁移；推进电商物流、冷链物流、大件运输、危险品物流等专业化物流服务发展，促进城际干线运输和城市末端配送有机衔接，鼓励发展集约化配送服务；同时推动铁水、公铁、公水、空陆等联运发展，通过发挥铁路、水运低成本优势、航空运输高效优势和公路运输"门到门"优势，形成交通融合优势互补的现代物流网络。

在中国未来综合立体交通网规划中，客运服务发展方向是快速化、便捷化、舒适化。即通过以高铁、航空为代表的大容量、高效率区际快速客运服务，提升主要通道旅客运输能力；提高铁路、航空的干支线衔接能力，提升旅客运输的便捷性；通过机场、车站、港口的服务能力和品质，提升旅客出行的舒适性；提高城市群内轨道交通通勤化水平，推广城际道路客运公交化运行模式，打造旅客联程运输。通过推进城乡客运服务一体化，提升公共服务均等化水平，保障城乡居民行有所乘。

在新业态、新技术影响下的交通运输"出行即服务"的专业化、场景化发展趋势中，交通运输与旅游融合发展、互联网＋运输服务发展是最为典型的场景。即通过推动旅游专列、旅游风景道、旅游航道、自驾车房车营地、游艇旅游、低空飞行旅游等发展，完善客运枢纽、高速公路服务区等交通设施旅游服务功能；通过发展 AI、大数据、云计算、区块链、元宇宙等新型互联网技术，打造基于用户终端感知的服务系统，实现出行即服务目标。

8.4.1　元宇宙助力资源融合

出行即服务的基础是交通资源的融合，主要包括交通基础设施网、运输服务网、信息网、能源网等资源网络的融合。由于交通网构成的复杂性，呈现资源的多维属性（例如，交通基础设施是以载具、运输服务网是以客户、能源网则是以能源等维度为建设核心），多维交通资源的融合难度大。

元宇宙是一种多维的数字空间，虽然在物理世界多维属性很难直接融合，但在数字空间内，利用互联网的宽度可将没有直接物关系的现实实体映射和关

联在一个纯数字空间内。

交通基础设施网跨域融合，其中公路、铁路、水路、航空路线、管道等主干设施，桥梁、隧道、码头、机场、油气站等辅助设施，都将被元宇宙赋予物理实体的数字映射。数字映射除保存原有物理实体的功能和性能属性外，还将保留其时空属性。利用大量跨越物理区域的设备传感器，各种交通基础设施将在元宇宙中实现状态融合。辅助设施与主干设施的状态融合、主干设施之间的状态融合使交通资源的使用协同调度成为可能。

（1）交通基础设施网与运输服务网融合。运输服务网中的货物、载具、承运商、客户等上层参与者，将在元宇宙中实现与交通基础设施、装备、标准、信息与管理的有机衔接，实现交通运输网动态运行管理与智能服务，实现全供应链、客运链的便捷运输服务网，实现空中、水上、地面与地下融合协同的多式联运网络，完善供应链与客运链服务体系。

（2）交通基础设施网与信息网融合。元宇宙是在传统交通信息化的基础上，更强调数字化融通。即通过交通基础设施与信息基础设施在载运工具、通信技术、智能物联、交通管理等方面实现跨标准、跨行业的协议适配与兼容，实现在元宇宙环境下的交通资源协同调度、安全监控、车路互联等。交通基础设施网与信息网融合是智能交通出行的必要条件，用户可通过在元宇宙的数字化订阅，享受物理世界的交通服务。

（3）交通基础设施网与能源网融合。能源网是交通基础设施的辅助设施，同时也是决定交通运输资源绿色、环保、高效、可用的前提。交通能源网包括各类型能源生产、传输、调度和终端能源补充站点等设施。由于交通能源主要包括煤炭、油气、电力等，它们的传输特点、设施不尽相同，智能复合能源补充难度大。在元宇宙中，将能源设施纳入元宇宙网络，利用数字空间的数据完整和动态调整特性，将煤炭、油气、电力等各种能源设施与交通基础设施实现共联、共享，提高能源利用效率，减少能源资源消耗。对于能源生产与消耗的地域差异性，在元宇宙中可以实现复合能源补充，例如油气转换电力、煤炭转换电力等动态调整。

8.4.2　元宇宙实现点对点交通服务组合

交通资源是实现"出行即服务"的底层网络，交通服务是实现"出行即服务"的上层应用。出行即服务体现的典型特征是一站式联程、个性化、多样化、

随叫随到和智能化。传统公共交通服务（如铁路服务、航空服务、船运服务等）供给方就是交通资源的提供方，服务与资源形成紧密捆绑，优势是从服务到资源是无缝衔接的，资源状态与服务状态实时动态同步；劣势是服务范围窄，跨行业联程服务组合困难、服务体验差，服务商业化程度低。进入互联网2.0时代，虽然出现大量平台商（例如以携程、艺龙为代表的在线票务服务公司）在交通服务供给方之上包装出互联网出行服务，方便旅客便捷订购，但此类服务本质上只是票务服务而非出行服务，即只解决票务订购问题，并不关注用户出行体验。

元宇宙为一站式联程联运的新型交通服务需求，提供点对点的服务组合，利用交通基础设施网与运输服务网融合、交通基础设施网与信息网融合、交通基础设施网与能源网融合等，形成在广域空间内的多维交通资源融合，从而实现交通服务的广泛化、扁平化和普世化。由于交通资源在元宇宙网络中实现了多维互联互通，交通服务有机会实现完全的商业化，个人、企业、政府机构都可以通过对交通资源的申领、包装获得更为人性化的交通出行体验。

在元宇宙环境中建立的智慧交通、智慧物流服务，具备个性化、多样化、实时性的运输服务创新特点，对传统交通服务将产生颠覆性的影响力，元宇宙交通产业链的生态圈将使服务型新兴业态层出不穷，具体表现为时空的无限性、成本的经济性、市场的精准性、信息的透明性、服务的快捷性、效果的可衡量性、服务双方的互动性、大规模、个性化。

在元宇宙中点对点的交通服务提供，代表着服务不再具体依赖某个行业、某个技术、某个平台或某个机构。依托元宇宙海量的服务创作，服务商可以直接点对点调用一切可使用的底层交通资源，可以一对一为客户提供个人化的交通服务。服务商的关注重点将从资源整合、资源调度向客户体验最优化转移。

元宇宙交通服务是客户需求拉动、技术引领、服务导向、市场驱动的高质量服务，是从供给型、建设型服务升级而来的需求型、服务型服务，是从内生型、封闭式发展升级而来的外生型、开放式服务。元宇宙交通服务推动交通运输向一站式联程联运转变，推动大众化、标准化交通服务向个性化、多样化交通服务转变。

8.4.3 元宇宙跨行业服务提供

传统交通服务往往是一种单一维度视角的产物，即"拥有才提供"。在

这里"拥有"是一种绝对的占有，对交通资源的绝对控制，只有在绝对控制资源的前提下才能产生相关服务。铁路局拥有铁道运力资源、航空公司拥有航班才能卖票，服务与资源的捆绑限制了服务的多维视角，从而降低了客户的出行、货运体验。

进入互联网 3.0 时代后，交通运输垂直行业出现大量服务型共享平台，例如滴滴、货拉拉等。虽然他们通过专注在某个垂直交通行业来提升客户体验，但这些客户体验仍然是依靠平台自建交通资源实现的，所以成本高、覆盖行业少，这也是这类型平台长期亏损的原因。

"出行即服务"既要求服务到资源的无缝、高效衔接，又要求低成本、优质的服务体验，以及一站式联程联运，这些在传统单一交通服务商模式下难以解决。在元宇宙的交通世界中，拥有包罗万象的交通资源和海量创作的交通服务，资源的互补性、服务的互补性通过元宇宙多维视角进行跨行业组合，包括交通资源组合和交通服务组合。

关于交通资源组合，从其单一功能角度来看，各种载具之间存在功能互斥性。例如，高铁的普及从功能上看势必降低飞机航班出行的人次。但从资源的多维角度来看，各种载具之间却又存在互补性。在资源的合理布局和调度下，在成本、低碳、效率、舒适度等多维视角下，飞机＋高铁＋汽车联程组合是长距离出行最佳方式。但在传统交通服务的规划中，飞机＋高铁＋汽车的资源并不能互联互通，无法匹配最佳出行方式。在元宇宙中，每项资源都可以通过交通枢纽元实现点对点的资源组合、调度和使用，这无疑为智能化的联程服务提供了底层功能支撑。

关于交通服务组合，从其单一功能角度来看，各种载具服务的主要功能都是运输，客户体验近似，客户会选择价格最便宜的运输服务。但从客户的多维角度来看，每个人的出行目的不尽相同，但出行本质上都是一种时间和空间转移的过程，在时空运动的背景下每个人追求的工作或生活需求却是千差万别的。在时空运动的背景下，睡觉、看视频、听故事、听课、玩游戏等，都属于跨行业服务，属于交通服务的附属服务，但传统交通服务模式并不具备跨行业服务的组合能力。在元宇宙的数字化空间中，除交通服务外，还有大量娱乐、游戏、教育、休闲等服务，是覆盖人类全部现实和虚拟的数字化生活空间，元宇宙的服务组合，将为跨行业的服务组合提供上层应用支撑。

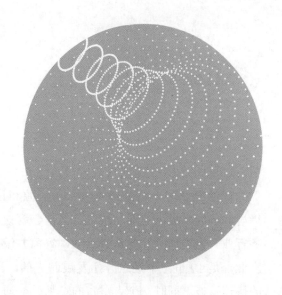

第 9 章
旅游业为何追捧"元宇宙"

旅游产业，一般是指凭借旅游资源和设施，专门或者主要从事招徕、接待游客，为其提供交通、游览、住宿、餐饮、购物、文娱六个环节的综合性服务行业。人类何时开始旅游活动，目前并没有确切的定论，但真正意义上旅游产业，是19世纪中期才开始发展起来的。工业革命的成功，促进了社会经济的快速发展；同时，个人财富的增加、交通工具的改进、城市化进程的发展等极大地推动了旅游活动的发展，终于在19世纪中期诞生了世界上第一家旅行社——托马斯·库克旅行社。旅行社的出现标志着旅游产业的开始，也标志着真正意义上旅游活动的开始。

旅游产业在20世纪80年代以前是以欧美为主导的；到了20世纪90年代，随着亚洲经济的崛起，大面积旅游资源的开发，特别是以中国为代表的新生经济体的发展壮大，逐渐形成欧洲、美洲、亚洲"三足鼎立"的产业格局。在2019年全球旅游总收入中，欧洲、美洲、亚太占比分别为30%、31%、32%；在全球旅游总人次中，亚太占66%以上，欧洲和美洲基本接近15%，这说明亚太旅游的客单价和总收入还有很大的上升空间。2019年全球旅游总人次为122.8亿人次，较上年增长4.6%，全球旅游总收入为5.9万亿美元，相当于全球GDP的6.9%，全球旅游业进入稳步增长阶段。

自1978年改革开放以来，中国开始逐渐重视旅游产业的全面发展。2009年，《国务院关于加快发展旅游业的意见》提出："把旅游业培育成国民经济的战略性支柱产业和人民群众更加满意的现代服务业。"这是在国务院文件中第一次将旅游业定位为"战略性支柱产业"，标志着我国旅游业经历了从之前的"旅游事业"到"旅游产业"再到如今的"战略性支柱产业"的转变。而根据联合国世界旅游组织测算，中国旅游业在2016年就对国民经济综合贡献达11%，对社会就业综合贡献超过10.26%，旅游业已成为国民经济的支柱性产业。

2016年国务院首次将《"十三五"旅游业发展规划》纳入国家"十三五"重点专项规划，旅游业成为国家建设发展重点战略规划之一，旅游业发展进入快车道，中国从旅游大国向旅游强国迈进。

文化和旅游部发布的《2020年文化和旅游发展统计公报》数据显示，截至2020年年底，纳入统计范围的全国各类文化和旅游单位共34.16万个，其中各级文化和旅游部门所属单位66 555个，从业人员69.98万人。中国共有A级旅游景区13 332个，其中5A级旅游景区302个，4A级旅游景区4030个，3A级旅游景区6931个，中国旅游产业蓬勃发展。

但2020年突如其来的一场新冠肺炎疫情席卷全球，使全球经济遭受自20世纪30年代经济危机以来最严重的破坏。2020年全球GDP为84.75万亿美元，受疫情影响增速为-3.2%（而就在2019年全球GDP增速为1.5%），其中美国、欧元区、日本、韩国等主要发达国家的经济发展都陷入停滞。

中国作为世界第二大经济体，2019年全年GDP为14.28万亿美元，增速为6.1%，但受2020年疫情冲击影响，GDP为14.72万亿美元，增速降为2.3%。可见疫情对国内经济的负面影响。新冠肺炎疫情对中国旅游业同样带来了巨大破坏，特别是在未来常态化疫情防控的大环境下，景区如何兼顾游览与安全，如何化解游客需求与疫情防控的矛盾，如何通过数字化技术实现游客一站式定制化服务，如何让现实景观与虚拟技术融合，为游客带来全新沉浸式旅游体验，都是业界亟待解决的问题。中国旅游业求生存、求创新、求发展，离不开新型数字技术的融合应用。

国务院于2022年1月20日发布的《"十四五"旅游业发展规划》显示，未来中国旅游产业将继续坚持创新驱动发展，将强化自主创新，集合优势资源，结合疫情防控工作需要，加快推进以数字化、网络化、智能化为特征的智慧旅游，深化互联网＋旅游，扩大新技术场景应用。特别是在新技术应用与技术创新方面，加快推动大数据、云计算、物联网、区块链及5G、北斗系统、虚拟现实、增强现实等新技术在旅游领域的应用普及，以科技创新提升旅游业发展水平。大力提升旅游服务相关技术，增强旅游产品的体验性和互动性，提高旅游服务的便利度和安全性。鼓励开发面向游客的具备智能推荐、智能决策、智能支付等综合功能的旅游平台和系统工具。推进全息展示、可穿戴设备、服务机器人、智能终端、无人机等技术的综合集成应用。推动智能旅游公共服务、旅游市场治理"智慧大脑"、交互式沉浸式旅游演艺等技术研发与应用示范。

2021 年是元宇宙的元年，元宇宙的 3D 沉浸式体验、全数字化多维虚拟空间、虚实共生的数字生态等特点，与旅游业的现状形成融合的互补效应，因此元宇宙一经问世，就受到国内外旅游业的关注与追捧。

2022 年 2 月，迪士尼公司 CEO 鲍勃·查佩克表示，元宇宙是迪士尼首要考虑的战略之一。未来，迪士尼既要在主题公园中创造出真实的世界，同时也要利用媒体、数字和虚拟元素，以流媒体平台为契机，将两者进一步结合。

2021 年 11 月 18 日，张家界元宇宙中心在武陵源区大数据中心正式挂牌，张家界成为全国首个设立元宇宙研究中心的景区，揭开元宇宙与旅游融合发展的大幕。国内首家元宇宙主题乐园——深圳冒险小王子元宇宙主题乐园——将落地深圳光明小镇，总投资 75 亿元人民币，计划 2022 年年底对外开放。2021 年 11 月海昌海洋公园携手 Soul App 打造的"海底奇幻万圣季——打开年轻社交元宇宙"主题活动圆满落幕，活动通过分享万圣社恐星球测试赢取公园门票、使用 AR 贴纸合影搞怪获取"万圣灵魂派对"入园资格、乐园盲盒缆车惊喜互动等线上线下联动的创意玩法，为年轻一代带来了沉浸式、场景化的社交新体验，活动上线后 48 小时就有超过 14 万名年轻用户积极参与互动。北京的环球度假区、张家湾、大运河景区等都将引入元宇宙应用场景，希望借助全球最大环球影城产业资源，联合周边文旅地产，共同打造体验式、沉浸式商业，形成顶级商圈。

另外，还有上海奉贤区新城元宇宙城市会客厅，全球首个唐朝历史文化背景的元宇宙项目《大唐·开元》，奥雅绽放数字艺术中心元宇宙体验空间等多个元宇宙文旅项目启动。尽管很多项目还只是利用 VR、AR 等 3D 渲染设备实现景区项目的宣传和推广，还处在元宇宙的早期阶段，但我们有必要用本章去展望和分析旅游业与元宇宙将擦出什么样的火花。

9.1　旅游业疫情之痛

旅游产业是全球经济发展的主要贡献者，在世界范围内旅游产业已成为很多国家的支柱型产业，旅游业兴衰直接关系国家民生、经济和社会稳定。世界银行 TCdata360 数据库 2020 年数据显示，马尔代夫、塞舌尔、安提瓜和巴布达、巴哈马、瓦努阿图、佛得角、圣卢西亚、伯利兹、巴巴多斯、斐济，成为最依赖旅游业排名前十的国家，其中排第一的马尔代夫，旅游业收入占全国

GDP 的 75.1‰；第十名的斐济旅游业收入占全国 GDP 的 39.3%。即便是像美国、中国这样综合经济实力排名前两位的国家，旅游业也是主要的经济发展动力，2019 年美国旅游业总收入为 1.84 万亿美元，占当年美国 GDP 的 8.6%，居世界第一位；2019 年中国旅游业总收入为 5.9 万亿元人民币，占当年 GDP 的 6.9%。2020-2022 年疫情对旅游业影响巨大。

《世界旅游经济趋势报告 (2023)》指出，2022 年全球旅游总人次达到 95.7 亿人次，全球旅游总收入达到 4.6 万亿美元，分别恢复至 2019 年的 66.1% 和 79.6%。全球旅游总收入相当于 GDP 的比例恢复至 4.8%，比 2021 年增长了 0.7%。2022 年全球国内旅游恢复程度好于国际旅游，全球国际旅游收入增速远高于全球贸易增速，发达经济体旅游恢复表现好于新兴经济体。

据预测，2023 年全球旅游总人次将达 107.8 亿人次，全球旅游总收入将达 5.0 万亿美元，分别恢复至 2019 年的 74.4% 和 86.2%。2023 年上半年，国内旅游收入（旅游总花费）2.30 万亿元，比上年同期增加 1.12 万亿元，增长 95.9%。其中，城镇居民出游花费 1.98 万亿元，同比增长 108.9%；农村居民出游花费 0.32 万亿元，同比增长 41.5%。

9.1.1 景区之痛

景区作为游客游览的目的地，是整个旅游产业链的核心环节，也是受到新冠肺炎疫情冲击最严重的产业。2020 年 1 月 24 日起，随着全民阻击新冠肺炎疫情的打响，我国 90% 以上旅游景区纷纷关停，这就直接形成了旅游景区游客被"清零"和春节黄金档期"颗粒无收"的严重影响。要知道 2019 年春节期间，全国旅游接待总人次为 4.15 亿，实现旅游收入 5139 亿元，增长速度均超过 7%。

大部分景区在春节关停期间，基本处于零收入状态，相关餐馆、酒店、线下娱乐的经营活动也基本停止。景区面临的压力主要表现在员工工资支付、贷款偿还、维护投入、订单退款、建设项目中断等。2020 年 4 月，部分地区才开始逐渐复产复工，到 2020 年 7 月国内跨省、市地区旅游，也开始恢复团队旅游。但随后疫情间断反复，防控措施仍然持续趋严，旅游景区断断续续地接待，仍然面临收入不足、维护成本高、人员工资和社会其他支出等入不敷出的现状。例如，峨眉山自然景区 2020 年营收为 4.673 亿元，同比下降 57.82%；天目湖自然景区 2020 年营收为 3.74 亿元，同比下降 25.62%；长白

山自然景区 2020 年营收为 1.48 亿元，同比下降 68.41%。另外，我国 70% 的旅游景区，尤其是中西部不发达地区的景区，主要依靠门票收入，缺少附属产品收入和品牌增值收入等多样化收入来源，面对突如其来的疫情关停和常态化防控限制，短时间内无法解决经营收入单一、客流量不足问题。

9.1.2　从业者之殇

截至 2020 年年底，中国各类文化和旅游单位共 34.16 万个，其中各级文化和旅游部门所属单位 66 555 个，旅行社总数为 40 682 家，从业人员 69.98 万人。文化和旅游部发布的 2020 年度全国旅行社统计调查报告数据显示，2020 年度全国旅行社营业收入为 2389.69 亿元，同比下降 66.4%；营业成本为 2280.86 亿元，营业利润为 -69.15 亿元，同比下降 315%，利润总额为 -71.77 亿元，同比下降 266%，双双亏损。

2020 年度全国旅行社国内旅游组织 5772.71 万人次，同比下降 67.3%；接待 7515.82 万人次，同比下降 59.3%。入境旅游外联 41.31 万人次，同比下降 96.6%；接待 66.15 万人次，同比下降 96.3%。出境旅游组织 341.38 万人次，同比下降 94.6%。

行业岗位调查数据显示，有 80% 的被调查导游虽然从事着导游相关工作，但没有业务。有 15% 的导游虽然从事相关工作，但还会趁有时间做些兼职，在最大程度上增加自己的收入。同时还有 35% 的人表示，自己停工可能会持续到 2022 年 5 月 1 日左右。从这些数据我们也能够看出，导游行业目前存在着失业的风险，如果想要养家糊口，可能就要另寻出路。

通过以上数据不难看出，本次新冠肺炎疫情对于旅游社、导游等旅游从业者的影响不可谓不大；景区的行业生态环境、供应链渠道及其服务商也严重受挫，线上平台和线下旅行社，酒店、餐饮、购物、娱乐等服务企业，还在苦苦挣扎；对我国文化旅游产业结构和商业模式必将产生深远的影响。疫情在 2020 年初暴发之时，没人能想到直到 2022 年的今天旅游业的恢复依然是缓慢的，旅游业的从业人员将面临产业格局调整和业务模式的升级。

9.1.3　游客之苦

一边是景区、旅行社、酒店、餐饮等苦于客流量少，入不敷出；一边又是大众游客苦于无法随时出行，抓住景区开放窗口，扎堆游览。即便是在疫情阴霾和防疫政策的双重限制之下，2020年中秋国庆的8天长假，全国游客仍然献上国内出游6.37亿人次、恢复到疫前同期的81.5%，消费4665.6亿元、恢复到疫前同期的71.8%的喜人成绩单。这一度让人们看到旅游业恢复的曙光。

但新冠病毒的持续变异，从贝塔、德尔塔到现在的奥密克戎，病毒的无孔不入，使游客的旅游需求无法全部释放，旅游产业恢复缓慢。2021年春节七天假期国内出游2.56亿人次，恢复至疫前同期的75.3%；实现旅游消费3011亿元，恢复至疫前同期的58.6%。2021年国庆假期国内出游5.15亿人次，恢复至疫前同期的70.1%；实现旅游消费3890.61亿元，恢复至疫前同期的59.9%。

从"入境旅游限制""出境旅游限制"到"无必要不出省"等防疫政策要求，游客的出行窗口在缩小，出行范围在变窄。2020年以来，有限的旅游出行时间，造成大量游客拥堵和滞留，游客苦不堪言。高德地图发布的《2020国庆出行报告》显示，2020年10月1日至7日，全国高速拥堵里程占比同比上升66%；国内主要5A/4A景区中，有近300个已恢复至2019年国庆的游客量水平。2020年9月30日，杭州市区出现了大范围交通拥堵，这是近5年来严重拥堵持续时间最长的一天，因为9月30日是2020年国庆、中秋双节重叠假期的第一天。

根据文化和旅游部测算数据，2021年"五一"假期，全国国内旅游出游2.3亿人次，同比增长119.7%。实现国内旅游消费1132.3亿元，同比增长138.1%。"五一"期间，全国共约1.2万家A级旅游景区正常开放，约占全国A级旅游景区总数的90%，全国5A级旅游景区接待游客约4800万人次。游客需求的集中释放，在让人们看到产业希望的同时，又严重地影响了游客的游览体验。景区里人山人海，高速路上大排长龙，类似"八达岭长城景区发布游客流量预警""杭州西湖断桥变人桥""西安兵马俑只见人头不见俑"等负面新闻不断。游客旺盛的需求与旅游窗口的不确定性和间断性使游客叫苦连天。

9.1.4 后疫情时代的旅游业思变

旅游从本质来讲，既要体现"旅"的外出含义，即为了实现某一目的而在空间上从甲地到乙地的行进过程；又要实现"游"的游览、观光、娱乐含义。人们对旅游的需求，实质上也是希望看到、触到、感受到与自己生活空间完全不一样的异域体验。但随着新冠肺炎疫情的暴发和持续，人们便捷体验异域风情变得非常困难。在后疫情时代中国旅游业将何去何从显得扑朔迷离。

不过有一点是得到政府、企业以及游客广泛认同的，那就是旅游模式将逐步向全域旅游、智慧旅游模式转变。利用新型技术实现的非接触旅游将与其他相关产业不断融合发展，衍生出新产品、新业态和新供给。"元宇宙＋旅游"就是通过三维建模、AR、VR等技术实现非接触旅游的一种技术路径。它不仅改变了人们对旅行的全新认识，而且更好地满足了用户的消费需求。

以新冠肺炎为代表的呼吸道传染病，主要依靠人与人、人与物的近距离接触传播，这与旅游的核心理念产生很大冲突。旅游的体验过程不可避免会出现人与人的接触，人与景观、物品的接触，这似乎是不可调和的矛盾。部分景区也意识到这点，及时推出"云旅游""云演出"等利用App、公众号、小程序等工具，实现远程的非接触旅游的服务。但旅游的核心理念是地理空间的转移和沉浸式游览、娱乐感受，仅利用互联网Web、App等数字技术和手机、电脑、电视等数字设备是无法达到人们旅游的真正目的与感受的。

非接触旅游，不仅要体现无接触或保持物理上的安全距离，还必须保障旅游的核心理念，否则非接触旅游就只是景点的广告和宣传。非接触旅游必须要具有实时性、空间感、沉浸感、定制化、3D渲染、动态交互等特性，否则无法满足旅游的基本要求。

1. 实时性

不同于景区预先录制的景点宣传视频和特效CG，非接触旅游更关注的是所见一切是否刚刚真实发生的，是否与游客处在一个时间维度上。一声鸟叫、一片落叶、一丝霞光都被游客实时观察和感受。实时性代表每位游客看到的、感受的、体验的都是独一无二的风景和人文，每位游客在不同季节、不同天气、不同角度都有自己的不同旅游体验。

非接触旅游实时性的数字化实现并不容易，这要依赖遍布景区的360度的图像采集、天气感知、声音采集等海量传感器才能实现，并且还要处理海量数据的传递、存储和加工，需要将5G、云计算、物联网、AI等技术综合利用。

2. 空间感

旅游的基本需求之一就是摆脱地域空间的束缚，去不同的地方体验异域风情。如果只是让游客在家看电视、看手机欣赏旅游风光，是实现不了非接触旅游的核心功能的。人类的空间感知能力是通过各种官能（视觉、听觉、味觉、嗅觉和触觉等）来感觉周围空间变化的。其中，因为进入人类中枢神经系统的神经纤维有2/3来自眼睛，所以空间感知觉大部分又是由视觉来支配的。

非接触旅游需要通过数字孪生体，模拟各种景点和不同场景下的真实空间感受，并通过在客户端的游客多维感官设备将景点的视觉、声音、天气等空间感受，身临其境地传递到游客的大脑，让游客有身处异地的错觉。目前，5D影院已经可以利用座椅特效和环境特效，模拟电闪雷鸣、风霜雨雪、爆炸冲击等多种特技效果，将视觉、听觉、嗅觉、触觉和动感完美地融为一体。但在非接触旅游的应用中，还需要解决高昂的成本和设备小型化的问题。

3. 沉浸感

目前，旅游行业过去所实行的"门票经济"也在逐步地被"体验经济"所取代，传统走马观花的旅游消费方式已经难以满足消费者的需求，出现了以"80后""90后""00后"为主的新兴文化消费群体和依托互联网技术实现文化旅游的沉浸式的体验消费方式。沉浸式的体验旅游消费出现并逐渐成为主流，人们不再局限于纯自然景观的消费，相反，更加渴望具有充分融入当地人文的体验性、娱乐性和知识性的多层次旅游体验。另外，沉浸式的体验旅游自身所具有的高度模拟性、个性化、参与性等特点为游客带来不一样的旅游感受，同时也为消费者提供了身临其境的体验。

沉浸感除了来自空间感以外，还需要与当地景点人文活动建立互动，通过现代通信技术和网络技术，可实现对异地风土人情的沉浸体验。

4. 定制化

近年来，由于人们对旅游品质要求提高了，个性化、高品质服务的定制旅游逐渐成为旅游发展的新趋势。市场也正在从"生产者导向的推式传统旅游供应链"向"消费者导向的拉式供应链"转变。定制化旅游消费是通过寻找旅游达人、旅游博主来制订专属旅行计划的消费方式，线上线下旅游平台纷纷推出了私人定制旅游业务。这样既摆脱了"跟团游"的束缚，又能够解决自由行中旅游线路设计专业性差和参与性低的问题。

随着人们对高品质旅游消费需求的扩大，定制化旅游消费将迎来更广阔的发展空间，逐渐变成大众旅游消费。

5.3D 渲染

人类的视觉神经拥有240万根神经纤维，占到中枢神经纤维的2/3，能感受80%的外部信息。达特茅斯学院神经学家帕特里克·卡瓦纳（Patrick Cavanagh）说过一句著名的话："我们看到的并不是现实，我们看到的，只是大脑为我们编造的故事。"

以目前人类所掌握的技术，还无法完全 1∶1 复制一座山、一座城市，但人类可以通过视觉错觉现象构建一个看上去真实的环境体验。3D 渲染则利用这一特性，通过对多层图像控制与加工让人们误以为自己看到的是真实的视觉画面。制作一部 3D 电影，每一帧需要花费 20 ～ 30 分钟，一个动作大概需要 90 帧，一部电影至少需要半年的时间。但目前在非接触旅游的动态、实时 3D 视觉系统中采用传统 3D 渲染还有很大难度，还需要更自动化的渲染引擎和海量的算力。

6. 动态交互

观看景区宣传片、视频、照片等单向的游览方式并不是旅游的真实目的，这也是众多"云游""云演出"App 得不到游客认可的原因。非接触旅游除了要解决前面所讲的实时性、空间感、沉浸感、定制化、3D 渲染等问题，还需要解决动态交互问题。动态交互对于接触式旅游是一件非常自然、随意和没有难度的事情，旅游过程中与周边陌生人员的一次握手、一个眼神、一次对话都会让现场的气氛和体验状态发生变化，而体验的状态变化则是旅游的乐趣之一，没有状态变化的旅游体验就如一张白纸般的浅尝辄止。

数字化环境下的非接触旅游并不是一件容易的事情，不光需要更加敏感、便捷的游客动作捕捉技术，还需要在与其交互的游客那里产生动作反馈。目前要实现该技术并非不可能，但造价高昂、设备巨大，未来只有彻底解决游客之间、游客与当地人之间的动态交互问题，非接触旅游才能真正体现旅游的核心理念。

9.2　景区元宇宙打造

9.2.1　打造景区虚拟沉浸式数字旅游空间

1. 打造元宇宙数字化自然生态空间

近年来，中国生态旅游持续升温。这是一种以森林、草地、湿地、海洋等资源优势为依托的休闲旅游方式，是旅游发展的新潮流。生态旅游主要依托国家自然保护区、国家森林公园、国家湿地公园等自然生态景区，开展徒步、自行车、自驾等全域大面积的旅游活动。

进入 21 世纪后，科技与生态旅游不断融合使旅游更加趋向智能化和智慧化。生态旅游景区可利用数字技术准确统计和预估旅游人数，实时掌握客流、路况等动态，提高生态旅游景区的管理能力以及游客的满意度；数字技术也可用于旅游过程的无缝连接，为游客的出行提供方便，为游客提供个性化和深度体验服务。中国首个未来景区样板的西溪国家湿地公园，把"科技＋生态旅游"作为未来景区建设规划战略，其中智慧票务、智慧导览、智慧景区大脑都率先在此落地。西溪国家湿地公园希望能够通过 AI 实现景区智能管理和数字化经营，通过实时监控等手段对数据进行分析，包括客源地分析、客流监控、实时路况等。游客则可通过扫码购票后刷脸入园，并能通过官方 App 预订酒店、购买美食、查看电子地图和旅游攻略，从而实现个性化行程定制。

但以西溪国家湿地公园为代表的景区数字化和智慧化优化，仍然是以接触式旅游为景区运营根本。而新冠肺炎疫情从暴发到现在也有 2 年多的时间了，目前还未有丝毫消失的迹象，常态化防疫的现实，倒逼景区开展更加深入的非接触旅游的数字技术探索。在后疫情时代，寻求旅游新经济模式，非接触旅游将是接触式旅游的一种有效补充，游客可先通过非接触旅游对旅游活动预热：游客在家即可首先感受身临其境、沉浸式的旅游体验，可以低成本、安全和快速地感受景区知名景点带来的震撼享受。

元宇宙为非接触旅游提供了景区数字孪生建模、3D 渲染、全息成像等多种技术手段和"随叫随到"、沉浸式的旅游服务体验。景区自然生态景观可利用卫星遥感、卫星成像、地图、现场测绘和 GIS 等技术采集和生成基础景区地理 3D 信息模型，对于树木、草坪、水体等大量由相似自然物体组成的大面积自然景观，可对单一自然物体详细建模，再用 AI 技术自动补充剩余物体对象。之后利用数字孪生技术，在元宇宙景区节点中生成生态景区数字孪生体，景区数字孪生体是由多个景点数字孪生空间构成的，自然生态数字空间可采用从点到线、到面再到立体空间的构建顺序，逐渐完善景区数字空间的模型。构建后的数字孪生空间通过元宇宙景区节点延伸到其他景区空间，最终形成景区相互连接的 3D 数字空间网络。

建成的景区 3D 数字空间可为接触式旅游做补充，为游客提供低成本、便捷、身临其境、沉浸式的非接触旅游体验，游客可通过家庭头戴显示设备或全息影像投影实现景区全方位 360 度的参观游览。

2. 打造元宇宙数字化博物馆

博物馆是保存人类文明历史发展进程的殿堂，是人类璀璨文明的见证。近年来，随着"文化热"的兴起，博物馆旅游已成为文化旅游的新热点。为更好地服务游客，博物馆也尝试采用互联网技术开展博物馆新媒体文化宣传和门票预约活动，推出了博物馆官网、微信、微博、短视频、App 等众多互联网交互媒体平台。以上海市为例，140 家博物馆中，有 71 家开设网站，132 家开设微博、微信公众号，20 家推出数字全景展厅。

根据国家统计局数据，2009—2019 年我国博物馆的参观人数从 32 715.6 万人次增加到 114 669 万人次。2018 年中国国家博物馆、湖南省博物馆、南京博物院、陕西历史博物馆、浙江省博物馆、山西博物院以及广东省博物馆就集体入驻抖音，并且合作推出"博物馆抖音创意视频大赛"，通过一系列新媒体技术，将当下最受欢迎的流行元素与国宝进行有机融合，让博物馆文化走进年轻受众。

新冠肺炎疫情暴发后，旅游产业受到沉重打击，博物馆也不例外。目前已有多家博物馆推出线上 VR 展厅、"博物馆云春游"和"在家云游博物馆"活动，模拟实景参观，让游客足不出户就可以在线游览。同时，有的博物馆通过数字图像采集、云计算和 AI 等新技术，进行博物馆文物数字化扫描、归档和云端永久保存。2019 年故宫博物院和腾讯签署合作协议，通过利用"数字化 + 云化 +AI化"完成文物的采集、存储、展示等活动，助力建设"数字故宫"。

利用新型数字技术挖掘博物馆海量文物资源的数字价值，开发具有市场竞争力的文化创意产品，目前已得到业界广泛认可。但在具体数字化路径方面，因受限于技术条件，往往只重视利用互联网平台，拓展文创产品销售渠道，扩大自身影响力，而忽视博物馆的数字化和文物的数字化本身已经形成全新的旅游数字经济。文化与科技的融合，对于博物馆而言是一次重大的突破，科技不仅改变了博物馆藏品的展陈方式、消费者的体验方式，而且让博物馆成为数字藏品的版权所有者，可以促进数字藏品的交易与民间收藏。

元宇宙为博物馆提供了数字孪生空间构建和数字藏品发行的技术和网络基础。通过 3D 激光扫描和视频动态成像技术可构建博物馆室内的动态数字孪生。不同于目前常用的静态室内空间建模看到的静态图片，动态数字孪生可为游客呈现 7×24 小时实时在线的真实动态 3D 图像，游客可利用 3D 眼镜、头戴显示设备、全息投影设备等，以第一人称视角参观动态的博物馆展品。

同时，针对博物馆收藏品可构建 1∶1 数字孪生文物，即数字藏品。文物是人类历史文明遗留的瑰宝，禁止交易，但其数字复制品则属于文化创意产品，通过交易不仅可活跃文创产品市场，还可让人们更加深刻地理解文物背后的历史文化意义，提高全人类对自身文明的认知。不同于直接对文物拍照、绘画或1∶1的物理复制，元宇宙下的数字孪生文物通过区块链 NFT 技术，根据文物历史文化标记、物理属性和外观特点的数据，构建具备文物唯一属性的数字藏品，实现数字版权和所有权的分离，数字版权将与文物实品实现 1∶1 的锚定，所有权则可根据市场需求进行拍卖和交易。数字藏品作为全新文创产品，可在元宇宙网络内实现其价值转移和升值，博物馆作为元宇宙的一个节点将为数字藏品提供真实性验证和价值评估服务。

3. 打造元宇宙数字化文化演艺空间

根据《2019 年演出行业洞察报告》，2019 年我国演出票房突破 200 亿元，同比增长 7.29%，其中旅游演出票房增速最快，同比上升 9.58%，票房收入达到 73.79 亿元。特别是近年来，随着新型声、光、雾、电等新型特效技术的应用，旅游演艺也由旧有的镜框式舞台表演、实景演出，发展到现在的沉浸式演艺模式。新技术改变了以设备和宏大场面为核心的传统文化演艺，形成了以内容创新、创意以及新技术为核心的文化演艺，例如"印象"系列、"山水盛典"系列、"又见"系列、"千古情"系列等情景体验剧。

作为 2018《魅力中国城》年度魅力旅游演艺项目的《又见敦煌》，它就采用"走入式"情境剧场演出技术，通过剧场的舞美设计、技术操控和多维空间的立体表演，叙述敦煌千年的历史，将观众一下子带入敦煌的千年历史轮回中。另外，杭州宋城景区打造的大型高科技时空秀《古树魅影》采用先进的声、光、雾、电等科技手段营造出 360 度全景剧场，为观众带来震撼的视觉、听觉、触觉等感官冲击力，增强了现场的体验感。

2020 年新冠肺炎疫情暴发，中国演出行业遭受巨大的打击。但同时也在倒逼旅游文化演艺行业加快新技术、新创意和新模式的应用，如利用互联网平台开展"云演艺""微演艺"等方式。但这显然只是改进表演观看的渠道，而不是优化观众的体验，还达不到沉浸式演艺模式的要求。

元宇宙与文化演艺的融合，主要是利用元宇宙多维数字空间的延伸性，提供身临其境的内容呈现方式、角色互换的观看体验。多维数字空间的延伸性是指现实向虚拟空间的延伸，当前向历史和未来空间的延伸，天地之间的空间延伸等，演出可跨越舞台束缚，在元宇宙的虚拟空间内营造更加真实的演出环

境。身临其境的内容呈现方式是利用元宇宙 3D 渲染技术和 VR、全息投影等技术，将表演的声音、景色、3D 画面投放到观众面前，利用情境、气氛、沉浸的体验让观众身临其境地融入故事中。角色互换的观看体验是指在演出中，观众可以数字虚拟人物身份加入表演中，作为演员不只是观赏者，真正让观众实现角色互换。

元宇宙与文化演艺旅游深度融合将形成全方位、立体化、互动沉浸式体验旅游演出，将极大地刺激观众的感官，成为文化演艺旅游的主要发展趋势。

9.2.2　打造景区数字纪念品

不知从什么时候开始，中国国内的景区出口也被设计为必须从景区纪念品中间穿越而过，且无论自然景观、非物质文化还是博物馆等都先后效仿。景区纪念品作为景区旅游产品的附属产品，是具有一定景区本地特色和纪念意义的商品，也称为景区商品。但近年来，随着移动互联网和电商的普及，景区纪念品无论在设计、质量还是价格方面都毫无优势，游客对景区纪念品商店也望而生畏。

1.传统景区纪念品市场现存问题

（1）纪念品普遍雷同，缺少景区独特性。由于缺乏纪念品定制化设计、生产机制，也缺少基于纪念品的经济模型研究，目前中国景区纪念品市场的产品设计普遍雷同，缺少景区特有的生态、文化属性。例如，在四川峨眉山景区买到的手串、佛珠、木梳等纪念品，在山西平遥古城也能买到。纪念品市场采用规模化和集约化设计和生产模式，大部分生产地都集中在江浙一带，而批发市场主要来自义乌，景区只是简单地采购、贴牌和销售，缺少对景区独特性的价值经营。

（2）价格混乱，普遍价格偏高。即便景区将纪念品店设在游客休息点、出口等必经之地，大部分人也只是看得多买得少，匆匆而过，避之不及。特别是在移动互联网和电商经济发达的今天，一个纪念品的价值几何，通过手指轻轻触动就能获取。而景区内的纪念品一般比电商贵 2 倍以上，且定价规则不透明，比较随意。

（3）普遍粗制滥造，质量堪忧。目前景区的运营模式本质上主要还是资源利用型，而不是产品创新型。纪念品作为景区旅游产品的附属产品，更多的是直接采购、贴牌和销售，而且中国大多数观光型旅游景区属于"一次性"游览区，

重游率低于 10%，为此纪念品的质量也就不是景区运营者关注的核心问题。

2. 利用元宇宙建立物理纪念品社会化设计制作网络

元宇宙作为一种数字平行世界，可通过价值互联网将社会参与者组织在一个高可信、价值对等互换、去中心化的交易网络中。景区运营者可加入元宇宙并利用网络的开放性将景区特色生态农户、旅游博主、独立设计师、小商品制作厂商共同组织在元宇宙网络中。景区运营者提出特色纪念品设计、生产、采购需求，独立设计师根据景区本地特色材料、景物等开展设计，版权归设计师所有，所有权归景区运营者；小商品制作厂商可根据设计图纸开展生产加工，加工材料可由景区特色生态农户提供；生产好的纪念品可由旅游博主开展数字化营销。整个过程多方参与者可通过区块链的分布式记账手段，将投入与应得收益写入账本中，景区或旅游博主每销售一件纪念品，所得收益将按照多方参与者预定比例依照智能合约进行实时分配。在元宇宙中，各方付出与回报更透明，更具备合作意愿，"共建共营"的纪念品设计、制造、发行流程，为每位游客提供独一无二的商品，集众人之力解决景区纪念品在独特性、价格和质量方面的困扰。

3. 打造基于 NFT 的数字纪念品

2008 年区块链技术的诞生，为数字艺术品提供了发展条件。区块链在分布式网络中利用密码学、账务、交易模型的综合应用实现了一种低成本、开放的交易真实性验证机制。例如，比特币的 UTXO 模型，每一单位的 UTXO 都能追溯其真实来源、持有和交易历程，这种特性使去中心化的资产验证成为可能。早期的区块链技术主要服务于货币和金融领域，近年来开始向艺术品、供应链、公共服务等领域扩展。

2021 年 3 月，佳士得拍卖行以 6900 万美元成功拍卖了数字艺术家 Beeple 的一幅 NFT 作品《Everydays：the First 5000 Days》，震惊全世界。NFT 是用于表示数字资产的唯一加密货币令牌，可以买卖。世界上第一个 NFT 项目是 2017 年 6 月 23 日推出的 CryptoPunk 项目，CryptoPunk 是由 24×24 像素、8 个比特组成的不规则数字艺术图像集合，大约有 10 000 个，每个都有自己随机生成的独特外观和特征。Dapper Labs 团队受到 CryptoPunk 的启发，在以太坊发布了专门面向构建非同质化通证的 ERC721 通证标准，并在 2017 年 10 月推出了一款叫作 CryptoKitties 的加密猫游戏，顿时火爆数字货币圈，一度拖

垮以太坊网络。NFT 的价值在于其独特性、唯一性和低成本的可识别性。

景区的纪念品产业可以利用 NFT 技术，发布基于景区独有资源与旅客购买纪念品那一刻的时空属性和游伴数字身份等属性的混合数字纪念品。可以将数字纪念品发布到元宇宙数字化艺术品网络中，景区拥有数字纪念品的版权，而游客通过购买获得其所有权。由于景区数字纪念品通过 NFT 拥有独一无二的属性，加之拥有景区独有资源的稀缺性和游客参与体验的独特艺术效果，其拥有艺术增值空间和投资作用。游客可通过二级市场拍卖或者交易自己的数字纪念品，从而使景区纪念品可以自由交易和收藏，景区利用密码技术，负责验证每个发行纪念品的真实性和有效性。

纪念品的 NFT 数字化，使景区在元宇宙数字空间内拥有发行和销售数字化纪念品的技术基础，从而扩大纪念品市场的规模和活跃度，NFT 发行的低成本和真实可靠保障，使景区将更多的精力用于旅游主产品的提供和保障，而 NFT 的收益即便是在类似新冠肺炎疫情的冲击下，也可以更持续更稳定。

9.2.3 打造数字化景区虚拟人物

2016 年 11 月 29 日，第一个知名虚拟人物"绊爱"在 YouTube 上出道，并开创了虚拟 YouTuber 人物先河。"绊爱"是通过动画技术构建的一个动漫人物，凭借其二次元呆萌的人设，一度火爆全网，出道一年 YouTube 订阅数就突破 100 万。但在其是否真实使用 AI 技术方面一直被诟病，更由于"绊爱"只是一个虚拟形象，其活动仍然受大量"中之人"（操纵虚拟主播进行直播的人）、运营团队等真人控制，同粉丝的互动没有自主响应，缺少反映其人设的真实灵魂。随着时间的推移，粉丝新鲜感褪去，其影响力就大打折扣。2021 年 12 月"绊爱"在出道 5 年后，最终还是以退场收尾。在"绊爱"出道之后涌现了大量类似的虚拟 YouTuber、虚拟 UP 主，但也无法解决"绊爱"留下的问题。"绊爱"给我们的启示是虚拟人物不能一直停留在虚拟形象打造上，如何建立虚拟人物独特的思想和自主行为，才是其长久生命力的保障。虽然"绊爱"最终以"停更"告终，但在 YouTube、B 站等视频网站上，有更多的虚拟人物不断涌现。受到他们的启发，其他产业开始关注、重视虚拟人物的 IP 形象应用。

目前越来越多的旅游景区看到虚拟人物在景点 IP 营销上的趣味性、新鲜感、粉丝经济和视频流量等方面的优势，分别开始打造属于自己的虚拟人物。2020 年 7 月 13 日，"城市数字 IP 形象直播展示暨城市虚拟直播间项目"

在浙江杭州启动。启动仪式中推出了虚拟IP形象——"白素素"，这一形象以古代传说人物白素贞为原型，结合城市地方特色，并赋予其新时代下新的人物定义，欲将其打造成城市旅游代言人。

2021年10月2日，在青岛会展中心举行的青岛动漫节·DC26幻梦动漫游戏嘉年华现场，作为青岛动漫节的形象代言人，虚拟偶像"海萌姬"，与"动漫岛"签署合作协议，正式进驻"动漫岛"平台，岛城动漫产业领域两大IP联手，将合作开拓文旅市场。

2022年1月31日，山西省晋城市国家5A景区皇城相府生态文化旅游区的虚拟数字人物，在皇城相府生态文化旅游区景区前，灵动起舞、动作优美，最后通过拜年的方式和大家打招呼。

景区旅游虚拟人物一般根据景区人文、历史、地域等特点，通过动画设计出虚拟2D或3D的人物形象，并采用视频特效制作和剪辑技术，实现虚拟人物在景区真实场景下的动态表演。由于目前常见的景区虚拟人物还只是一个类似"绊爱"的虚拟形象，一般只能配合景区运营活动，以动画、视频等方式向游客介绍景区景点和相关历史文化背景，实际产生效果有限。元宇宙网络的兴起，为将旅游虚拟人物从一个IP形象升华到有灵魂、性格饱满、有自主意识的虚拟人物提供了技术基础。元宇宙下的虚拟人物，不只是景区的营销工具，其将具备更广阔的生存空间，人们可在元宇宙城市、交通、生活等多维数字空间发现其生存轨迹，虚拟人物的设定将更饱满，更真实；元宇宙下的虚拟人物将采用全新的3D渲染技术，人们与其互动可在真实环境下，而非仅限于视频或电视；元宇宙下的虚拟人物利用网络内海量的人格脱敏数据和AI算力，可实现更贴近人性的人物性格塑造，可与人们开展亲切自然的对话和行为反馈。

元宇宙为旅游虚拟人物提供了一片广阔的性格塑造沃土，使人物真实和自然，更贴近生活，基于元宇宙的虚拟人物价值将超越景区本身，可在其他领域扩展其应用场景。景区提供人文、历史和地域属性，使人物背景更丰满，而其应用则可在元宇宙广泛的数字空间内按需流动。

9.2.4 打造景区虚拟游戏空间

游戏与旅游本是互不相关的话题，但随着游戏3D渲染质量的要求越来越高，对游戏地图和环境追求极度地逼真。以《微软模拟飞行2020》游戏为例，其本体地图数据有2PB大小。据不完全统计，地图囊括了200万个城市、

48 000 个机场、15 亿栋建筑物、15 000 亿棵树木，以及最高至海拔 65 000 英尺的气象信息。

大量冒险类、模拟类、射击类等游戏，普遍依赖更加真实的地理环境，对真实环境的扫描、建模已经是游戏地图和环境设计不可或缺的一部分。《指环王》系列电影带火了其取景地新西兰的旅游；一部《阿凡达》则带火了湖南张家界旅游。电影作为一种艺术活动与旅游景点有天然的契合点，很多电影与景点都共同打造 IP。目前，游戏也已从过去以生涯系统为核心的升级活动进化为以沉浸式体验为主的艺术活动，游戏越来越需要体现真实、人文、历史和地域的环境体系，而旅游景点则具备这样丰富的 IP 资源。

旅游景点在元宇宙中可以成为一个数字化孪生节点，通过一次性数字化建模，可多次向游戏服务商提供数字地图和真实环境渲染服务。景区可将景点的历史、人文、地域与物理空间结合打造数字化 IP，向游戏服务提供构件化、按需组装的游戏背景服务。在具体实现上，对于自然生态景观景点可先使用卫星遥感、卫星成像技术构建数字化景区地理全貌框架，对景区内的个别树木、小溪、道路做抽样的 3D 激光、视觉扫描，再用 AI 图像填充其余部分；对于建筑物、成名景点逐个进行实例化 3D 建模，构建室内数字化空间和物品模型。对于人文景观，可利用元宇宙庞大的时空模型，反向模拟和推演人文景观过去的历史演变轨迹，配合历史虚拟人物，塑造一个更加丰富饱满的人文数字景观环境。

由于前期数字空间建模需要大量花费和技术积累，景区可与游戏公司合作共同开发游戏空间 IP，数字化游戏空间可作为通用游戏背景资源，有偿提供给其他游戏使用，游戏空间 IP 可在多个游戏间实现情节衔接，从而从游戏人文、历史、地域等故事背景上扩展元宇宙游戏的耐玩性、趣味性和逻辑严谨性。就像"漫威宇宙"中逻辑自恰的背景情节设置一样，在有限的景点资源之间建立跨区域的游戏元宇宙，将使更多的游戏情节设计实现逻辑自恰。

9.3　游客元宇宙三重体验

9.3.1　元宇宙身临其境的自然风景

2009 年由詹姆斯·卡梅隆执导的电影《阿凡达》在北美上映，随后很快席卷全球，为全球影迷带来一场 3D 观影盛宴。电影以全球累计 27 亿美元的票房，一举刷新了当时全球影史票房纪录。詹姆斯·卡梅隆在电影中塑造了一个叫"潘多拉"的星球，其中有气势磅礴、巧夺天工的自然景观设计；有外形独特和完整食物链的动植物生态设计。在 162 分钟的电影过程中，观影者始终沉浸在一种梦幻般、逼真的 3D 特效场景中。电影中杰克·萨利在带领纳美人拯救自己家园的同时，也带领观众完成了一次穿越宇宙的"潘多拉"之旅，以至于观众对电影虚拟的景观久久不能忘怀。

为了打造一个真实的"潘多拉"星球，《阿凡达》剧组参考了大量地球真实的地理环境和生物，并收集和绘制了大量环境和生物素材。例如，由漂浮空中的巨型岩石，组成的空中山峰"哈利路亚山"就是从中国黄山、张家界获得的灵感和素材；而电影中颜色斑斓、造型独特的植物则来自詹姆斯·卡梅隆在潜水看到的海底生物；将这些素材通过三维建模和动画软件 MAYA 进行具象化建模最终形成数字化虚拟的自然生物景观。

詹姆斯·卡梅隆在 2005 年就开始研究虚拟景观、景物、动作的 3D 视觉拍摄技术，但这是以 1.5 亿美元的特效制作成本换来的，目前没有任何一个景区拥有这样的实力。

元宇宙时代到来将大幅降低 3D 视觉效果的制作成本，因为在元宇宙世界中每种生物、景观都具有复用性和关联性的。通过元宇宙网络的连接和数字化景物对象的共享、交易和流通，景区将以构件化的方式使用这些数字化构件，并组装自己的自然生态景区数字空间。通过元宇宙网络中的共享算力，可提高 3D 渲染的速度，降低渲染成本。

游客不仅可以通过专业 3D 荧幕欣赏自然风景，还可以使用低成本的 3D 眼镜、头显设备、全息投影设备和 VR 技术，身临其境地感受波澜壮阔的自然风景。由于对景区动植物单独具象建模，游客还能近距离观察数字化动植物的外形、颜色、作息、喜好以及它们的生理结构、生活习性。无论是天上飞的、地上跑的，还是水里游的、草里蹦的，都能在元宇宙世界中找到其数字孪生体。

元宇宙的自然景观呈现，不同于电影按剧本拍摄的录影影像，而是在虚实共生的平行世界中可互动的实时视觉体验。游客在元宇宙中游览的自然景观，可根据游客的动作实现环境反馈，就像在《阿凡达》中杰克·萨利触摸螺旋红叶的场景一样，完全根据该植物的数字孪生体生物设定做出反应，即常态下开着螺旋状的单片叶，受到触碰后便会立即收缩。实时环境互动需要对游客的动作开展实时捕捉、采集和分析，并通过数字空间的孪生体模拟，实现与真

实环境一致的视觉反馈。电影《阿凡达》是 3D 电影的巅峰之作，给观众带来梦幻的观影体验。而元宇宙的自然生态旅游则是由海量数字视觉模型和实时、动态、互动的 3D 场景渲染构成，是身临其境和栩栩如生的数字化游览体验。

9.3.2　元宇宙人文体验

以太坊区块链虚拟社交平台 Decentraland，在 2021 年 10 月 21 日举办了一场为期 4 天的"元宇宙音乐节"，包括 Deadmau5、Paris Hilton、Flume、3LAU、Nina Nesbitt、RAC 等 80 多位全球知名歌手和名人参加该活动，吸引了 5 万名游客在线参加，每天在平台上举行的活动多达 12 场。主舞台采用数字虚拟化展现形式，可以每天变换舞台设计，从"水"到"地"，从"空间"到"元宇宙"。整个虚拟活动场地，具有身临其境的多种感官体验，包括拥有贵宾区，过山车、摩天轮和海盗船等游乐设施的游乐场，人体炮弹机，迷幻雕塑花园，可穿戴设备商品店，甚至还有便携式厕所等。

随后，Decentraland 又在 2022 年 3 月 24 日成功举行了为期 4 天的"元宇宙时装周"（Metaverse Fashion Week，MVFW），60 多家时尚品牌的 500 多个造型参与活动。时装周有各大品牌精彩的虚拟时装秀，有虚拟购物中心和精品店，人们可以通过 NFT 方式购买该服装，并可最终在实体店兑换物理服装。各大时尚品牌寄希望通过低成本的虚拟服装秀，开拓数字化服装和时尚品牌市场，其中不乏花重金购置数字土地的品牌。

"元宇宙音乐节""元宇宙时装周"是元宇宙在数字化虚拟演艺活动应用的大胆尝试，从参与者实际体验来看，还亟须提高，特别是在 3D 渲染效果、平台稳定性、对高端设备的依赖性等方面还有很大技术缺陷。不过，人们也从中看到元宇宙在虚拟场景、虚拟人物、虚拟物品等物理映射方面的潜在商业价值。

人文景观和演艺都具备潜在文化关联性，无论是博物馆御用物品与朝代、皇帝的关联，还是某位文人骚客的书画作品与乘着酒兴挥毫泼墨的场景关联等，都让人们在人文游览中超越其表面所见，从而能更深刻地体验人文的价值沉淀。虚拟场景可以大幅降低人文景观、情节演艺、舞台渲染方面的成本，景区或者运营方只需要利用数字渲染模板，就可以实时进行场景切换。观众可跟随视觉的变化，快速地在不同空间穿越，在其关联场景中穿越。

人们在人文游览中更重视人与人之间的交互性，在游客与导游、游客与演艺人员、游客与本地人、游客与游客之间产生的一对一、一对多、多对多的肢体、语言、眼神或其他行为的交互关系，都将提高游客人文体验的深刻性。虚拟人物则是通过真实人的数字映射、虚构人的数字创建，在元宇宙空间内形成人与机器、人与人可交互的真实体验，人们可以对一位走秀模特评头论足，也可以争抢一件数字艺术品，人们在虚拟世界的真实互动才是非接触旅游的乐趣所在。

在真实世界中人与物是社会的核心组成单元，物反映了人的需求，人反映了物的价值。真实世界中人与物的关系是通过采集、生产、交易和使用来建立的，这些关系中包括所有权关系、著作权关系、使用权关系等。基于元宇宙的数字化人文体验，同样需要具备人与物的多种逻辑关系映射。NFT 技术可以实现现实物品在元宇宙中的数字映射，而点对点交易技术则可实现人与数字化物品所有权关系、著作权关系、使用权关系建立和转移。从博物馆藏品映射的数字化藏品、从服装秀映射的数字化服装、从景区设计的数字纪念品，都可以成为元宇宙的价值储藏和交易媒介。

9.3.3 元宇宙游览的时空体验

自古以来，人类都梦想能穿越时空，无论是回到过去，还是穿越未来。人类在现代物理知识的指导下，终于意识到物质是被时间和空间束缚的，而穿跃时空穿梭自如就是人类追求自由的表现。在科幻小说和电影中，人类总是幻想使用时间穿梭机，往返于不同的时空，开展时空旅游。但现实很残酷，在爱因斯坦的《相对论》中已经给出结果，那就是人类如果要穿越时空首先需要将自己加速到光速，才能摆脱时空的束缚，但根据质能方程 $E=mc^2$，有质量的物体又是无法加速到光速的（这是因为物体在运动的时候，它的质量会不断增加，当物体的速度要达到光速时，质量也会接近无穷大，这时再给物体加速就需要无穷大的能量）。目前，受到物理学的限制，想开展时空旅游只能停留在科幻电影中。

量子力学的出现又为时空旅游提供了另外一种可能，即平行宇宙理论，是指从某个宇宙中分离出来，与原宇宙平行存在着的既相似又不同的其他宇宙。平行宇宙由休·埃弗雷斯特三世于 1957 年首先提出，之后美国物理学家马克斯·铁马克于 2003 年在《科学人》杂志中提出平行宇宙一共有四个层次，分别存在于 10 维、11 维、12 维及 0 维，而虫洞就是穿梭平行宇宙的通道，人

类可以通过穿越虫洞而实现时空穿越。

元宇宙则是借用平行宇宙理论，提出用信息构建而成的数字化平行宇宙。人们希望利用无质量的信息，实现在多元数字空间的自由穿梭，而元宇宙网关就是在不同数字空间中穿梭的"虫洞"。

元宇宙是由海量自由创作的数字空间构成的。景区根据自身人文、自然需求创建了多个维度的数字乐园，游客可在元宇宙的多个数字乐园中穿梭。美剧《西部世界》就讲述了一个由人工创造的多维实体旅游空间，游客一会儿可以在美国西部乐园与印第安人作战，一会儿又可以到印度乐园的丛林探险，还能去往日本幕府时代乐园与武士决斗。而在剧中第二季结尾，招待员（人造人）都放弃了物理实体，奔向"世外山谷"，一个虚拟现实的天堂。

在元宇宙的游客则是以纯数字化虚拟公民身份在每个类似《西部世界》的虚拟数字乐园中游览，并以角色扮演方式进入不同场景中，演绎历史文明中的经典场景，以亲身体验的方式充分理解景区的历史文化与自然风光。

9.4　历史现实与未来的认知交融

游学是世界各民族文明最为传统的一种体验式学习教育。《圣经》中记载的东方智者祝贺耶稣基督诞生的故事，意大利旅行家马可·波罗在中国游历的故事，都透露出古代西方游学的风气。而中国自古以来，就非常重视游学对人格养成和知识形成的重要作用，孔子率领众弟子周游列国，增进弟子的学识，培养弟子的品质，开阔眼界。"读万卷书，行万里路"，就是中国传承至今、家喻户晓的教育古训。先秦时期墨子、庄子、孙子、孟子、荀子、韩非子等思想家，无不是著名"游士"。汉时有张骞出使西域，远至波斯。唐时有玄奘取经到印度，明时有郑和七下西洋，远至东非海岸，还有大旅行家徐霞客作了游记。

游学是一种通过游历体验、交流的学习活动，不同于从书本中获取知识，游学会让认知更加广泛、深刻和真实。但受制于时空，过去的游学只能认知现实，而不能认知历史和未来。人类历史文明主要依靠文字、图像记录，人类的未来主要是靠猜想，当前人类需要一种可以实现历史、现实与未来认知交融的工具。

元宇宙是一种多元宇宙，人类将物理实体世界映射为数字世界，形成虚

实共生的平行世界。如果再加入时间维度，将形成无限时空并行的多元世界。每一个平行世界的现实映射结构相似，但发展和结果却又不相同。就像《复仇者联盟4》中在神奇博士看到的1400多万种可能中，期待的只有唯一的一种。

在元宇宙中现实世界将被复制和映射成数字空间的快照，人们将在数字空间中畅游，饱览地球之美。而随着时间的推移，这些快照就是人们的数字历史。和书本历史相比，它们更生动、更真实。这些现实映射的数字空间在每个时间都会产生新副本，每个副本都有发展可能，这就是未来。与猜想不同，这个未来具备现实空间的约束，是通过现实世界演绎的高度真实的未来。副本数就是未来的可能数，人类的未来不只有一个，而是多种可能性的随机选择。

人类跨时空的多元宇宙游学，就是人类重新审视自己的过去，认清现实与问题，思考人类最终命运的途径。

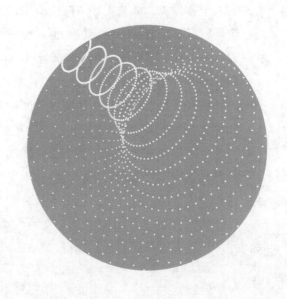

第10章

元宇宙颠覆城市建设逻辑

自古以来，中国一直是一个农业大国，大量劳动力和人口都集中在乡村，城镇化水平低。辛亥革命后，中国受西方工业革命影响，工业化和城镇化率逐步升高。在1912—1928年的16年间，城镇人口总数上升了1000万，城镇化率从7.6%提升到8.9%，开始出现人口百万级的大城市。

中华人民共和国成立后，把将国家建设成为一个工业化大国、强国作为长期发展目标，并通过一系列"五年计划"的制订和执行，使中国工业化水平得到极大进步，而城市作为工业化发展的载体，也随之蓬勃发展。国家统计局数据显示，截至2020年，中国城镇总人口已达9亿人，城镇化率达63.9%。

中华人民共和国成立后，城市发展逻辑也先后经历了以行政组织改革为核心的"建市设区"阶段、用工业带动发展的工业化城市发展阶段、以商业驱动发展的商业化城市发展阶段、以人为本的宜居城市发展阶段和以科技为基础的智慧城市发展阶段。目前，中国乃至全球都以"智慧地球""智慧城市"作为城市发展建设的长期目标，IDC 2020年7月发布的《全球智慧城市支出指南》披露，2022年我国智慧城市市场支出规模将达313.8亿美元，同比增长12.7%，是仅次于美国的第二大智慧城市支出国家。

2008年IBM首先提出"智慧地球"概念，通过新一代"3I"技术（物联化、互联化、智能化），通过嵌入全球医院、电网、铁路等公共设施的感应器，为人类提供更加精准、动态、智能的生活和工作方式，从而提升全人类的"智慧水平"。由于该概念过于笼统和庞大，继而在2010年IBM又推出"智慧城市"概念，随之在全球范围内引发智慧城市建设热潮。但是什么是智慧城市的建设逻辑呢？

20世纪90年代，一款名为《模拟城市》的游戏横空出世，深度影响了后续模拟建造类、经营类、策略类等游戏的发展。在这款游戏中，玩家可以扮演

市长角色，在 PC 上用上帝视角建设大楼、住宅、桥梁、道路等基础设施，可以经营医院、政府、车站等公共服务机构（见图 10-1 和图 10-2）。玩家可以按照自己的想法，建设和经营一个高仿真的城市，这种"我的城市我作主""所见即所得"的虚拟城市建设逻辑，令玩家们乐此不疲。由于游戏模拟得太过真实，很多政府部门都联系该游戏的制作公司 Maxis 开发专业的政府模拟类的软件，从美国中情局到国防部，从加拿大木材协会到澳大利亚税务委员会。

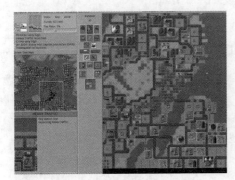

图 10-1　《模拟城市》　　　　　　图 10-2　《模拟城市 2000》

　　《模拟城市》游戏是一款没有输赢的游戏，它成功的秘诀是玩家可完全按照自由意志，建设成千上万个数字化城市实例，不满意就推倒重来，直到满意为止。这种以人为本、构件化建设思路和上帝视角的空间利用，为后续城市建设提供了创新发展思路。

10.1　智慧城市以人为本的发展建设新逻辑

10.1.1　以人为本的城市建设逻辑

　　在城镇化改造早期，人居环境一直以来是工业化和商业化发展的辅助设施，是服务于工业和商业发展需求的次要条件。工业革命在加速城镇化发展的同时也带来大量的环境污染问题。从 1780 年开始，英国主要的工业城市就饱受空气污染影响，1873 年 12 月 7 日至 13 日，一场大雾笼罩伦敦，造成了近千人死亡。到 19 世纪末，伦敦每年的"雾霾天"长达 90 天左右，即便 20 世纪 20 年代，英国政府逐渐减少煤在工业燃烧中的占比，空气污染也并无其实质的改变。1952 年 12 月 5 日，伦敦全城依然遭遇持续 5 日的浓雾弥漫。据不

完全统计，这段时期每天有 1000 吨烟尘颗粒、2000 吨二氧化碳、140 吨盐酸和 14 吨氟化物被排放到空气中，厚厚的雾霾在伦敦上空悬浮了 5 天，伦敦市空气中的烟雾量增加了 10 倍。在那 5 天里，有 4000 人死于呼吸道疾病，在之后的几个月，又有 8000 人因大雾死亡，死者大多数是年纪大或者旧病缠身的人，另外还有很多人患上了支气管炎、气喘和其他影响肺部的疾病。

而商业化发展在提高了城镇经济活力的同时，也带来交通拥堵问题。纽约作为全球金融中心、美国第一大城市，也是世界上交通拥堵最为严重的城市之一。据统计，在 2016 年开车穿越纽约市中心的平均速度是 7.5 公里 / 小时，这比步行也快不了多少。交通拥堵是商业化城市发展必然经历的问题，中国也不例外，3.4.2 节提过，2020 年北京上班族平均单程通勤时间为 47 分钟，上海是 42 分钟。特别是在 CBD、软件园、金融街等商业聚集地，实际单程通勤时间远超 1 小时，可以说商业活跃度带来了出行成本的直线攀升。

以工业化和商业化为中心的城市发展逻辑，发展工业和经济是第一要务，往往会忽略人居体验，把人的吃、住、行定位为辅助设施，通过划分功能为住宅区、工业区、商业区等平面规划方式，将城市功能严格分隔为不同区域。早期城市建设中的土地大尺度的功能区划分（一般以城中心、东、南、西、北划分）在节省建设成本、节约土地资源、提高工商业效率方面起到积极作用。但随着城市土地资源紧张，城市人口增长与承载能力不协调、政府公共管理与公众需求之间的矛盾日趋显著，住宅区远离工商业中心，从而降低城市效率和活力。

以人为本的城市建设逻辑，则是城市工商业发展较为成熟后的一种高质量发展方向。以人为本的建设是将土地大尺度、粗放式功能划分，转变为小尺度、立体性、融合性的划分思路，让工商业和住宅配套，在同一区域协同发展。充分考虑人居在生态环境、效率、安全、便捷等要素上的平衡，充分考虑工业、商业和农业的协调发展。以人为本的建设思路需要更加精细化、灵活的城市规划、调整和运营。

10.1.2 新型信息技术应用的城市智慧发展逻辑

在传统的城市建设发展中，人口、社会、经济、环境、土地等是主要资源要素，以这些要素构成的城市基础设施和公共服务部门是城市的主要组成单位。而技术长期以来只是企业驱动而非城市驱动。自从以计算机与信息技术为代表的第三次工业革命以来，信息技术作为人口、社会、经济、环境、土地等

资源要素的连接要素，显著提高城市资源的利用效率，而为各国城市发展所重视。互联网、物联网、5G、AI、大数据、区块链、元宇宙等新型信息技术相继涌现为实现"智慧城市"建设提供了全新发展逻辑。世界各国政府也相继提出基于数字技术的"智慧城市"发展战略。例如，2006—2010年，欧洲完成了第三阶段的信息社会发展战略；2014年，新加坡公布了"智慧国家2025"计划；2015年，美国白宫提出"智慧城市计划"。2012年，中国首批90个国家级智慧城市试点计划正式开展，智慧城市也陆续写入后来"十三五""十四五"的建设规划中。全球城市智能发展的新逻辑开始孕育成型。

城市的智慧发展是把新一代信息技术运用在城市基础设施和公共服务建设中，是城市信息化的高级形态，实现了信息化、工业化、商业化与城镇化的深度融合，有助于缓解"大城市病"，提高城镇化质量，实现精细化和动态管理，并提升城市管理效率和改善市民生活质量。不同于水、电、气、公路交通等传统城市基础设施和公共服务，智慧城市更聚焦5G、互联网、云计算、区块链、物联网、AI、大数据中心等新型信息技术与交通、能源、建筑与住房、水资源、城市农业、城市商业和城市制造业等资源要素的融合建设，城市基础设施与服务领域具有创新性、整体性、综合性、系统性、基础性、动态性的特征。

新型信息技术在城市资源要素之间的信息流动加速、提高城市空间利用率、服务产业升级、提升人居体验、保护生态环境、降低企业经营成本等方面起到推动作用。新型信息技术是利用数字空间多维、无边界，数据传输高效、计算成本低的特性，为城市基础设施和公共服务机构的信息采集、传递、协同、决策、服务赋予以人为本的智慧思考模式。新型信息技术是构成城市公民数字化身份与数字化活动的基础框架。

10.1.3　空间利用的城市发展逻辑

一直以来，人类都有摆脱地面束缚，向往天空的愿望，但受限于工程技术落后，长久以来只能通过登高望远来抒发自己对更广阔空间的向往。世界公认的第一座摩天大楼是位于芝加哥的家庭保险大楼，它建于1885年，设计者是美国建筑师威廉·詹尼，这座大楼一共有10层，高42米，是当时最高的楼。目前，保持世界最高大楼的纪录是迪拜塔（哈里发塔）（见图10-3），它占地面积为34.4公顷，共有162层，高828米。建筑内拥有1000套高档住宅公寓，多家酒店、写字楼、商场、清真寺、游泳池、高档会所等设施，能同时容纳1.2万人，可足不出塔解决一切生活必需。迪拜塔就是一座小型城镇，其实际人均占地面积仅为28.7平方米，比世界上人口最为稠密的区域之一——纽约曼哈顿区的人均占地面积（37.5平方米）还要低8.8平方米。当然，迪拜塔的修建并非是满足节约地面空间的需求，而是出自对世界第一高楼称号重回阿拉伯世界的渴望。

图10-3　迪拜塔

中国重庆市的洪崖洞（见图10-4），则更为典型。在沿江依山、高低错落的狭窄空间下，将川渝特色的"吊脚楼"建筑风格，结合分层筑台、吊脚、错叠、临崖等山地建筑手法，有机整合餐饮、娱乐、休闲、保健和特色文化购物五大业态，形成了别具一格的"立体式空中步行街"商业空间。自从1824年，英国人约瑟夫·阿斯普丁发明了水泥，人类修建高层建筑就不再是难题，但人类对城市空间的利用并不是简单地将建筑修高。

城市空间利用的发展逻辑是从以人为本的角度出发，优化人居空间要素配置，对生活、娱乐、工作、安全等各类必要多维动态要素建立城市信息模型（City Information Model，CIM），通过CIM与智慧基础设施的整合，在优化基础设施布局网络的基础上，协同信息基础设施和城市交通、给水、能源以及工业、商业、医疗、文化娱乐、人防等设施之间的交互，明确各类要素的空间组织方式，形成合理的城市空间结构与功能分区，提升城市土地利用效率和空间品质。

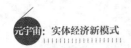

图 10-4　重庆洪崖洞民俗风景区

城市空间利用需要充分利用多维的社会经济建模、地理信息建模、建筑信息建模、物联网、互联网、AI、大数据、区块链、元宇宙等新型信息技术与传统城市基础设施结合。在地理空间、建筑和设施的物理空间、社会逻辑空间之间，广泛建立信息感知、传递、协同、共识、决策和执行反馈的自动化、智慧化空间利用机制。

10.2　元宇宙+城市空间治理

城市空间治理是国土空间治理的一部分。按照传统工业化和商业化城市发展逻辑，城市空间常被认为是提供工业品和服务产品为主体功能的空间。城市空间是现代社会人类居住和活动的主体，人口多，居住集中，开发强度较高，产业结构以工业和服务业为主，居民点形态主要是规模较大的城市、城市群、城市圈、都市区等。

而在"以人为本"的城市空间治理中是以人作为主体，考虑人在工作的效率、生活的宜居和社交关系的融洽等方面的因素。城市空间可分为物理空间、社会空间和数字空间三大要素。

物理空间包含城市时空位置、城市要素和城市生态环境。其中，时空位置是城市地理时间空间信息，包含城市各实体和实体间的时间、坐标信息和高程信息等；城市要素是构成城市各类物理实体的总称，包含城市道路交通设

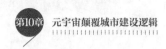

施、能源设施、信息设施等；城市生态环境是构成城市自然环境的要素，包含土壤、植被、大气、水资源、物候、天气等。物理空间体现的是人与物质的关系。

社会空间包括城市中的组织、活动、关系以及逻辑，用于描述城市社会中个体与个体、个体与群体、群体与群体之间关系和活动的总和。其中，城市发展和社会治理中多元参与主体构成组织要素；多元参与主体围绕城市生活、生产和生态所开展的各类政治、经济、文化等活动构成活动要素；多元参与主体间相互作用并产生多维层次关系构成关系要素；社会空间本质上是一种人与人的逻辑关系。

数字空间是与物理空间和社会空间映射连接形成的虚拟空间。通过对城市物理空间和社会空间所包含城市要素实体的全域历史及实时数据的采集、汇聚、建模、分析以及反馈，数字空间完成对城市要素及活动的全周期可溯、动态迭代以及实时反馈，实现城市多维仿真、智能预测、虚实交互、精准控制。数字空间是智慧城市建设的基础设施。

2021 年 8 月，中国自然资源部发布《实景三维中国建设技术大纲（2021版）》，2022 年 2 月，自然资源部办公厅印发《关于全面推进实景三维中国建设的通知》，明确实景三维中国建设是面向新时期测绘地理信息事业、服务经济社会发展和生态文明建设的新定位、新需求；对传统基础测绘业务的转型升级是测绘地理信息服务的发展方向和基本模式。实景三维作为真实、立体、时序化地反映人类生产、生活和生态空间的时空信息，是建设数字中国的核心要素和重要内容。2023 年 3 月，自然资源部印发了关于《实景三维中国建设总体实施方案（2023—2025 年）》的通知，标志着实景三维将作为国家重要的新型基础设施，全面加速开展布局建设。

运用空间基础信息平台、数字孪生平台、城市信息模型（CIM）等技术体系，支撑自然资源和国土空间运行分析、动态评估、规划决策、监测实施等业务需求，实现空间的数字化、精细化治理。

CIM 是以 BIM、GIS、物联网等技术为基础，整合城市地上地下、室内室外、历史现状未来多维多尺度信息模型数据和城市感知数据，构建起三维数字空间的城市信息有机综合体。可以看到 CIM 构建的三维城市数字空间模型与元宇宙提出构建的多维数字空间颇为相似。但不同之处在于 CIM 依然是系统级，而元宇宙是网络级；CIM 是在单一系统中实现部分城市建筑、地理位置、

设备等的多维建模与动态感知，而元宇宙则是在更广泛的互联网空间内分布式
地实现全局城市物理、社会、数字空间的虚实共生；CIM 是以建筑为中心的
建模思路，而元宇宙则是以人为本的建模，强调沉浸式的消费体验。

元宇宙的城市空间治理更强调连接、应用和人居体验能力，元宇宙以开放、
包容的 CIM，连接各类 CIM 系统，为城市管理者、居民提供全方位、多维度、
立体综合的城市应用和人居体验。

10.2.1　元宇宙助力城市物理空间综合治理

城市空间综合治理需要在城市物理时空框架内充分协调交通、水、能源、
建筑等城市要素，湖泊、公园等生态环境要素的建设和运营，引导城市资源要
素的高效流动，促进城市物理空间的智能化和居民生产生活的高效协同，优化
人居、工作环境体验。通过对物理空间的布局与用地形态、基础设施与服务质
量、道路交通系统支撑、生态环境承载能力等城市要素，智能监测、实时感知，
并分析城市内部人地系统时空影响机理及动力变化，实现动态调整和响应，从
而提高公共服务品质，进行城市空间布局优化、城市经济高效运行、精细化的
城市管理、宜居生活环境、城市安全保障等方面的智慧城市建设。

在元宇宙中，各类城市要素和生态环境要素都处于城市的全局共享和连
接状态，人居与能源、工业与环保、商业与交通、生态与建筑等要素之间呈
现互为影响、互为协助的关联状态，通过建立跨系统、跨部门、跨要素的立
体综合 CIM，使地理空间、建筑空间、设备空间和公共服务形成有机结合体。
同时，将人居要素放入其中，使人居需求与空间环境产生耦合效应，通过元宇
宙海量的模型实例处理能力，将每个居民的人居潜在需求与空间环境相融合，
从而寻找最佳城市要素匹配方案。

10.2.2　元宇宙实现城市群空间连接和协同

目前在大多数场景下，受制于城市空间要素主体的差异性，建设仍然是
独立自主和各自为政的。虽然从城市静态要素来看，例如建筑、桥梁、道路、
公园等，确实属于城市主体独有。但从城市要素的动态运作来看，城市要素
产生的结果却能严重影响物理空间邻近区域的企业城市主体，即城市群效应。
一条河道的疏通，会提高沿河上下游航运适航性，但一座大桥的修建又会降
低其通航能力；一座公园的修建可以提高城市生态环境，但也有可能影响周

边城市的水资源利用；一座工业园区的修建不光只带动当地产业发展，还能牵动周边城市群多产业集群的联动效应。所以动态城市要素是相互连接、耦合和协同的。

目前，中国已建成长三角城市群、粤港澳大湾区、成渝城市群、长江中游城市群、京津冀城市群、中原城市群和关中平原城市群七大城市群，中国GDP约70%来自七大城市群，经济规模显著。而在《中华人民共和国国民经济和社会发展第十四个五年规划和2035年远景目标纲要》中也明确提出："以促进城市群发展为抓手，全面形成'两横三纵'城镇化战略格局。优化提升京津冀、长三角、珠三角、成渝、长江中游等城市群。"

在元宇宙中，城市群空间的连接和协同是强调区域内城市间物理空间、社会空间等要素的相互关联，依托元宇宙网络建立的广泛全局的数字化空间，打破地理和行政上的隔离，建设具有创新能力与竞争力的可持续发展的城市群，实现区域连接和协同，推动区域一体化发展。城市之间的优劣势、需求、资源要素配置是依靠在城市之间建立的元宇宙城市节点自由组合和智能化配置实现的，城市群内的空间建设需要通过元宇宙城市群数字空间的映射、感知和反馈，从而在城市群参与主体之间达成广泛共识。元宇宙在数字虚拟世界中详细刻画城市空间建设中的得与失、价值与人居体验，是将现实物理世界的价值传递迁移到数字网络中，使建设中的分析、判断与决策更加高效和智能。

10.2.3　元宇宙助力建设数字化家庭空间

家庭是社会组成的最小单位，是人在社会存在的逻辑单位。俗话说"家和万事兴"，家庭也关系着社会和谐稳定。在中国，自古以来就有"修身、齐家、治国、平天下"的家国天下思想，可见家庭对于社会与国家的重要性。家庭空间的建设，关系社会民生，关系城市空间以人为本的发展目标。家庭空间由自然人属性、居住空间、家庭结构、生活习惯等物理或逻辑属性构成。虽然家庭空间与城市空间的协同发展关系智慧城市建设的终极目标，但家庭空间又是私人空间，具有隐私权，任何机构或政府不能擅自透视或监视家庭空间数据。

元宇宙的城市空间治理不是一种简单意义上的中心化数据采集、分析和决策过程，在元宇宙网络中，家庭空间被数字化为一个本地节点，并参与整体

城市空间的治理。家庭空间本地节点通过隐私计算将敏感数据留在本地，将居住空间、家庭结构、生活习惯等脱敏的规模训练数据共享，用于与城市空间公共数据的协同分析，为城市空间优化治理提供动态策略，也引导与优化个体与家庭尺度的行为活动，增强居民时空活动满意度；在居民的充分授权和参与式感知计算技术保障下，通过家庭空间的各类传感设备可获取居民的消费需求和潜在生活诉求等实例数据，并通过元宇宙网络直接实现去中心化的商品或服务提供；可借助 VR 技术在元宇宙中搭建虚拟环境，可扩大居民家庭空间的行为活动感知和空间体验等内容的服务。

10.2.4　元宇宙助力构建数字化社会空间

社会空间也是城市公共空间，主要包括社区、学校、工业园区、商圈、公园等城市重要功能区，具有办公、产业、交通、休闲等城市核心功能。城市社会空间合理的功能结构、布局和组合，畅通的信息、人口、资本、能源等要素的流动，以及人与人、人与空间的和谐交互都是构成智慧城市社会空间的基本要求。例如，在城市社区建设中，需要重点关注社区功能、社区活动、社区服务、交通与建成环境、治理模式以及社区系统建设等要素，分析社区内部居民各类活动与物质环境匹配程度和时空耦合关系，以及对智慧社区生活圈构建的促进作用，为以居民为中心的智慧社区生活圈的设施配置与空间优化建设提供支持；在智慧园区的建设中则需要以治理和服务需求为导向，从园区规划、建设、管理和服务全过程对园区智慧化建设进行考虑，并对园区内民生、环保、公共安全、园区服务、工商业活动等的需求做出智能响应。

城市社会空间就是一个逻辑信息大熔炉，呈现海量的城市物理空间的多维功能和交互的逻辑信息。在传统信息化治理模式中，因为缺乏海量的视觉、逻辑、智能算力和存储，要从海量社会空间信息中识别、归类、还原、重构复杂的城市社会活动信息并不现实。而在元宇宙中可通过动态调用个人、城市、国家的计算平台，通过公平的利益分配机制，综合利用社会计算资源。通过元宇宙网络中的 CPU、GPU 等专用算力节点，可提供随时在线的网络计算能力，可将城市物理空间的功能结构映射为数字空间的结构虚拟模型，将信息、人口、资本、能源等要素的流动和交互映射为关系虚拟模型，再通过元宇宙的社会空间数字孪生模拟计算，从而寻找最佳城市空间功能组合和社会资源组合的建设策略。

10.3 元宇宙+绿色生态

环境保护是智慧城市可持续发展的驱动要素。能源、环境恶化是全球性大城市扩张不得不面对的一个严峻问题。建设宜居、可持续发展的绿色生态家园是全球主要发达国家城市的共同目标。由《经济学人》评选出的2021全球十大最宜居城市排名出炉，分别是新西兰奥克兰、日本大阪、澳大利亚阿德莱德、新西兰威灵顿、日本东京、澳大利亚珀斯、瑞士苏黎世、瑞士日内瓦、澳大利亚墨尔本、澳大利亚布里斯班。可以看到，上榜国家都是现代化发达国家，且以生态环境优美著称。

现代化发达国家保护环境的主要模式是依靠将污染最为严重的工业设施和产能转移到发展中国家实现的。要知道就在1952年，伦敦还遭遇特大空气污染，但现在英国早已实现工业化向商业化、金融化转型，大量工厂迁移到东南亚和中国。而目前，中国作为"世界工厂"所面临的发展与环境问题矛盾显著。中国作为工业大国和未来的工业强国，显然不能采用西方国家模式，需要走一条科技创新的、具有中国特色的环境保护之路。

10.3.1 元宇宙助力城市生态安全监测

空气、水、土壤是人类赖以生存的三大必要条件，也是城镇化生态建设的基础条件。即便是在科技革命蓬勃发展，我们正在谈论AI、无人驾驶、太空旅行的今天，全人类仍然面临严重的空气、水、土壤安全问题。联合国报告显示，全球每天有1000名儿童因为缺乏水和基本的卫生设施而死亡，全球约有1/3的人口，即22亿人，无法获得干净的饮用水。

世界卫生组织国际癌症研究机构（IARC）发布的2020年全球最新癌症统计数据显示，中国新发癌症人数和癌症死亡人数位居全球第一，其中肺癌以82万新发病例数和71万死亡人数位居恶性肿瘤首位，成为名副其实的"第一大癌"。而从肺癌致病原因分析，除去我们常说的吸烟因素，空气污染和家庭油烟污染分别构成另外两项主要致癌原因。

2014年中国环境保护部和国土资源部发布的《全国土壤污染状况调查公报》显示，全国土壤总体点位超标率为16.1%，耕地土壤点位污染物超标率为19.4%，镉、镍、铜、砷、汞、铅、滴滴涕（双对氯苯基三氯乙烷）、多环芳烃是主要的罪魁祸首。中国土壤环境状况总体不容乐观，部分地区土壤污染较

重，耕地土壤环境质量堪忧，工矿业废弃地土壤环境问题突出。

城镇空间人口密度大，对空气、水、土壤的环境污染敏感度高，稍有异常往往造成重大人员伤亡。1952年伦敦雾霾事件，造成4000人直接死于呼吸道疾病，随后又有8000人间接因大雾死亡，该事件对空气质量监测、保护意识的建立影响深远。

通过元宇宙网络可连接不同部门、不同机构部署在社区、学校、工业园区、商圈、公园等城市空间的多方传感器，通过城市数字空间构建的环境生态安全监测网络，将不同目的传感器统一整合在城市生态数字虚拟空间内，利用元宇宙海量的多维计算能力实时动态监测城市广域内的生态环境变化，并生成未来生态环境的3D时空变化图像，以及通过数字化模拟干预后的效果分析，使居民对城市生态环境变化一目了然。元宇宙网络也可通过数字家庭空间内的多方传感器，对油烟、垃圾存放、燃气等家庭污染提供精确化的智能预警服务，使居民及时对家庭污染源开展治理。通过元宇宙建立的城市生态安全监测网络，具备海量计算、多维分析、动态预测、3D成像、信息安全等多种优势。

10.3.2　元宇宙助力绿色家园建设

中国先后经历了"建市设区"、工业化、商业化的城镇现代化发展历程，目前正处于宜居城市发展和智慧城市发展阶段，这也是全球主要发达国家城市建设共同的发展轨迹。科技部2020年11月27日发布的《全球生态环境遥感监测2020年度报告》显示，近20年，全球城市人均绿地空间面积呈显著增加态势，由2000年的23.14平方米增加到2020年的40.47平方米，扩大了约79%。近20年，人均公园绿地面积也显著增加。2020年，世界城市人均公园绿地面积为18.32平方米。2019年中国新增国家森林城市28个、国家园林城市39个，城市人均公园绿地面积达14.10平方米，城市建成区绿地219.7万公顷，绿地率、绿化覆盖率分别达37.34%和41.10%。

城市生态园林、绿地建设已成为中国宜居城市建设的必要条件，但城市建设在经历工业化和商业化快速发展后，生态园林与绿地的选址则需要在商业用地、工业用地、住宅用地、农业用地等已占用地的不规则夹缝区域中寻求建设空间，还需整体考虑行政管理、水资源利用、交通影响、环境治理等多维条件。例如，成都环城生态公园位于中心城区绕城高速两侧各500米范围及周边7大楔形地块，跨经12个行政区，涉及生态用地133.10平方公里，包含500公里绿道，四级配套服务体系，20 平方公里水体，100 平方公里生态农业区（见图 10-5）。

图 10-5 成都环城生态公园示意图

元宇宙为城市绿色生态建设提供多维规划、3D 效果呈现、全息沉浸式的绿色体验。依托在元宇宙中跨物理空间、行政区、产业、资源等多维数据分析，从已有产业用地中选择最佳绿地空间布局。元宇宙的城市绿色生态建设不光考虑二维平面区域规划，更重要的是实现对于阳光、空气、水资源、排污、防涝、交通等综合影响因素下的立体三维城市规划。利用城市数字孪生可快速构建绿色生态规划模型，并利用 3D 视觉渲染引擎向管理者、居民呈现身临其境的生态设计效果，通过将规划模型放入元宇宙大尺度的时空环境中，对未来变化以及附带影响进行动态推演，产生更加长远、精确和合理的绿色家园建设。

10.3.3 元宇宙助力城市"双碳"目标

世界气象组织发布的《2021 年全球气候状况》报告显示，2021 年全球平均气温比 1850—1900 年（对比基准）高出约 1.09 ℃，2021 年是世界气象组

织有记录以来第七个最温暖的年份。预计在未来 100 年中，全球平均温度将上升 1.4 ～ 5.8 ℃。地球正在遭受温室效应影响，由此导致海洋热膨胀和冰川融化，全球海平面平均每年上升了 1 ～ 2 mm，干旱、龙卷风、洪水、森林大火、沙尘暴等极端天气也在全球范围内频发。目前，学术界主要观点认为造成温室效应主要原因是燃烧煤、石油、天然气等产生的二氧化碳，而节能减排、使用清洁能源、建设绿色地球已成为全球性共识。

2020 年 9 月，中国向全世界做出 2030 年碳达峰和 2060 年碳中和的承诺后，全国各行业开始实施推动实现"双碳"目标的行动计划。其中智慧城市的建设为"双碳"目标实现提供重要技术支撑，在智慧能源监测管理、产业节能减排等方面发挥重要作用。能源大数据、智慧云平台、智能控制技术、区块链、元宇宙等新技术发展，为能源运行管理和碳排放监测提供技术支撑，并成为"双碳"目标实现的重要基础。

2021 年上海提出建成完善的建筑碳排放智慧监管平台，实现对建筑全生命周期的能耗、碳排放监控与监管。基于物联网、AI、建筑节能等技术，搭建新一代建筑碳排放智慧监管平台，实现对北京冬奥会重点场馆及园区内建筑碳排放的数字化管理、异常的智能诊断和超标风险把控，以及各类用能设备运行状态的实时监测，并根据人员流动和赛事安排，进行高效的用能需求响应和设备智能控制。

同时，围绕"双碳"目标，上海崇明岛、深圳龙岗区、成都天府新区、武汉、青岛等城市（区），积极推动碳中和示范区建设，推进新基建、智能制造等智慧产业发展以及智慧能源等应用，为碳中和示范区建设提供一体化集成解决方案，并在低碳园区、零碳小镇、零碳社区、低碳企业等具体示范工程中进行综合应用。

元宇宙环境下的碳排放智慧监测和管理，是一种以空间为单位，完全在数字化环境下开展的监测和管理。空间可以大到元宇宙网络可达的广域世界，也可精确到家庭、办公室、厂房、商业楼层的局部空间。它是利用遍布城市物理空间的传感器，通过物联网将企业、交通、家庭等碳排放数据收集到城市数字空间中，根据工业园区、商业区、交通、家庭等物理空间映射的城市数字孪生体，开展面向空间对象的监测与管理。同时，在空间所达区域，利用区块链技术可进行点对点的碳排放交易，空间内的碳排放权根据区块链智能合约按照碳达峰、碳中和协议自动分配，在需求方与供给方之间可实现总量不

变的碳排放资产自主交易，交易全过程被元宇宙网络完全公开和透明化管理。元宇宙将助力城市"双碳"目标有序、公开、智能、准确、精细地实施。

10.4 元宇宙+智慧管理

目前，世界主要发达国家都相继开展了"智慧城市"建设规划。据统计，目前全球已有1000多个城市启动智慧城市建设计划。2020年IDC发布的《全球智慧城市支出指南》显示，2020年，全球智慧城市市场相关投资总额将达到1044亿美元，较2019年同比增长10.1%，预测2020—2024年将实现至少14.6%的复合年增长率。

韩国首尔在1998年开始建设名为"TOPIS"的智慧交通系统，是一套结合交警、气象局、道路运输管理等相关部门协同联动，实现城市交通数据实时收集、反馈、分析、处理的综合性管理平台；包括7万多台出租车GPS设备、1万台公交卡读取设备，800处监控摄像点。通过这些设备，可以对市内约1436公里的道路实现实时监测，每天汇总约2600万条实时交通数据和8500万条公交卡读取信息。市民可以通过查看手机地图应用了解实时路况和拥堵情况预报，也可通过市内300块大型实时路况显示屏，提醒民众避开拥堵路段。

2003年新加坡启动了电子政务系统Singpass项目，用户只需在该系统进行一次全国数字身份认证，就可获得60多个政府机构的在线服务，包括查询公积金存额和申请组屋等。新加坡推进数字政府建设主要是采取集约化管理模式，通过统一平台系统整合各部门服务。

日本藤泽生态智慧城秉持绿色环保的开发理念、探索城市自身能源创造的发展模式，生态智慧城由此诞生和发展。通过各处安装的太阳能板，日本藤泽居民的生活基本用电可以实现自给自足。同时，每个住户都安装有大型储能电池，可为住户提供3天所需的电量。为了让生态智慧城能够长期运行，居民家中都统一安装中央智能控制系统，城市管理中心对住户用电情况进行每月汇总分析，再通过大数据分析给出节能建议；同时，管理中心还给住户配备分析家庭用电情况的平板电脑，便于居民们查看各个电器的用电量，督促居民自觉养成节能意识。不仅如此，为了打造更令人安心的生活氛围，社区公共照明系统安装了感应器，有人或车辆经过会自动提高亮度。

美国的智慧城市建设一直处于全球领先地位，早在1993年美国就开始建

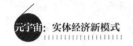

设信息化城市，1998 年开始过渡到数字城市阶段。2008 年 10 月，IBM 在纽约发布《智慧地球：下一代领导人议程》主题报告，提出"智慧地球"概念。2009 年 1 月，1BM 向美国奥巴马政府正式建议投资建设新一代智慧型信息基础设施。同年 2 月，奥巴马政府在经济复兴计划中首次描述美国智慧城市的基本内涵，提出要推进智慧基础设施的建设，为社会经济发展带来新的动力，标志着城市开始由数字化迈向智慧化建设的新阶段。

美国的智慧城市大量采用移动互联网、物联网、云计算、AI 等新兴技术，对数字城市和物理城市进行有机融合，通过虚实一体化的空间运营，改善居民生活质量，使政府管理模式向移动政府、流程政府和智慧政府转型。

中国从 2012 年开始，住房和城乡建设部、科技部、工业和信息化部等国家部委就陆续开展智慧城市建设试点，智慧城市建设也先后写入中国"十三五"和"十四五"建设规划中。截至 2020 年 4 月初，住房和城乡建设部公布的智慧城市试点数量已经达到 290 个（不包含专项试点）。

例如，深圳智慧数字城市建设的"一图全面感知""一号走遍深圳""一键可知全局""一体运行联动""一站创新创业""一屏智享生活"，纵向打通从区、市、省到国家的数字空间，横向连接交通、机场、地铁、水务、教育、医疗、农业、环保的基础服务，打造智慧城市数字生态圈，促进科技、金融、制造、汽车与城市的协同发展。

综观全球智慧城市发展轨迹，基本都遵循从信息化城市到数字化城市，再到智慧城市的发展轨迹。但就目前智慧城市的发展效果来看，还远未达到智能化感知、思考、决策与执行的程度，在智能场景的应用范围、智能化程度、产业协同和用户体验等方面还有不少差距。元宇宙的出现为智慧城市建设提供了基于多维空间虚实共生、相互连接的网络基础设施，从城市物理空间到社会逻辑空间，可建立更为广泛且连接的智能场景，提高跨市政部门、产业、地域的协同治理；利用元宇宙 3D 渲染引擎则可提高城市居民的参与感和智能服务体验。

2021 年是元宇宙的元年，多国政府都将元宇宙作为重要发展目标。2021 年 11 月，韩国首尔市政府率先发布了《元宇宙首尔五年计划》，计划耗资 39 亿韩元，分三个阶段，约五年时间打造完成公共服务"元宇宙"平台。截至 2022 年 4 月，我国已有上海、北京等 20 个地区发布涉及元宇宙相关产业规划，主要集中在智慧园区、智慧社区、智慧交通和智慧市政服务等方面。

10.4.1　元宇宙智慧园区

近年来，随着物联网、移动互联网、AI、大数据、云计算等相关信息技术的普及，中国各地相继投入建设智慧园区平台，大量采用信息化技术实现园区内企业低成本、高效的生产、智能监控与安全运维。例如，中国电信利用物联网平台优势，采用三维模型、传感器、运行历史等数据，构建的数字孪生园区；东莞松山湖科技产业园区通过实时接入园区感知数据，建立基于园区实时运行状况的数字孪生场景，实现园区运营可视分析、业务闭环联动、决策仿真模拟；招商局前海妈港智慧港通过数字孪生技术，动态追踪数十万个集装箱、仿真模拟码头设备的运行状况、综合评估运营调度计划、精准管控装卸货作业，实现港口运作智能化、港航管理智慧化。

不过从实际效果来看，目前离真正的"智慧"还有不少差距，主要体现在场景比较单一、缺少立体贯通的数据、缺少跨企业协作，园区的管理涉及能源、交通、环境监测、供应链、应急处理等多个服务机构，园区生产运营的实时动态需要在涉及组织中流通。

元宇宙智慧园区管理是对工业园区的厂区、管线、能源供给、排污设施、仓储、道路等物理空间，建立 3D 数字孪生空间，通过在物理空间部署的气味、视觉、压力、转速、环测等多维设备传感器，将物理设备中的实时动态数据同步到 3D 数字孪生空间中。元宇宙将整合园区内算力，将园区内智慧能源、智能仓储、环境监测、安全生产监测、智能供应链、智能运维等系统的感知、分析、决策和自动化执行转移至元宇宙的园区算力节点，通过 3D 建模、视觉处理、多维智能分析、自动化协作等实现园区内资源整合和协同生产的智慧生产。

10.4.2　元宇宙智慧社区

智慧社区是通过整合社区现有的各类服务资源，为居民提供政务、商务、娱乐、教育、医护及生活互助等多种便捷服务的模式。例如，北京当代MOMA 社区借助数字孪生技术，打造细节仿真的空间环境、精细可视的建筑主题及基础设施建设的微观还原能力，实现事前宏观感知、事中精准调动、事后业务闭环的管理模式；上海提出的"智慧助餐""一键叫车""健康码智能核验"等智慧养老应用场景则是为老年人提供实时、快捷、高效、低成本养老服务。

社区智能管理的核心是以人为本，以家庭为单位，整合周边生活资源，高效解决民众之需、民众之忧，成功化解民众纠纷的和谐治理理念。智慧社区本质是分散治理、基层治理，需要在分散的家庭空间和教育、医疗、商业、体育等各类社区公共空间建立全民参与和共享的智慧社区利益共同体。特别是随着中国人口老龄化趋势的加剧，老年人已成为智慧社区场景建设中重点关注的群体。

而元宇宙利用其互联网连接宽度来扩展社区管理范围，利用智能终端的嵌入来提高社区管理基层深度，通过构建多维数字化家庭空间来获取家庭需求和忧心事，利用构建多维数字化社会空间将社区资源整合和集成到元宇宙社区空间中，通过元宇宙共享算力，为社区个人、家庭智能匹配生活资料和服务。通过元宇宙身临其境的 3D 渲染技术可将数字化服务投送到家庭空间，配合 3D 全息投影、VR、AR、XR 等技术，为家庭成员提供足不出户的电影、教育、聊天、厨艺比拼等数字化沉浸式生活体验；在后疫情时代，也可为社区管理提供数字化、非接触性的社区问诊、老年联谊、党建、法律援助等服务。

元宇宙虚实共生的特性，使家庭、社区等物理空间都有一份数字空间映射。在数字空间内，个人、家庭和社区可低成本、快速、自主地对提高生活品质、降低生活成本、提升成员满意度等各类需求决策进行反复模拟运算，从中自动匹配最优方案，真正实现智慧感知、智慧思考和智慧决策。

10.4.3　元宇宙智慧交通

交通是现代化城市运转的命脉，是人类城镇化发展的标志。1819 年巴黎市街上首先出现了为城市公众租乘服务的公共马车，从此产生了城市公共交通，开创了城市交通的新纪元。城市交通包括地面、地下、高架、水道、索道等系统的公众出行和客货输送。人类交通特别是城市交通的发展离不开工业革命的成功，通过第一次、第二次、第三次工业革命，人类已经掌握了覆盖天上、地面、地下的立体交通体系。但工业革命也为城市带来一系列副作用和大城市病，其中交通拥堵和环境污染是城市最为头疼的问题。

人类进入"第四次工业革命"以来，新能源、自动化驾驶、5G、AI、区块链、元宇宙等新技术不断涌现，使城市交通的建设和治理更加精细和智慧。中国在 2021 年发布的《国家综合立体交通网规划纲要》中提出要进一步打造基于城市信息模型平台，集城市动态静态数据于一体的智慧出行平台，强调

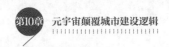

了智慧交通与智慧城市的深度融合。智能网联汽车、无人驾驶等技术的发展，也将促进城市道路、建筑、公共设施、交通工具等共同形成更泛在、更智能的融合感知体系，从而提升城市交通运行效率。

截至2020年年底，国内发布自动驾驶测试政策的城市为27个、省级为6个，且在持续增加。2021年10月25日，国内首个自动驾驶出行服务商业化试点"落户"北京亦庄经开区，百度和小马智行获准在北京开展首批自动驾驶商业化试点服务；腾讯自动驾驶与国家智能网联汽车（长沙）测试区也展开了深入合作。不过，目前实际可以全路况使用的自动驾驶还只能到达L3级，L4级自动驾驶还在测试中，L5级还未问世。L4~L5级的自动驾驶需要更加完整和海量的路况与气候数据用于机器学习积累，用于更加准确的智能决策，这是传统大数据处理与集中化AI无法实现的，也不是一家企业、一个平台可以单一解决的问题。

元宇宙在车企、政府、交通服务运营商之间构建了一个算力共享、算法优化、信息互联互通的全数字化协作空间。政府在元宇宙中承担智慧交通数字空间的基础设施建设者角色，进行城市道路各类传感器、物联网、5G/6G通信、大数据中心、充电桩等的设施建设；交通服务运营商则在此基础上开发应用服务，包括虚拟数字路况空间，路况环境观测服务、路况预警服务、自动化驾驶辅助服务等；车企则根据交通基础服务与应用服务的标准，开发自主完全自动驾驶系统，并实现虚拟数字路况空间与车载智能决策系统的融合智能驾驶。

车企、政府、交通服务运营商将共同在元宇宙的交通数字空间实现交通数据共享、服务连接、自动化驾驶、出行协同等功能，为居民提供安全、一站式、便捷、快速的城市智慧交通服务。

10.4.4 元宇宙智慧政务服务

城市政府业务服务（以下简称"政务服务"）是指政府、相关部门及单位，向城市的社会团体、企事业单位和个人提供的行政服务和公共服务。城市政务服务先后经历了从电子政务到互联网政务，再到智慧政务的发展过程，政务服务一直是智慧城市建设的基础和重点应用。目前，推进城市政务服务向智慧政务发展是各国政府管理者的普遍共识。

20世纪90年代，随着计算机和网络技术的普及，城市政务办理开始逐渐采用电子文档、信息化流程代替传统纸质文件和人工管理流程，从而提升了政府办事效率。进入2000年后，随着互联网、移动通信、Web等技术逐渐走向

普通大众，居民足不出户就能获取全球资讯，这也为政务服务的普惠提供了技术基础。但由于中国早期电子政务建设水平较低、发展不平衡，直到 2016 年，"互联网＋政务服务"才被写入中国《政府工作报告》，政府开始加速推进公共服务的互联网化。"互联网＋政务服务"通过互联网整合政府各个机构、部门管理和服务数据，面向政府决策、部门管理和社会服务提供统一标准的数据共享，面向居民、企业提供一站式、高效、便捷的公共服务。2016 年年底，"最多跑一次"改革由浙江省首次提出，并在全国推广。通过国家持续推进政务服务建设，目前，浙江省已实现全省"一网通办"平台建设，覆盖全省 76 个业务部门。到 2019 年年底，浙江省政务服务事项网上可办率达到 100%，掌上可办率达到 80.5%，353 个民生事项实现"一证通办"，41 个跨部门"一件事联办"。

智慧政务是智慧政府的重要施政目标，是利用互联网、物联网、云计算、AI、区块链、元宇宙等新一代信息技术，跨越城市物理空间、社会逻辑空间，整合政府、市场、社会参与方，多元协同共建、共同运营的公共服务框架，可实现政府管理与公共服务的精细化、智能化、社会化，实现政府和公民的双向互动。

元宇宙为智慧政务提供了跨越城市物理空间、社会逻辑空间的网络框架，其立体跨域的共享数据流动特征，将原有"互联网＋政务服务"的横向连接，扩展到涉及产业链、社会结构的纵向集成，能实现更为精细的服务提供；依托元宇宙的共享算力技术，结合遍及城市物理空间的多维传感器（视觉、听觉、环测等），可完成海量的视觉运算和逻辑运算，使政务服务感知更人性化、更准确。利用区块链技术可实现城市参与者对等、协同共创的城市公共服务提供与使用，特别是在后疫情时代，利用区块链技术可在元宇宙的数字空间内实现大范围的传染病监测与社会公共安全预警。

元宇宙下的政府与公民互动不再是单方面的服务提供与消费，政府也能从家庭空间、社会空间映射的数字空间内感知民需、民忧和民怨，实现积极主动的为民服务。